눈 오는 날의 무지개

김현희-KAL858기 사건과 비밀문서

눈 오는 날의 무지개 김현희−KAL858기 사건과 비밀문서

초판 1쇄 발행 2021년 04월 13일

지은이 | 박강성주
펴낸이 | 윤관백
펴낸곳 | 도서출판 선인

등 록 | 제5−77호(1998.11.4)
주 소 | 서울시 마포구 마포대로 4다길 4, 곳마루빌딩 1층
전 화 | 02)718−6252 / 6257
팩 스 | 02)718−6253

E-mail | sunin72@chol.com
Homepage | www.suninbook.com

정 가 23,000원

ISBN 979−11−6068−469−8 93900

눈 오는 날의 무지개

김현희-KAL858기 사건과 비밀문서

박강성주 지음

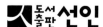
도서
출판 선인

무지개 위에서 쓰는 편지

　　몇 년 전 한겨울, 과거청산 관련 단체의 일인시위에 함께했습니다. 저는 유럽에서 오랫동안 활동해오고 있는데 한국을 떠나 있다는 부채의식을 갖고 있습니다. 한국에 머무는 동안 뭐라도 하고 싶었습니다. 이른 아침, 국회 앞으로 갔습니다. 다른 분들을 기다리는 동안 눈이 왔습니다. 이런 저런 생각이 스쳐 갔습니다. 그러다 정신이 번쩍 들었습니다. 하얀 눈, 저 하얗게 내리는 것이 혹시… 뼛가루는 아닐까? 억울하게 돌아가신, 한이 서려 있는 분들의 뼈. 그날의 눈은 저에게 보통 '눈'이 아니었습니다.

　　34년 전 초겨울, KAL858기가 사라졌습니다. 115분이 타고 계셨습니다. 수색이 이루어졌습니다. 한 사람이라도 찾기 위해, 잔해 하나라도 건지기 위해, 정부는 최선을 다해야 했습니다. 그런데 그러지 않았습니다. 대통령선거를 앞둔 때, 정부는 국가안전기획부(안기부) 주도로 "대선사업 환경을 유리하게 조성"하는 데 사건을 이용하였습니다. 수색이 아니라 선거가 먼저였습니다. 사람이 아니라 표가 전부였습니다. KAL858기 대선 활용 전략, 바로 안기부의 '무지개' 공작입니다.

　　눈 오는 날의 무지개… 지은이, 곧 책의 저자가 독자분들에게 할 수 있는 가장 좋지 않은 일이, 상상력과 해석의 기회를 빼앗는 것이라고 생각합니다. 그래서 망설였습니다. 이 이야기를 해야 할지 말아야 할지. 그래도 책 제목이 어떻게 지어졌는지 궁금해하실 것 같아, 여러 가지 이유 가운데 '하나'를 말씀드렸습니다. 나머지는 독자분들의 상상과 해석에 맡기려 합니다.

◆◆◆

제가 처음부터 이 책을 쓰려고 했던 것은 아닙니다. 2008년 미국 중앙정보국 비밀문서를 우연히 발견했는데, 이것이 계기가 되어 정보공개 청구를 진행하게 되었습니다. 그러면서 자료들을 조금씩 모았고, 글을 쓰기 시작했습니다. 때로는 어떤 분들이 자료를 건네주기도 했습니다. 그리고 어떤 때는 정부기관이 문서를 스스로 공개하기도 했습니다. 그렇게 자료가 쌓여갔고, 글도 늘어갔습니다. 그러다 어느 순간, '아, 이 글들로 책을 내도 되겠구나' 생각했습니다.

2019년 책을 준비하기 시작했고, 출판일은 2020년 여름으로 계획했습니다. 저는 이와는 다른 어떤 책을 이미 준비하고 있었는데, 그 책이 나오면 바로 작업을 하려 했습니다. 그런데 감염병 사태가 일어났고, 제가 하던 일도 영향을 받게 되었습니다. 그래서 이 책 작업도 늦어졌는데, 이미 준비하고 있던 책의 경우 알 수 없는 이유로 계속 연기되고 말았습니다. 이런 상황이 계속되자 저는 더 이상 기다릴 수 없다고 판단했고, 늦었지만 이 책을 먼저 내놓습니다.

사연이 많은 책입니다. 좀 더 말씀드리면, 이 책은 2008년부터 2020년까지 주로 비밀문서와 그에 준하는 자료를 정리했던 글을 다듬은 것입니다. 저의 글을 실어주신 〈통일뉴스〉, 〈오마이뉴스〉, 〈한겨레〉에 고마움을 전합니다. 특히 거의 모든 자료에 대한 글을 실어주신 김치관 님께 깊이 감사드립니다.

저는 무슨 글을 쓰든, 보통 5번 이상 고치고 마지막에는 한 글자씩 소리 내어 읽은 뒤 최종본을 만듭니다. 그렇게 다듬은 글이었는데도, 책을 준비하며 여러 번 고쳤습니다. 부끄러웠습니다. '아니, 이런 글을 언론에 보내다니…' 제가 많이 부족하다는 뜻입니다. 그 과정에서 다듬은 글을 또 보기가 무서웠습니다. 다시 보면 고칠 부분이 또 나타날 것이고, 그러면 자괴감에 견딜 수 없을 것 같았습니다. 그렇게 홀로 지쳐갔지만, 그래도 최선을 다하려 했습니다.

◆◆◆

(꼭 그러지는 않지만) 제가 KAL858기 사건만을 연구한다며, 교수 자격이 없다고 누군가 말했습니다. 그즈음, 제가 박사논문을 다듬어 낸 책이 지난 5년 간 나온 최고의 한국학/조선학 저작 중 하나로 뽑혔습니다. 차게 식어 버린 가슴이 뜨거워졌습니다. 그 따뜻한 힘을 주신 마리-오랑쥬 리베-라상 님과 '한국학 유럽사회과학협회', 진심으로 고맙습니다.

제가 전문적인 연구자이자 '임시' 조사관이 되는 데 힘을 주신 크리스틴 실베스터 님, 깊이 감사드립니다. 늘 그랬듯, 신시아 인로 님과 스티븐 찬 님께도 감사의 말씀 드립니다. 박사논문 면접 때부터 사건 관련 연락에 흔쾌히 응답해주시는 브루스 커밍스 님, 고맙습니다. 사건을 연구하는 과정에서 오래 전부터 격려해주신 김귀옥 님도 정말 감사합니다. 장창준 님은 책을 쓰는 데 간접적으로 도움을 주셨습니다.

연구자로서 KAL858기 사건에 대한 본격적인 고민은, 삼청동에서 시작되었습니다. 구갑우 님과 이우영 님 고맙습니다. 한결같이 응원해주시는 조인정 님, 참으로 감사합니다. 석사논문을 쓰고 뵙게 된 김성경 님과 이수정 님도 감사합니다. 아울러 최민호 님, 이미영 님, 이정규 님, 탁춘자 님, 삼청동을 떠나신 황문희 님과 남해진 님 고맙습니다. 특별한 친구이자 동료 딘 올렛 님도 잊지 않겠습니다. 그리고 더욱 잊고 싶지 않은 분, 2016년과 2020년 하늘나라로 가신 함택영 님과 류길재 님… 그립습니다. 우연히 소식을 듣고 놀랐습니다. 가슴이 철렁 내려앉았습니다. 박사논문을 드렸을 때 안아주셨던, 그리고 축구를 같이 했던 순간이 떠오릅니다. 그리고 이보다 훨씬 오래 전 세상을 떠난, 저에게 합격 소식을 전해주셨던 성은지 님도 기억하겠습니다.

아울러 뒤늦게 감사와 추모의 마음을 전해드리고 싶습니다. 〈서울신문〉 화백으로 계셨던 백무현 님. 사건 관련해 2000년대 중반 처음 뵈었습니다. 그 뒤 『만화 전두환 2』에서 사건을 짧게 다뤄주셨고, 제가 박사논문을 쓸 때 면접에도 함께해주셨습니다. 2016년, 돌아가셨다는 소식을 들었습니다. 제

심장이 못에 찔린 듯, 아팠습니다. 화백님… 고맙습니다. 소탈한 목소리와 웃음이 그립습니다.

◆ ◆ ◆

이 책을 본격적으로 쓰기 전 아주 특별한 일이 있었습니다. 그날도 저는 사건 관련해 검색을 하였습니다. 영상이 검색 결과에 나왔고, 어떤 내용일지 궁금했습니다. 그렇다고 별다른 기대를 했던 것은 아닙니다. 그런데 영상을 보던 저는 깜짝 놀랐습니다. 바로 제 책에 대한 내용이었기 때문입니다. 저는 박사논문을 다듬어 『슬픈 쌍둥이의 눈물: 김현희-KAL858기 사건과 국제관계학』을 냈는데, 영상은 이 책을 영화 예고편 형식으로 재구성하였습니다. 얼마나 반갑고 신기했는지 모릅니다. 이 영상을 만들어주신 안효은 님께 진심으로 고맙다는 말씀을 드립니다. 『슬픈 쌍둥이의 눈물』은 영어로 먼저 나왔고, 이 원서는 말씀드린 대로 최고의 한국학 저작 가운데 하나로 뽑혔습니다(2013년 6월-2018년 5월). 이를 제가 직접 번역한 책이 『슬픈 쌍둥이의 눈물』이고, 이는 한울출판사 직원이 뽑은 최고의 책으로 선정되기도 하였습니다(2015년 7월-2016년 6월). 이러한 영광과는 달리, 검색을 하다 맺은 인연은 더없이 따뜻하고 특별한 의미로 다가왔습니다. 그 어떤 때보다 책을 쓴 보람을 느낄 수 있었습니다. 안효은 님, 다시 한번, 정말, 고맙습니다…

위 책이 나왔을 때 저를 특히 격려해주신 분이 계십니다. 저의 이야기를 가끔씩 올리던 공간에 책 소식을 알렸을 때라고 기억합니다. 신문에서 봤다며 책을 읽으려 한다고 하셨지요. 어느 학자의 석방운동에 함께했던 동료. 웃는 얼굴과 목소리가 해맑았던 친구. 그때 출판사에서 일하셨던, 그리고 2020년 세상을 떠난 이환희 님. 왜 그리 일찍 가셨는지… 우연히 소식을 듣고 넋을 잃었습니다. 너무나 큰, 충격이었습니다. 아직도 믿기지 않지만, 이렇게라도 추모하려 합니다.

어느덧 제 마음의 고향이 된 핀란드에 감사의 뜻을 전합니다. 특히 라우리 빨떼마 님, 오우띠 루오바 님, 실야 께바 님 고맙습니다. 까뜨리 까우하넨 님, 유까 아우끼아 님, 안나 바레 님, 따루 살미넨 님도 감사합니다. 또한, 미까 니 까를라 님 고맙습니다. 안니나 꼬이불라—올스따드 님의 미소도 떠오릅니다. 그리고 핀란드 생활에 특별한 도움을 주신 산나 아바 님, 참으로 감사합니다.

출판이 돈이 안 되는 때 책을 내주신 도서출판 선인. 어찌 잊겠습니까. 약 15년 전, 선인은 제가 태어나서 처음으로 쓴 책이자, KAL858기 사건에 대한 첫 연구서를 내주셨습니다. 오늘 또 맺게 된 인연, 소중히 간직하겠습니다. 특히 윤관백 님과 편집부원님들께 고마움을 전합니다.

◆ ◆ ◆

이김명란 님, 이안지영 님, 김진정회 님, 정희진 님, 그리고 저를 응원해주시는 모든 분들께 고마운 마음 전해드립니다.

이 책은 KAL858기 탑승자 가족분들의 활동이 있었기에 쓸 수 있었습니다. 그런데 실종자 가족분들은 지금 복잡한 상황에 계십니다. 매우 안타깝게도 '가족회'와 '유족회'로 갈라져 있습니다. 그 과정을 전해들으며, 그리고 직접 확인하며, 제 가슴도 찢어졌습니다. KAL기 사건 자체도 비극이지만, 지금 상황은 또 하나의 비극이라고 생각합니다. '비극 속의 비극'… 이런 때 위험하겠지만, 저는 감히, 이 책을 차옥정 전 가족회장님께 바치려 합니다. 지금은 다른 입장에 계시는 분들도 마음 깊숙한 곳에서는, 그 활동과 노력을 인정하시리라 생각합니다. 이분이 안 계셨다면, KAL기 사건은 오래 전 '끝난' 사건이 되었을 가능성이 많습니다. 그리하여 저는, 위험을 무릅쓰고, 차옥정 님께 이 책을 바칩니다(가족회가 갈라지지 않았더라도, 똑같이 그랬을 것입니다).

조심스러운 마음으로
박강성주 드림

차례 _____

【일러두기】

- KAL858기 사건, KAL기 사건, 김현희 사건, 대한항공858기 사건, 대한항공기 사건 등은 모두 1987년 김현희-대한항공858기 실종사건을 뜻합니다.

- 남한, 남쪽, 한국 등은 대한민국을 가리키고, 북한, 북쪽 등은 조선민주주의인민공화국을 가리킵니다.

- 구체적 시기, 특정 인물의 직함 등은 원글이 쓰인 때를 기준으로 합니다. 예를 들어, "이번 2012년 대선"이라는 표현은 2012년 글에 있는데, 해당 글의 맥락을 충분히 살려내기 위해 그대로 두었습니다. 마찬가지로, "현 유엔 사무총장" 등의 표현 역시 이런 차원에서 읽어주셨으면 합니다.

- 자료 인용의 경우 띄어쓰기와 맞춤법은 되도록 원문 그대로 따르는 것을 원칙으로 하였습니다.

- 자료 표기 방식의 경우 글 전체적으로 통일하여 쓰는 것이 학계의 원칙입니다. 그러나 예를 들어, 서론에 해당하는 부분은 작성 시기 및 성격이 다른 글들과 차이가 있어 표기 방식을 좀 달리하였습니다. 참고자료 목록에서 모든 자료를 일관성 있게 정리하였으니 큰 혼란은 없으리라 생각합니다.

연구목적 및 배경

숨을 크게 쉬어보십시오. 지금부터 30여 년 전으로 시간여행을 잠깐 떠납니다.

김현희-KAL858기[1] 사건

1987년 11월 29일, 대한항공 여객기 KAL858기가 115명과 함께 사라진다. 비행기는 이라크 바그다드를 출발, 아랍에미리트연합 아부다비와 태국 방콕을 거쳐, 서울에 도착할 예정이었다. 남쪽 국가안전기획부(안기부)와 정부는 사건을 북쪽 테러로 발표한다. 조선로동당 대외정보조사부 소속 김현희와 김승일이 시한폭탄으로 비행기를 폭파시켰다는 내용이다. 승객 95명과 승무원 20명은 모두 죽었다고 발표된다. 그런데 실질적인 기체 잔해, 탑승자 시신, 유품 등이 거의 발견되지 않았다. 물리적 증거가 부족한 상태였다. 그러나 안기부에 따르면 김현희가 범인이라고 자백했고, 이는 1988년 1월 15일 기자회견으로 널리 알려진다. 김현희는 사형을 당해야 했지만, 1990년 4월 12일 특별사면을 받는다. 정부 수사발표와 대법원 확정판결이 사면으로 이어진 것이다. KAL858기 사건은 '공식적으로' 그렇게 끝났다.

---

1) 이렇게 표기하는 이유 가운데 하나는, 많은 분들이 1987년 KAL858기 사건과 1983년 KAL007기 사건을 혼동하시기 때문입니다. 박강성주, 『KAL858, 진실에 대한 예의: 김현희 사건과 '분단권력'』, 선인, 2007, 22쪽; 박강성주, 『슬픈 쌍둥이의 눈물: 김현희-KAL858기 사건과 국제관계학』, 한울, 2015, 44쪽. 덧붙여서, 본문과는 다르게 각주에서는 경어체를 사용하고자 합니다.

하지만 KAL858기는 오늘도, 날고 있다. 과거청산 맥락에서 이 사건은 끊임없이 논란에 휩싸여 왔다. 사면을 받은 김현희는 (안기부에 고용된 작가가 대필한) 수기,[2] 인터뷰[3] 및 방송 출연[4] 등을 통해 수사결과를 널리 알려왔다. 2004년 국가정보원(국정원, 전 안기부)에 따르면, 그녀는 사면을 받고 약 700회에 이르는 신앙간증, 반공강연, 기자회견, 언론 인터뷰 등을 하였다.[5] 그럼에도 사건 관련 의혹들이 제기됐고 재조사 요구가 끊이지 않았다. 그리하여 '국정원 과거사건 진실규명을 통한 발전위원회(국정원 발전위원회)'가 재조사를 하고(2005년-2007년), '진실·화해를 위한 과거사 정리위원회(진실화해위원회)'도 조사를 시도한다(2007년-2009년). 한편 KAL858기 가족회와 지지자들은 기체 잔해 수색을 위해 여러 방면으로 힘썼고, 이는 2020년 1월 방송사의 동체 '추정' 물체 발견으로 이어진다. 그리고 2021년 1월 12일, 2기 진실화해위원장은 사건을 재조사할 가능성이 있다고 〈시사IN〉 기사에서 밝혔다.

2) 김현희, 『이제 여자가 되고 싶어요: 제1부 내 영혼의 눈물』, 고려원, 1991; 김현희, 『이제 여자가 되고 싶어요: 제2부 꿈꾸는 허수아비』, 고려원, 1991; 김현희, 『사랑을 느낄때면 눈물을 흘립니다』, 고려원, 1992; 김현희, 『이은혜, 그리고 다구치 야에코』, 고려원, 1995. 수기는 적어도 영어, 일본어, 독일어, 스웨덴어, 체코어, 핀란드어 등으로 번역되었습니다.

3) 〈레이디 경향〉, 1988. 2. 23; 〈우먼센스〉, 1990. 6; 〈경향신문〉, 1991. 11. 3; 〈동아일보〉, 1993. 12. 25; 〈월간조선〉, 2009. 2; 〈월간조선〉, 2009. 6; 〈주간조선〉, 2010. 11. 29; 〈워싱턴포스트〉, 2018. 2. 5 등.

4) KBS 〈새 삶을 찾아서 - 김현희〉, 1990. 12. 28; KBS 〈보도본부 24시〉, 1991. 6. 15; MBC 〈MBC와 만납시다〉, 1992. 4. 10; KBS 〈아침마당〉, 1992. 10. 21; MBC 〈이야기쇼! 만남〉, 1993. 12. 21; TV조선 〈시사토크 판〉, 2012. 6. 18-19, 2013. 6. 25; TV조선 〈북한, 사이드스토리〉, 2012. 9. 23-2013. 1. 13; MBC 〈MBC 특별대담〉, "마유미의 삶, 김현희의 고백", 2013. 1. 15; ABC[Australia] 〈7.30〉, 2013. 4. 10; BBC 〈BBC News〉, 2013. 4. 22; TV조선 〈장성민의 시사탱크〉, 2013. 10. 4; 뉴스Y 〈신율의 정정당당〉, 2014. 2. 25; YTN 〈신율의 시사탕탕〉, "KAL기 폭파사건 27주기…김현희가 보는 '종북논란'", 2014. 11. 28; YTN 〈호준석 뉴스人〉, "'KAL 폭파' 28년…김현희의 눈물", 2015. 11. 27; CNN, 2018. 1. 22; NBC 〈Nightly News〉, 2018. 1. 24 등.

5) 위 사례들을 포함한 김현희 활동에 대해서는 박강성주, 『KAL858, 진실에 대한 예의』, 70-74쪽.

나는 이러한 진실 관련 논란을 적극적으로 검토하고 해석하려 한다. 곧, 비밀문서 및 공식자료를 통해 KAL858기 사건을 비판적으로 살펴보는 것이 이 책의 목적이다.

이러한 목적에 맞는 핵심적인 연구방법은 문헌분석이다. 1차 자료는 한국과 해외 정부가 생산한 비밀문서를 가리킨다. 한국 진실화해위원회, 미국 중앙정보국과 국무부, 영국 외무성, 호주 외무부, 스웨덴 외무부 자료다. 또한 사건 관련 검찰의 수사기록과 외무부(현 외교부) 문서 등도 여기에 포함된다. 이 자료들은 필요에 따라 국정원 발전위원회 조사보고서 등 2차 자료와 교차검증될 것이다. 면접도 중요한 연구방법의 하나로, 대상자는 실종자 가족, 재조사 관계자, 해외 정부 관리 등이다.

지금까지의 연구와 논의

학문세계[6]에서 KAL858기 사건에 대한 연구는 드물게 이루어져 왔다. 지금까지 관련 연구의 대부분은 북쪽의 테러 공격 또는 항공기 사고의 사례로 사건을 잠깐 언급하는 수준이었다.[7] 이를 포함해 사건을 정식 소재로 다

---

6) 흔히 생각하는 것과 달리, '학문'-'비학문'의 경계는 뚜렷하지 않을 수 있습니다. Laurel Richardson, "Writing: A Method of Inquiry", in Norman K. Denzin and Yvonna S. Lincoln, eds. *The Handbook of Qualitative Research*, 2nd edn, Sage Publications, 2000, p. 923 등. 이 글에서는 편의상 학문세계의 글을 넓은 의미에서 학술지 등에 실린 논문이나 연구서적으로 국한합니다.

7) 최완식, 「항공테러리즘으로 인한 손해배상 책임: 항공산업의 발전과 관련하여」, 『항공산업연구』 16권, 세종대학교 항공산업연구소, 1987; 김명혁, 「북한교회 재건과 한국교회의 사명」, 『신학정론』 10권 2호, 합동신학대학원대학교, 1992; Jin-Tai Choi, *Aviation Terrorism: Historical Survey, Perspectives and Responses*, St. Martin's Press, 1994; 최진태, 「항공테러리즘의 발생현황과 전망」, 『항공산업연구』 33권, 항공산업연구소, 1995; Don Oberdorfer, *The Two Koreas: A Contemporary History*, Basic Books, 1997; 구자숙·한준·김정현, 「남북 서신교류에 나타난 통합적 복합성」, 『한국심리학회 연차 학술발표 논문집』 1호, 한국심리학회, 1999; 장근승, 「테러와 공항 보안대책」, 『항공진흥』 27권 1호, 한국항공협회, 2002; 전현준, 『북한의 대남 정책 특징』, 통일연구원, 2002; 이헌경, 『미국의 대·반테러 세계 전략과 대북 전략』, 통일연구원, 2002; 김강녕, 「노무현 정부의 외교정책

룬 연구들도 안기부 수사결과를 거의 그대로 서술하며 법적·의학적 차원에서 제한된 논의를 하였다.[8] 또한 사건 자체가 아닌 사건에 대한 언론보도를 분석한 연구도 있다.[9] 그러다 2000년대 중반 사건을 종합적으로 다룬 연구가 나오게 된다.[10] 그 뒤로 석사·박사학위 논문을 발전시킨 서적 등이 나오

의 방향과 과제」, 『통일전략』 3권 1호, 한국통일전략학회, 2003; 김용욱, 「항공 보안검색의 발전과정과 운영실태에 관한 연구」, 『경호경비연구』 7호, 한국경호경비학회, 2004; 정태환, 「김영삼 정권의 등장배경과 주요 정치 세력의 역학」, 『한국학연구』 22권, 고려대학교 한국학연구소, 2005; 오태곤, 「뉴테러리즘 시대 북한테러리즘에 관한 공법적 검토」, 『法學研究』 21권, 한국법학회, 2006; 여영무, 「국제 테러리즘 연구」, 한국해양전략연구소, 2006; 임수환, 「제14대 대통령 선거와 북한 변수: 민주주의 발전의 관점에서」, 『정치정보연구』 10권 2호, 한국정치정보학회, 2007; 김두현, 「제17대 대통령선거후보자 경호제도에 관한 연구」, 『한국경호경비학회지』 14호, 한국경호경비학회, 2007; 박동균, 「다중이용시설에 대한 지방자치단체의 테러대비 전략」, 『Korean Association of Governmental Studies』 21권 3호, 한국정부학회, 2009; 박동균·안재석, 「한국의 사이버 테러 피해실태와 대비전략」, 『한국정부학회 학술발표논문집』, 한국정부학회, 2011; 박현진, 「국제테러의 억제와 집단적 책임 관할권의 한계」, 『서울국제법연구』 19권 1호, 서울국제법연구원, 2012; 박기갑, 「민간항공기에 대한 무력사용과 항공안전: 2014년 7월 17일 말레이시아 항공기 MH17편 격추 사건을 중심으로」, 『國際法學會論叢』 59권 3호, 대한국제법학회, 2014; 이윤규, 「북한의 도발사례 분석」, 『軍史』 91호, 국방부 군사편찬연구소, 2014; David W. Shin, *Rationality in the North Korean Regime: Understanding Kim's Strategy of Provocation*, Lexington Books, 2018; 박정진, 「'지구'에서의 금강산에서 '특구'로의 금강산으로: 합리적 행위자 모델과 조직 행위 모델의 충돌과 접점의 역사」, 『현대북한연구』 23권 1호, 북한대학원대학교 심연북한연구소, 2020; 노성환, 「홍콩할매귀신과 일본의 요괴」, 『日語日文學』 87권, 대한일어일문학회, 2020; Shin In-Cheol, "Emotional preparations for the unification of Korea: Through the embracement", forgiveness and love shown in the Gospel of Matthew", *HTS Theological Studies*, 76-3, 2020 등. 이 밖의 연구에 대해서는 박강성주, 『KAL858, 진실에 대한 예의』, 42-44쪽.

8) 제성호, 「KAL858機 爆破事件의 國際法的 考察」, 『항공우주정책·법학회지』 2권 1호, 한국항공우주정책·법학회, 1990; Moo-Keun Kwak, "A Study on KAL 858 Bombing Case on Nov. 29, 1987 (Kim Hyon Hui Case)", *The Justice*, 25-2, 1992; Chong-Youl Kim, "Dental Identification of Terrorist Bombing of Korean Airline: A Case Report", *Korean Journal of Legal Medicine*, 24-2, 2000 등.

9) Michael B. Salwen and Jung-Sook Lee, "News of terrorism: A comparison of the U.S. and South Korean press", *Terrorism*, 11-4, 1988 등.

10) 박강성주, 「진실을 향한 비행, 대한항공 858기 사건」, 『기억과 전망』 13권, 민주화운동기념사업회, 2005.

면서 본격적인 연구가 이어진다.[11]

한편 2011년과 2020년 의미있는 연구들이 나왔다. 각각 학술지 논문과 학위 논문 형태를 띠고 있는 연구들은, 사건을 종합적으로 다룬 2005년 학술지 글과 사건 관련 첫 학위 논문인 2006년 석사논문[12] 이후 중요한 진전이라 할 수 있다. 그러나 구체적으로 살펴보면 문제점이 관찰된다. 2011년 학술지 논문은, 글의 뼈대를 이루는 "III. KAL 858기 테러 사건의 사실 관계"와 "IV. KAL 858기 테러사건에 따른 남북긴장관계분석"을 2006년 석사논문에 거의 전적으로 의존한다.[13] "I. 서론" 또한 절반 정도 분량을 위 논문에서 빌려온 것으로 보인다. 이 학술지 글은 출처를 분명히 밝히고 있어 형식상 표절로 볼 수 없다. 그러나 2006년 논문을 상당 수준에서 인용하고 있다는 한계를 보인다.

2020년 논문은 석사학위 논문으로, "선행연구 검토"에서 2005년 학술지 글과 2006년 첫 학위 논문을 언급하고 있지 않다.[14] 또한 이 학위 논문을 바탕으로 출간된 2007년 연구서와 박사학위 논문이 바탕이 된 2015년 연구서 역시 검토되고 있지 않다. 하지만 이 석사논문은, 위에서 언급한 2011년 학술지 글은 "가장 최근에 진행된 연구"로 소개하며 검토한다.[15] 그 이유로 두 가지 가능성이 있을 듯싶다. 첫째, 연구자의 게으름이다. 쉽게 말해, 기존 연구를 제대로 찾아보지 않았기 때문에 일어난 현상일 수 있다. 둘째, 연구자의 선입견이다. 이 연구는 안기부 수사결과가 '진실'이라는 전제 아래, 2019년 외교부가 공개한 문서들을 바탕으로 사건을 분석한다. 따라

---

11) 박강성주, 『KAL858, 진실에 대한 예의』; 박강성주, 『슬픈 쌍둥이의 눈물』.
12) 박강성주, 「대한항공 858기 사건의 공론화 과정에 영향에 관한 연구: '분단권력'의 관점」, 경남대학교 북한대학원 석사학위 논문, 2006.
13) 김학만, 「KAL 858기 테러사건과 남북긴장관계 분석」, 『동북아연구』 26권 1호, 조선대 동북아연구소, 2011.
14) 최형화, 「대한항공 858기 폭파사건 대응에서 한국외교의 다면성」, 서울대학교 대학원 석사학위 논문, 2020.
15) 최형화, 「대한항공 858기 폭파사건 대응에서 한국외교의 다면성」, 10–11쪽.

서 KAL858기 사건에 '논란'이 있다고 인정하는 연구는 의도적으로 배제했을 가능성이 있다. 실제로 이 논문이 검토에 포함시킨 2011년 학술지 글은, 사건을 "또 하나의 북한의 테러"로 규정한다.[16]

결국 2020년과 2011년 논문들은 형식적으로 중요한 의미가 있음에도 아쉬움을 남긴다. 이러한 한계의 배경으로 연구자 개인의 역량을 들 수도 있겠지만, 구조적인 문제를 고민해야 한다고 생각한다. 곧, 제도권 학계는 KAL858기 사건을 적절한 연구대상으로 여기지 않는 듯하다.[17] 따라서 대다수 연구자들이 국가의 공식 결과를 당연한 전제로 받아들이고, 이를 유지·강화하는 논조를 재생산하고 있다고 추측된다. 제도권 학계의 성찰이 요구되는 대목이다.

KAL858기 사건은 학계 밖에서 오히려 많이 논의되어 왔다. 그동안 사건의 '진실'을 둘러싼 의혹과 논란이 끊임없이 일었는데, 이를 다루기에는 학문세계 밖에 있는 이들이 비교적 자유로운 위치에 있었기 때문으로 추측된다. 먼저 공식 수사를 옹호하는 쪽의 경우, 단행본을 중심으로 보면 김현희를 인터뷰했던 언론인, 그녀의 변호사, 소설가 등이 책을 냈다.[18] 수사의 문제점을 지적하는 쪽은 더욱 적극적으로 나섰다. 재조사 요구 운동이 활발해진 2000년대 들어 단행본 출판물이 늘어난 것을 확인할 수 있다.[19] 사건

16) 김학만, 「KAL 858기 테러사건과 남북긴장관계 분석」, 101쪽.
17) 박강성주, 『KAL858, 진실에 대한 예의』, 44-45쪽; 박강성주, 『슬픈 쌍둥이의 눈물』, 259쪽.
18) 조갑제·정호승, 『金賢姬의 하느님: 主體의 神에서 해방되어 人間을 되찾기까지』, 고시계, 1990; 안동일, 『나는 김현희의 실체를 보았다』, 동아일보사, 2004; 강유일, 『피아노 소나타 1987』, 민음사, 2005; 조갑제, 『金賢姬의 전쟁: 좌파세상에 맞선 'KAL기 폭파범' 이야기』, 조갑제닷컴, 2009 등.
19) 편집부 엮음, 『의혹 속의 KAL기 폭파사건』, 힘, 1988; 서현우, 『배후 1·2』, 창해, 2003; 노다 미네오 지음, 전형배 옮김, 『김현희의 파괴공작: 나는 검증한다』, 창해, 2004; 신동진, 『KAL858, 무너진 수사발표』, 창해, 2004; 차옥정 외, 『KAL858기 사건의 곡필을 고발한다』, 한양출판사, 2004; 서현우, 『KAL 858기 폭파사건 종합 분석 보고서』, 창해, 2010; 김정대 외, 『KAL858: 전두환, 김현희 그들은 아무말도 하지 않았다』, 나이테미디어, 2012; 신성국·김정대, 『전두환과 헤로데: KAL858 폭파

을 정면으로 다루지는 않았지만 부분적으로 언급한 책도 있다. 이 경우 대다수는 수사결과를 지지하는 내용으로, 지은이는 사건 당시 관련자라 할 수 있는 대통령(전두환), 안기부장 특별보좌관(박철언), 한국 주재 미국 대사(제임스 릴리) 등을 포함한다.[20]

책의 의의 및 구성

위와 같은 논의와 출판 상황을 볼 때, 이 책은 KAL858기 사건에 대한 '연구'가 많지 않다는 점에서 중요하다 할 수 있다.[21] 특히 이제까지 알려진

사건 진상규명』, 목림, 2013; 신성국 외, 『만들어진 테러범, 김현희』, 공감, 2017 등.

20) 먼저, 사건 관련자가 쓴 경우는 다음과 같습니다. James Lilley and Jeffrey Lilley, *China Hands: Nine Decades of Adventure, Espionage, and Diplomacy in Asia*, PublicAffairs, 2004; 박철언, 『바른 역사를 위한 증언 1』, 랜덤하우스중앙, 2005; 전두환, 『전두환 회고록 2: 청와대 시절 1980-1988』, 자작나무숲, 2017 등.
다음으로, 제3자 입장에서 쓴 경우는 고태우, 『북한사 100장면』, 가람기획, 1996; 김동민, 『노무현과 안티조선』, 시와사회, 2002; 강준만, 『한국 현대사 산책: 1980년대편 3권』, 인물과사상사, 2003; 정지환, 『대한민국 다큐멘터리』, 인물과사상사, 2004; 윤재걸, 『엽기공화국 自·畵·像』, 바보새, 2006; 한국경제사회발전연구원 엮음, 『기록과 회고: 행시 10회 1971-2011 공직 40년』, 한국학술정보, 2012; 김몽, 『음모이론 기초반』, 유페이퍼, 2012; 이황, 『공항 르포르타주』, 북퀘스트, 2012; 송세풍, 『잡놈들의 전성시대』, 인사동문화, 2012; 김정형, 『20세기 이야기: 1980년대』, 답다, 2013; 고태우, 『북한사 다이제스트100』, 가람기획, 2015; 김당, 『시크릿파일 국정원』, 메디치, 2016; 쥘리에트 모리요·도리앙 말로비크 지음, 조동신 옮김, 『100가지 질문으로 본 북한』, 세종서적, 2018 등. 이들은 대부분 수사결과를 지지하고 있고, 문제를 지적하는 책은 『대한민국 다큐멘터리』입니다.

21) 논문 및 단행본 등을 기준으로 말씀드린 것입니다. 참고로 KAL858기 사건을 다룬 '영상물'은 다음과 같습니다. 일본 TV아사히, "추적 - 하치야 마유미(蜂谷真由美) 범행에 이르기까지의 전과정을 점검재현", 1988. 4. 7; 〈마유미〉, 신상옥, 1990; MBC 〈PD수첩〉, "16년간의 의혹, KAL858기 폭파범 김현희의 진실", 2003. 11. 18; SBS 〈그것이 알고 싶다〉, "16년간의 의혹과 진실, 김현희 KAL858기 폭파사건", 2003. 11. 29; 일본 TV아사히, "김현희, 17년의 진실", 2004. 3. 23; KBS 〈KBS 스페셜〉, "KAL858기의 미스터리: 1·2편", 2004. 5. 22-23; KBS 〈열린채널〉, "우리는 알고 싶다 - KAL858기 가족들의 진상규명 호소", 2004. 6. 11; KBS 〈열린채널〉, "KAL858, 조작된 배후", 2004. 12. 3; 일본 후지TV 〈토요프리미엄 특별기획〉, "대한항공기 폭파사건으로부터 20년: 김현희를 체포한 남자들 ~ 봉인된 3일간", 2007. 12. 15; TV조선 〈강적들〉, "[24회] KAL기 폭파범 김현희",

공식자료와 비밀문서를 모두 정리하고 있다는 점은, 이 책의 가장 큰 의의라고 하겠다.[22]

책은 크게 세 부분으로 이루어졌다. 1부에서는 (대부분) 내가 정보공개 청구로 얻은 비밀문서를 살펴본다. 2부에서는 개인적으로 직접 얻은 것은 아니지만 국가기관들이 공개한 자료들을 정리한다. 3부에서는 위 자료들을 포함한, 여러 가지 사건 관련 문제를 고민한다.

부족할 수는 있지만, 부끄럽지는 않은 책을 쓰려 했다. 나의 해석과 정리에 문제가 발견되면 이를 인정하고 고치기 위해 노력할 것이다.

2014. 4. 9; TV조선 〈강적들〉, "[96회] 북한 도발의 역사", 2015. 9. 9; TV조선 〈탐사보도 세븐〉, "KAL 858 '묻혀진 30년'", 2017. 11. 29; JTBC 〈이규연의 스포트라이트〉, "미얀마 현지 취재, KAL858 잔해를 찾아서", 2018. 11. 29; 싱가포르 CNA 〈One Day That Changed Asia〉, "KAL 858: Flashpoint Korea", 2020. 1. 21; 대구MBC 〈대구MBC 보도특집〉, "KAL858기 실종사건: 1·2부", 2020. 5. 1-8 등. 이 가운데 수사결과를 지지하는 내용은 TV아사히 방송(1988년), 영화 〈마유미〉, 후지TV 방송, TV조선 방송입니다. 싱가포르 방송의 경우, 수사결과와 재조사 중 재조사 쪽에 무게를 더 실었다고 보여집니다.
사건을 정면으로 다루지는 않았지만 부분적으로 그린 영상물은 다음과 같습니다. MBC 〈토요일! 토요일은 즐거워〉, "[유열: 마유미] 뉴스하일라이트쇼", 1988(안기부 수사발표 직후인 1월-2월, 또는 사건 1년이었던 11월로 추정); KBS 〈아기공룡 둘리〉, "[7화] 둘리의 분노", 1988. 5. 5; MBC 〈제5공화국〉, "제40부 6.29 선언", 2005. 9. 10; 〈모비딕〉, 박인제, 2011 등. 이 가운데 수사결과를 지지하는 내용은 〈토요일! 토요일은 즐거워〉, 〈아기공룡 둘리〉입니다. 그리고 영상물은 아니지만 사건을 부분적으로 다룬 '만화'는 다음과 같습니다. 장길수, 『북한사』, 효리원, 2002; 장길수, 『한눈에 보는 교과서 한국사 만화: 북한사 하』, 효리원, 2006; 백무현, 『만화 전두환 2: 인간에 대한 예의』, 시대의창, 2007; 강풀, 『무빙 2』, 위즈덤하우스, 2016 등. 이 가운데 수사결과를 지지하는 내용은 『북한사』, 『한눈에 보는 교과서 한국사 만화』, 『무빙 2』입니다.

22) 2021년 3월 29일, 외교부는 KAL858기 문서를 3차로 공개하였습니다. 하지만 편집을 마무리해가는 단계였기 때문에 책에서는 다루지 못했습니다.

제1부

KAL858,
정보공개 청구 비밀문서

1

한국 진실화해위원회

"국정원 상부, 매우 궁금하게 생각"

진실화해위원회 기록 열람 (1)[1]

"안녕, 안녕…" 어루만지는 손이 애처롭다. 떠나야 할 때가 왔다. 놓아주고 싶지 않지만, 그래야만 한다. 작별인사를 한다. 중력보다 무거운 슬픔. 눈동자가 쏟아질 듯 떨린다. 대답은 없지만 고마운 마음으로 쓰다듬는다. 왜 대답이 없는가. 작별을 하는 대상이 책상 같은 가구들이기 때문이다. 영국 드라마 〈폴다크〉에 나오는 장면. 그 대상이 사람이 아니더라도, "안녕"이라고 말하며 이별을 한다. 그만큼 자신에게는 특별한 존재였기에.

모든 이별이 그러는 것은 아니지만, 특히 뜻하지 않게 헤어져야 할 때 슬픔과 아쉬움이 있다. 그런데 어떤 때는 작별의 시간마저 갖지 못한다. 그 대상이 순식간에 증발해버렸기 때문이다. 제대로 된 흔적이 없다. '실종'이다. 그 대상이 사람일 경우, 자신의 가족일 경우 문제는 더없이 심각해진다. 김현희-KAL858기 사건이 대표적 예가 아닐까. 실종자 가족들에게는 그야말로 날벼락이다. 올해로 사건 발생 29년, 모든 가족들이 똑같을 순 없겠지

---

[1] 연재는 11회에 걸쳐 이루어졌습니다. 〈통일뉴스〉, 2016년 11월 21일-2017년 1월 31일.

만 그 응어리와 한은 이루 말할 수 없으리라.

2007년 7월 10일, '진실·화해를 위한 과거사 정리위원회(아래 진실화해위원회)'가 사건의 재조사를 결정했다. 하지만 실종자 가족들이 진실규명 신청을 취하해서 조사는 2009년 6월 19일 중단된다. 2년 동안 어떤 일들이 있었을까? 나는 위원회가 2010년에 끝난 뒤 국가기록원으로 옮겨진 자료들을 얻기 위해 2011년 정보공개 청구를 하려 했다. 하지만 기록이관 및 정리가 계속되고 있다는 이유로 신청 자체가 거부됐다. 그 뒤에도 몇 번 문의를 했고, 우여곡절 끝에 최근 '비공개 기록물 제한적 열람' 절차를 거쳐 5년이 지나서야 자료들을 볼 수 있었다.

기록들은 크게 두 부류로 나눌 수 있을 듯하다. 첫째는 진실화해위원회가 생산한 자체 자료(약 1,000쪽), 둘째는 위원회가 수집한 외부 자료다(약 15,000쪽). 외부 자료 가운데는 김현희 공판기록처럼 이미 공개된 것들도 많다. 그러면 나름대로 중요하다고 여겨지는 내용을 중심으로 정리해보려 한다.

국정원의 "간여" 또는 "협조"

가장 주목되는 부분 가운데 하나는 국가정보원(아래 국정원) 관련 대목이다. 2008년 8월, 진실화해위원회는 국정원 수사관과 면담을 했는데 이 수사관은 위원회가 김현희와 면담을 추진할 경우 세부사항을 국정원과 협의해줄 것을 요청한다. 그러면서 이는 "간여"가 아니라 "협조"라고 강조한다(DA0799649, 8쪽). 면담보고서에는 국정원과 협의하여 추진하는 것이 "효율적"이라는 담당 조사관의 의견이 적혀 있다. 이 부분은 논란이 될 수 있다. 혹시 효율성이라는 이름으로 위원회의 독립적 조사 원칙이 훼손될 위험은 없었는가?

여기서 국정원 수사관은 한 발 더 나간다. "국정원 상부에서 조사결과가 어떤 방향으로 나아가고 있는지 매우 궁금하게 생각"하고 있다는 것이다(같은 쪽). 그래서 위원장을 방문해 협의하는 것을 고려하고 있다고 덧붙인다.

보고서에 따르면 위원장은 국정원을 고려하지 말고 "공정"하고 "정확"하게 조사하라고 지시했다. 이 부분에서 나도 모르게 박수를 쳤다. 위원회 설립 목적과 진실규명 신청 이유를 생각해볼 때 당연한 말이지 않은가.

동시에 이 대목은 위원회가 재조사 과정에서 어떤 형태로든 국정원의 압력을 받았을 것이라고 일러준다. 이미 알려진 대로, '국정원 과거사건 진실규명을 통한 발전위원회(아래 국정원 발전위원회)'는 사건에 대한 기존 국가안전기획부(아래 안기부, 현 국정원) 수사 결과가 맞다고 결론 내렸다. 따라서 국정원은 진실화해위원회 재조사가 궁금할 수밖에 없었을 것이다. 참고로 국정원 발전위원회는 중간조사 결과를 2006년 8월 1일 공개했고, 여기에서 크게 벗어나지 않는 최종결과를 2007년 10월 24일에 발표했다.

그렇다면 진실화해위원회는 국정원 발전위원회 조사결과를 어떻게 평가했을까?

> "발전위원회 중간발표문 분석 결과 핵심 쟁점에 대한 의혹이 여전히 풀리지 않고 있으며 ⋯ 몇 안되는 진술인들의 진술을 전적으로 신뢰하고 있으며, 특히 안기부 관련자의 경우에는 그 정도가 지나칠 정도이고, 안기부 생산자료를 아무 의심없이 증거로 채택하였고, 국정원 존안 자료 모두를 확인하였다는 보장이 없으며, 주요 쟁점에 대한 사실관계 판단을 입증자료 없이 추정 판단한 경우가 여럿 있는 것으로 판단됨"(DA0799644, 105쪽).

위원회가 진실규명 신청서를 검토하여 쓴 보고서 내용이다. 이 분석과 판단을 바탕으로 2007년 2월 28일 사전조사 결정이 내려졌고 그 뒤 전원위원회 논의를 통해 공식적인 조사가 시작된다. 그런데 2008년 12월에 쓰인 보고서에는 위 분석과는 다른 내용이 담겨 있다. "중간보고 발표자료는 상당히 주의를 기울여 비교적 정밀하게 작성되었다는 판단임"(DA0799650, 34쪽). 이전의 검토내용, 곧 "진술인들의 진술을 전적으로 신뢰", "안기부 생산자료를 아무 의심없이 증거로 채택", "입증자료 없이 추정 판단" 등의 표현과는 정반대라 할 수 있다. 어떤 과정을 거쳤기에 이와 같은 변화가 있었던 것일까?

먼저 2007년 보고서 작성자와 2008년 보고서 작성자가 다르다. 곧, '누가' 어떤 문제의식으로 자료를 보느냐의 문제다. 다음으로 2008년에는 진실화해위원회가 국정원 발전위원회 관련 자료를 '직접' '열람'할 수 있었다. 중간발표문만을 검토했던 분석과는 수준과 성격에서 앞선 것이다. 이 때문에 자료를 열람한 조사관이 공정하고 정확하게 검토했다는 '전제'를 단다면, 국정원 발표는 비교적 믿을 만한 것이 된다. 다만, 초기에 지적된 진술/자료/증거에 대한 세심하고 주의 깊은 검토가 이루어졌는지는 자료상 알기 어렵다(이는 지금 글을 쓰고 있는 나 자신에게도 해당될 수 있다).

결국 위원회가 정반대의 판단을 내렸던 이유는, 어떤 종류의 자료를 '누가' 그리고 '어떻게' 보느냐와 관련이 있는 듯하다. 하지만 어떤 경우가 되었든, 국정원 재조사의 한계점, 예를 들어 김현희 면담에 실패했고 기체 수색에도 성과가 없었다는 점은 변하지 않는다. 그렇더라도 발전위원회의 면담/수색 시도는 분명히 의미가 있었다고 생각한다. 어떻게 들릴지 모르지만, 나는 발전위원회 및 진실화해위원회 관계자들이 어려운 조건에서 노력을 했다고 본다. 물론 개인이 문제일 수도 있지만 더 중요한 것은 구조가 아닐까.

국정원의 거대한 그늘

예컨대 국정원 내부 조직이었던 발전위원회는 2005년 "국정원측의 협조가 미비함을" 몇 차례 지적하며 특히 자료협조와 관련해 "국정원과 갈등 관계가 있음"을 토로한다(DA0799650, 19-20쪽). 진실화해위원회의 경우 2007년 국정원이 "최종발표 언제일지도 확정하지 않은 채 석달째 자료협조 미루고 있음"(DA0799646, 56쪽), 그리고 "사건조사 마무리하였음에도 불구하고" 역시 협조를 하지 않고 있다고 말한다(101쪽). 2008년 6월, 국정원은 협조를 시작하면서도 "가능한 한 자료 열람이 신속히 진행되도록" 해달라고 한 뒤(DA0799647, 77쪽) 열람은 금년 말까지만 허용한다고 진실화해위원회를 사실상 압박했다.

이번에 기록들을 살펴보며 전반적으로 느꼈던 점은, 진실화해위원회는 시간이 갈수록 국정원 발전위원회의 그늘에서 벗어나지 못했고 더 넓게는 '국정원'의 그늘에서 자유롭지 못했다는 것이다(더 나가자면, 국정원 '안'에서도 개인과 구조의 문제, 곧 정의롭고 양심적인 구성원과 이를 억누르는 어떤 구조가 있을 수 있다). 조사권한, 시간, 인력 등의 제약을 처음부터 안고 있었던 진실화해위원회. 여기에 드리워졌던 국정원의 그림자는 너무나 짙었다.

"김현희 사면, 국제법 위반 명백"

진실화해위원회 기록 열람 (2)

잘 알려졌듯, 김현희는 대법원에서 사형 확정 판결을 받았지만(1990년 3월 27일) 노태우 대통령으로부터 바로 특별사면을 받는다(1990년 4월 12일). 다음 의견을 들어보자. "김현희가 사면이 될 경우 아국의 국제법 위반이 명백하고 지금까지 858기 처리시 우방을 동원하여 북한을 규탄한 근거를 상실한 결과가 됨. 또한 추후 858기 사건과 유사한 사건의 재발시 아국은 국제기구에서의 사건 규탄 입지를 상실할 우려가 있음"(DA0799703, 8쪽). 사면 추진이 국제법을 어기는 것은 물론 일관적이지도 않다는 이야기다.

김현희 사면의 '불법성'

이는 당시 외무부(현 외교부)가 쓴 문서 내용으로 '원칙적으로' 사면이 불법적이며 부당하다는 지적이다. 따라서 외무부는 "김현희를 일단 수감하여 일정기간 복역(예: 84년 중공 민항기 납치범)케한 후, 단계적으로 특별

감형, 형집행정지 또는 특별사면하는 것이 바람직"하다고 봤다. 하지만 특별사면은 17회 국무회의에서 그날 10건의 안건 가운데 유일하게 대외비로 의결된다(DA0799645). 참고로 그때 대검 공안부장으로 검찰 수사를 지휘했던 이도 진실화해위원회와 면담에서 "즉시 사면된 점은 정치적 고려일 것"이라고 밝혔다(DA0799650, 54쪽).

사건의 성격상 외무부는 바라든 바라지 않았든 처음부터 중요한 역할을 했다고 할 수 있다. 사전에 어느 정도 교감이 있었는지 모르겠지만, 외무부는 안기부가 쓴 특별한 문건에 등장하기도 한다. 이른바 '무지개 공작'이다. 이는 KAL기 사건을 "대선사업 환경을 유리하게 조성"하는 데 활용했던 안기부의 공작으로, 관련 문건의 발견은 국정원 발전위원회의 중요한 성과라고 하겠다(물론 공작의 내용은 어느 정도 상식을 가진 사람이라면 추측할 수 있었고, 중간발표 뒤 사본의 일부를 〈통일뉴스〉가 공개하기도 했다). 문건에 따르면 추진 기간은 1987년 12월 2일부터 1988년 5월 31일이었고, 예산은 그때 돈으로 13,478,825원($10,215)이 배정되었다(DA0799650, 44쪽).

외무부는 12월 5일 정도 장관 이름으로 "북괴가 사건 배후에 게재된 것으로 추정된다"는 조사 진행사항의 중간발표를 하는 것으로 되어 있다. 그리고 이 발표가 국내외 언론에 크게 보도되도록 하는 것이 공작의 초기 목표다. 넓은 맥락에서 여기에 포함된 것이었는지 모르겠지만, 외무부 비밀문서에는 정부가 일부 해외 언론에 영향력을 많이 행사했다고 나온다.

언론 유도 및 여론 형성

예컨대 인도네시아 주재 한국대사관이 작성한 문서에 따르면, 대사관 관계자는 1988년 1월 27일치 "주재국 최대 일간 유력지 KOMPAS지에 북한의 KAL기 테러행위 부인과 미국의 대북괴 제재조치 반발은 자신의 얼굴에 먹칠하는 행위라는 제목으로 … 사설을 게재토록 유도"했다

(DA0799652, 1쪽). 말레이시아 주재 대사관 역시 최대 유력지 "UTUSAN MALASIA"지의 1988년 1월 27일 관련 기사는 "당관의 반테러 여론형성 요청을 받은 편집총국장"의 호의로 쓰였다고 말한다(DA0799655, 93쪽).

언론 유도 작업의 대상에는 당시 12명의 바레인 특파원도 포함됐다. 공식 수사발표를 따른다고 했을 때 김현희가 자백을 하기도 전인 1987년 12월 3일(자백은 12월 23일), 바레인 주재 한국 대사는 "금번 사건은 각종정황으로 볼 때 북괴의 사주하에 조총련 또는 북괴가 직접 개입된 것으로 추정되는바 자연스럽게 동건에 초점을 맞출 수 있도록 유도하겠음"이라고 보고했다(DA0799683, 135쪽). 벨기에 주재 대사관의 경우 1988년 1월 15일 문서에서 "LE SOIR지"의 한국 담당 기자를 오찬에 초대했다고 밝힌다. 이 기자는 한국 정치에 비판적이었는데 "공보관의 수사결과 배경 설명에 앞서 과거에 종종 안보문제가 국내정치에 이용된 일이 있는데 이번건은 사실이냐?"고 물었다(DA0799701, 21쪽). 하지만 김현희의 인적사항 등을 설명하자 의심을 풀었다고 한다. 다만, 범행목적 관련해서는 "왜 무고한 근로자가 탑승한 비행기 폭파를 선택하였겠느냐는 의문을" 보였다.

다시 무지개 공작으로 돌아가자면, 그 내용에는 "탑승 희생자의 유가족을 포함한 국민 각계의 대북 규탄 집회·성명 및 논설 등 수단 총동원, 북괴 규탄 분위기 확산"도 포함된다. 이와는 별도로 1988년 1월 14일 안기부가 작성한 '대한항공858기 폭파사건 수사결과발표 및 관련조치계획'에는 "반공연맹, 이북5도민회 등 반공 및 안보관련 단체의 대북괴 만행 규탄 운동전개"가 제시되어 있다(DA0799670, 7쪽). 위와 비슷한 차원에서 진행된 것인지 알 수 없지만, 해외 교포들을 대상으로 다양한 방식의 반북 여론 형성이 시도되었던 듯하다. 반기문 당시 미국 주재 총영사(현 유엔 사무총장)는 1988년 1월 15일 "교포 언론사가 주최한 시국 강연회에 참석 … 교포 사회의 대북 경각심을 제고"시켰다(DA0799701, 62쪽). 스웨덴 대사관의 경우 당시 전체교민의 3분의 1 정도인 "200−300명이 … 시위를 당지주재 북한

대사관 앞에서" 1월 23일에 할 예정이라고 알려왔다(105쪽).

중동에서는 이례적인 일이 벌어지기도 했다. 쿠웨이트 주재 대사가 쓴 1988년 1월 28일 문서에 따르면, 대사관은 "당초 1) 주재국이 정치성 집회를 금지하고 있고, 2) 칼기 폭파사건이 근로자들의 희생이며, 3) 근로자 및 교민들의 자발적 행사라는 것을 강조하는 의미에서 FINTAS 현대건설 현장에서 궐기대회를 갖기로" 했다(133쪽). 하지만 현대건설 현장소장이 주재국의 "공사감독관에게 평면적으로 통보, 동감독관이 불허하자 대회 하루 전날에야 행사개최 불가를 통보해옴으로써 범교민규탄대회가 당초 의도대로 진행"될 수 없었다. 대사의 의견은 다음과 같다.

> "현장 소장이 행사의 중요성내지 필요성에 대한 인식이 없었고, 작업상 사소한 차질을 우려한 비협조적인 자세로 업무를 너무 평면적으로 처리하는데 기인함. 당관은 문제된 현장소장등을 불러 엄중경고, 질책한 바 있아오나, 본행사의 범국민적 의의와 금후 유사한일의 재발방지를 위하고 해외파견 건설회사들의 자세정립과 국익증진을 위해 현대건설측에 행정상 제재등 가능한 조치를 취하여 주시기 건의하며 …"(같은 쪽).

이 부분을 어떻게 해석해야 할까? 먼저 대사관 주최의 규탄대회를 근로자와 교민들의 "자발적 행사"로 내세운 것도 문제지만, 주재국 법규에 따라 취소된 행사에 대해 왜 현장소장에게 책임을 묻는가. 나아가 사건으로 50명 넘게 직원을 잃은 현대건설에 오히려 제재를 가해야 한다니 이게 무슨 말인가.

실종 29년, 추모제를 앞두고

이번에 자료를 살펴보면서 안기부가 1987년 12월에 쓴 'KAL기 폭파사건 관련 대북 및 해외심리전 활동지침'이라는 대외비 문서를 확인했다. 여기에는 "사건 진상은 미상이나 … 제반정황이 두 혐의자가 북괴공작원이며 폭파범이라는 단정을 갖게" 한다고 되어 있다(DA0799654, 164쪽). 그리고 심리전의 목적을 "북괴의 KAL기 폭파테러 만행을 최대로 내외에 폭로 규탄, 북괴를 세계적인 테러집단으로 재부각시켜 체제존립의 가치마저 박탈하고 선거를 위요한 국내 정국 혼란 및 올림픽 방해 책동과 향후 대남도발기도를 사전좌절시키는데 있음"으로 규정했다.

사건 진상이 "미상"인 상태에서 전개된 안기부의 심리전과 무지개 공작. 그리고 국제법에 위배된 김현희 사면과 주재국 법규까지 무시하며 추진된 반북 여론 형성. 그렇게까지 무리를 해야 했던 이유는 무엇이었을까… 실종 29년, 또 추모제가 다가왔다.

안기부는 김현희를 알고 있었는가?

진실화해위원회 기록 열람 (3)

진실화해위원회는 재조사 과정에서 그동안 알려지지 않았던 자료들을 입수하려 노력한 듯하다. 옛 동독 정보기관 '슈타지' 비밀문서가 대표적이다. 1987년 12월 30일에 쓰인 문서를 보자. "정보원들의 추측에 따르면 비행기 추락사고는 남한 정보기관이 비밀리에 추진한 공작일 수 있다. 이들은 이러한 추측의 근거로 여자 범인이 생존했다는 점과 곧바로 남한으로 신병이 인도된 점을 든다"(DA0799681, 23쪽). 어디까지나 "추측"이지만, 김현희와 관련된 상황으로 볼 때 당시 안기부의 자작극이라는 말이다. 또한 문서에 따르면 "차기 대통령 노태우는 KAL기 폭파사건과 이를 빙자해 안보논리를 부각시킴으로써 12월에 있었던 대통령선거에서 최소한 10%이상 득표했을 것으로 추측된다."

슈타지가 쓴 1988년 3월 31일 문서에는 좀 더 포괄적이고 구체적인 내용이 담겨 있다. "양측의 주장과 우리 정보원들이 수집한 정보를 분석해보면 … 북한이 개입했을 가능성을 완전히 배제할 수 없다"(12–13쪽). 앞의 문서와 달리 북쪽의 관련성을 언급하고 있다. 하지만 슈타지의 결론은 다른 쪽에 무게를 둔다.

"남한측에 의해 매우 짧은 시간안에 발표된, 그러나 매우 자세한 조사결과(예를 들어 준비 단계에서 범인들이 묵었던 호텔방의 소재파악), 위에서 언급한 실패로 끝난 자살기도, 여자 공범의 매우 이례적으로 신속한 자백과 범인의 공개 등은 남한의 CIA[안기부]가 이미 오래 전부터 두 명의 테러리스트를 컨트롤하고 있었으며 적절한 시기에 북한을 국제적으로 고립시키려 했다는 결론을 내릴 수밖에 없게 한다"(34쪽).

안기부가 사건을 미리 알았을 가능성

국정원 발전위원회 역시 '안기부의 사전 인지 또는 공작 여부'를 조사했는데 결과는 다음과 같다. "김현희와의 면담이 이루어지지 않았고 '兩人[양인]의 바레인 행적' 중 87.11.29 동경으로부터 걸려온 2통의 전화, 바레인에서의 장기간의 체류 등 일부 행적에 대한 조사가 부족한 측면은 있으나 '안기부가 KAL858기 사건을 사전에 인지했거나 사건을 기획 또는 공작했다'고 볼 수 없다는 판단임"(『과거와 대화 미래의 성찰: 주요 의혹사건편 下권(III)』, 223쪽).

한편 진실화해위원회는 수사 초기에 결정적 역할을 한 것으로 보이는 전 안기부 직원을 면담했는데 위 문서들에 대해 물어본 듯하다. 대답은 다음과 같다. "동독의 슈타지 문서의 신빙성은 10%도 안 됨. 정보기관들의 경우 서로에게 정보를 건네주기도 하는데, 정확하지 않은 경우가 대부분 임. 특히 KAL858기 사건의 경우 정확한 내용 보다는 추측성, 흥미성 위주의 정보가 많이 유포 되었었기 때문에 Stasi[슈타지]의 정보가 정확하다는 근거는 어디에도 없음"(DA0799647, 48쪽). 아울러 그는 '안기부의 사전 인지'에 대해 "일반적인 첩보 수준의 정보가 침소봉대"되었다고 말한다. "첩보 수준에서 유럽을 암약하는 부녀로 위장한 북한인이 있다는 정보가 본부로부터 타전"되었지만 "이것이 사전에 인지하고 있었다는 논리 뒷받침하기에는 근거 부족"이라는 얘기다.

매우 조심스럽지만, 나는 첩보의 존재에 좀 더 주목하고 싶다. 왜냐하면 이 첩보가 다른 맥락에서 보면 민감할 수 있기 때문이다. 국립국어원에 따르면 첩보란 "상대편의 정보나 형편을 몰래 알아내어 보고함. 또는 그런 보고"를 뜻한다. 그리고 보통 '국가정보학'에서는 첩보(information)를 분석·검증을 거치지 않은 상태의 자료로 정의하고, 이를 평가의 과정을 거친 정보(intelligence)와 구분하고 있다. 따라서 "첩보 수준"이라고 했을 때는 면담에서 지적되었듯 신뢰도에 문제가 있기에 주의 깊은 접근이 필요하다.

그런데 내가 너무 순진한지 모르겠지만, KAL858기 사건의 경우 안기부 본부에서 타전됐다는 첩보는 단순한 "추측성, 흥미성 위주의 정보" 이상인 듯하다. 바로 북쪽 사람들이 "유럽"에서 "부녀로 위장"하여 다닌다며 활동지역과 신분을 지목하고 있는데, 특히 아버지와 딸로 위장했다는 대목은 매우 세세한 내용으로 수사결과와 똑같다(안기부가 사건을 인지하고 있었다는 말이 아니라, 첩보가 여러 가지 민감한 해석을 낳을 수 있다는 이야기다). 또한 국정원 발전위원회는 같은 직원으로 보이는 이, 곧 안기부 쿠웨이트 파견관에게서 "사건 발생 前[전], '북한인 추정 인물이 비엔나, 베오그라드, 바그다드, 아부다비 등을 돌아다닌다'는 첩보가 있었"다는 진술을 받았는데(『과거와 대화 미래의 성찰 (III)』, 239쪽), 이 행적 역시 수사결과와 같다.

그리고 외무부가 사건 직후 쓴 문서에도 "첩보"라는 말이 나온다.

> "우리는 올림픽을 위요하고 딜레마에 빠진 북한이 올림픽 방해 책동의 일환으로 수송 수단에 대한 위해를 통해 한반도의 불안정한 분위기 조성을 시도할 것이라는 제반 첩보를 수집하여온바 있음. 이에 따라 금번 KAL기 실종사고가 북한의 배후 개입 가능성에 초점을 맞추고 탑승객등 신원조사에 주력하였으며, 그 결과 신이찌와 마유미의 위조여권이 판명된 이래 북한의 개입 가능성에 대한 심증을 높이고 있음"(DA0799653, 56쪽).

문서에 따르면 첩보가 조사 방향을 결정하는 데 적지 않은 영향을 미쳤다. 비행기로 밝혀진 "수송 수단"은 그렇다 치더라도 "올림픽 방해 책동"은 수사발표에 그대로 나온다.

이 때문에 나는 첩보 부분에 더욱 관심을 갖게 된다. 무엇보다 그때 안기부와 외무부를 포함해 정부 차원에서 수집된 첩보가 총 몇 건이었는지, 전체 내용은 어떻게 되는지가 궁금하다. 참고로 안기부 파견관이 밝힌 첩보에 대해 국정원 발전위원회가 문건(AC-0073)을 확인하려 했지만 발견하지 못했다(『과거와 대화 미래의 성찰 (III)』, 263쪽).

미국의 인공위성

KAL858기 사건에서 계속 논란이 되고 있는 부분 가운데 하나는 수색과 관련 있다. 이번에 자료를 검토하며 인공위성에 대한 내용을 자주 보게 되었다. 외무부는 1987년 12월 8일 문서를 통해, 12월 4일 미국에 인공위성에 의한 수색 지원을 요청했다고 밝힌다(DA0799653). 그리고 12월 10일 문서에 따르면 "한미연합사는 인공위성을 통한 촬영"을 계속하고 있었다(201쪽). 12월 7일 비밀문서의 경우에도 미국이 수색을 지원해주었으면 하는 요청에 대해 제임스 릴리 당시 한국 주재 미국 대사는 "인공위성 사진촬영은 기왕에도 이미 하고" 있다고 밝혔다(DA0799654, 15쪽).

그런데 미국은 이 부분을 비밀로 다뤄주기를 바랐다. 12월 9일 문서에 따르면 미국대사관은 국무부 지시로 다음 사항을 알려왔다. "한국측은 공개적으로 미국의 인공위성 사진에 관해 언급하지 않도록 유의해주기 바람. 인공위성 사진에 사용은 공개적으로 인용할 수 없음"(DA0799654, 175쪽). 이러한 입장은 국무부 비밀문서에도 비슷하게 나온 바 있다(E17). 최광수 당시 외무부 장관이 언론에 인공위성 수색을 알렸는데 미국은 이를 불편하게 생각했다.

이렇듯 미국이 비밀로 하고 싶어 했던 인공위성 촬영. 과연 결과는 어땠을까? 지금까지 거의 다뤄지지 않았던 이 부분을 새롭게 주목하고 싶다 (2000년대 초반 실종자 가족회가 이 문제를 제기하기도 했다). 물론, 그 내용은 특별한 것이 아닐 수 있다. 앞에서 다룬 첩보 부분도 마찬가지다. 그렇더라도 사건의 성격상 인공위성 및 첩보는 중요할 수밖에 없고, 그래서 궁금증을 자아낸다.

"수색 노력을 포기한 것처럼 …"

진실화해위원회 기록 열람 (4)

이미 알려져 있듯, KAL858기 사건의 공식적인 수색은 열흘 정도 이뤄졌다. 그 뒤에도 작업은 이어졌지만 정부의 공식 조사단이 그렇게 일찍 철수했다는 것은 문제가 될 수밖에 없다. 외무부 자료에 따르면 조사단 철수는 사건이 나고 일주일이 채 되기 전부터 언급되기 시작했다. 1987년 12월 5일 문서다.

> "정부는 지난 11.30 이래 칼기의 추락지점 등 잔해 수색활동에도 불구 별 진전이 없으며 이에 따라 앞으로 상당한 시간이 걸릴 가능성도 고려하고 또 한편으로는 이러한 불확정한 상태를 무작정 계속할 수도 없는 형편이므로 금명간에 수색활동을 현지대사관 및 KAL을 중심으로한 활동으로 정상화하고, 또한 탑승객의 사망을 공식적으로 추정하는 발표를 할 예정임"(DA0799668, 155쪽).

물론 수색이 쉽지 않았겠지만, 겨우 닷새 정도 뒤 철수 계획을 세웠다는 점이 놀랍다. 게다가 벌써부터 실종자들의 "사망"을 공식화하려 했다는 것은 당시 정부의 구조/수색 의지를 의심케 한다. 이는 12월 4일, 외무부가 조사단장이었던 홍순영 외무부 2차관보와 주고 받은 문서에서도 알 수 있다. "기체를 하루 속히 찾아내야 한다는 가족들 그리고 국민들의 여망을 고려할 때 만일, 정부 조사반이 기체수색에 결정적인 전기가 있기전에 귀국한다면 마치 정부가 기체수색 노력을 포기한 것처럼 보여질 우려가 있음을 참고바람"(113쪽). 그러나 조사단은 "결정적인 전기"가 없는 상태에서 돌아왔고, 이 때문에 수색을 제대로 하지 않았다는 비판을 자초했다.

과연 수색 의지가 있었는가?

한편 조사단장은 같은 날 아침 "조사단 활동지침 청훈"이라는 제목으로 외무부에 다음과 같이 전한다.

> "본직의 임무는 대태국관계에 관한한 일단락된 것으로 판단됨. 본직의 버마방문은 현재 주버마대사가 충분히 한국정부의 입장을 표명하였고 버마정부가 조직적인 수색활동을 벌이고 있으므로 특별히 외교적으로 필요하다고 보이지는 아니하나, 국내 유가족의 기대 및 언론대책상 필요하다면 2~3일간 버마에 출장하여…"(114쪽).

첫째, 이 대목은 정부가 수색을 (언론 등의 눈치를 보며) 형식적으로 하지 않았나 하는 의문을 갖게 한다. 둘째, 조사단장이 자신의 수색 임무 '전체'가 끝났다고 말하고 있는지, 아니면 전체 임무 가운데 태국과 관련된 '부분'만이 끝났다고 하고 있는지 모호하다. 만약 전자라면 이는 정부의 수색 의지를 의심케 하는 또 다른 증거가 될 수 있다.

국정원 발전위원회 재조사에 따르면 위 대목은 수색 임무 '전체'가 끝났다는 것으로 해석된다(『과거와 대화 미래의 성찰 (III)』, 494쪽). 박수길 당시 외무부 1차관보는 "정부조사단의 현지 출장은 1주일 정도면 충분할 것으로 예상"했다고 한다(495쪽). 아울러 최광수 당시 외무부 장관은 조사단의 "가장 중요한 임무는 상대국의 협력을 얻는 것이었으며 … 현지 대사관 주도로 수색 활동을 전개하면 되었기 때문에 급히 파견된 조사단은 철수하게 된 것"이라고 진술했다(496쪽). 대사관의 중요성을 무시할 수는 없지만, 조사단의 임무 기간을 그렇게 짧게 잡고 있었다는 점은 논란의 여지를 남긴다.

철수 계획을 언급했던 문서로 돌아가보자.

"따라서 귀하는 … 현지파견 특파원등에게 지금까지의 수색활동에도 불구하고 잔해 발견이 사실상 기대하기 어렵다는 취지의 보도가 한국 국내에 전달되도록 조치 바람. 가능하면 RCC[태국 구조조정본부] 등 귀주재국 당국자가(아측이 수색노력을 포기한다는 인상은 주지 않으면서) 수색활동이 사실상 별 성과를 거둘 수 없다는 그들의 판단이 대내외적으로 발표되는 것이 본건의 조속한 처리에 도움이 될 것으로 사료"(DA0799668, 155쪽).

무엇보다 문서는 수색을 닷새 정도밖에 하지 않은 상태에서 쓰였다는 점을 떠올릴 필요가 있다. 이는 정부의 의지가 그만큼 없었다는 점을 에둘러 말해주고 있는 동시에, 비판을 피하기 위해 정부가 언론에 얼마나 신경을 썼는지 보여준다. 국민들에게 현지 사정을 솔직하게 설명하면 되지, 왜 여기에 다른 나라를 끌어들이는가.

부끄러운 일은 여기에 그치지 않는다. 역시나 알려진 일이지만, 조사단은 비행기록장치(블랙박스) 탐지기조차 갖추지 않고 작업에 나섰다. 블랙박스는 비행기 뒷부분에 실린 오렌지색 물체로, 비행자료기록장치(FDR)와 조종실음성기록장치(CVR)로 구성된다. 1988년 2월에 쓰인 문서에 따르면 그때 사용할 수 있었던 탐색 장비 관련해 적어도 두 가지 가능성이 있었다 (DA0799672, 12쪽). 하나는 국내 경우로 경기도 반월의 해양연구소에 '사이드 스캔 소나'라는 장비가 있었다. 다른 하나는 미국으로 International Deep Sea Survey라는 시애틀에 있는 회사 장비였다(미국 장비의 경우 꽤 비쌌던 듯하다. 하루 사용비 $5,000에 8명의 인건비 $4,000, 그리고 기타 경비가 따로 있었다).

참고로 국정원 발전위원회는 "미군이 공중 및 해상에서 블랙박스 탐지 능력을 갖춘 장비(초계기와 함정)를 동원하여 일정 기간(1987.12.10-12) 수색했던 것으로 확인되었으므로" 탐지기를 사용하지 않았다는 주장은 사실이 아니라고 판단했다(『과거와 대화 미래의 성찰 (III)』, 501쪽). 이 말을 그대로 받아들인다 하더라도 정부 조사단이 탐지기를 챙기지 않았다는 점은 변하지 않는다. 또한 미군의 탐지기도 겨우 사흘 정도 사용됐다는 점에서 중

대한 문제라 할 수 있다. 덧붙이면, 지금까지의 모든 논의는 정부가 비행기 실종 위치를 제대로 알지 못해 초기 수색을 허비했다는 점은 제외한 것이다.

사전에 보고하고 협의해야 할 대상은?

이렇듯 수색과 관련해 심각한 한계를 보였던 정부는 사건 '대책'을 논의할 때는 주도면밀했다. 1988년 1월 14일 외무부 문서에 따르면 "민정당에 사전보고", "대책 시행시 미국과 사전 긴밀 협의" 등이 참고사항으로 나와 있다(DA0799670, 19쪽). 이는 당시 정부-여당-미국의 특별한 관계를 일러준다. 여기서 묻지 않을 수 없다. 사전에 보고하고 협의해야 할 대상은 누구보다도 구조/수색에 절박한 기대를 걸었던, 실종자 가족들이 아니었을까?

"배후관계부터 단정 … 비정상적"

진실화해위원회 기록 열람 (5)

공식 수사결과에 따르면 김현희가 '자백'을 시작한 때는 1987년 12월 23일이다. 하지만 사건과 북의 연관성은 사건 발생 직후부터 여러 경로를 통해 거의 확정적으로 제기됐다. 이규호 당시 일본 주재 대사는 1987년 12월 3일 외무성을 방문해 다음과 같이 설명한다. "용의자들의 진술도 없는 현 시점에서 배후관계부터 단정하는 듯한 아국언론의 보도는 논리적으로는 비정상적이라 할 수" 있다(DA0799683, 128쪽). 상식적인 이야기지만 군사정권의 외교관이 한 말이라는 점에서 높이 평가할 만하다. 하지만 그의 핵심은 다른 데 있다. 이규호 대사는 논리적으로 비정상적이라 하더라도 "랭군사건 등 북한의 테러 PATTERN[행태]을 경험해온 한국국민들은 직감으로 북한의 소행임을 확신하고 있으며, 이것이 어쩔수 없는 여론"이라고 강조한다.

그의 말대로 "한국국민들" 모두 확신했다고 할 수는 없겠지만, 이는 사건 관련 당시 언론 보도 및 정부 입장을 잘 그리고 있다. 이런 맥락에서 12월 2일 외무부 문서 역시 주목된다. "현지 수색 작업을 진두지휘하고 계시는 회장님의 정성어린 활동이 국내 언론 매체에 잘 전달되고 있어 다행으로 생각합니다. 이 엄청난 불행의 와중에도 KAL사고의 원인이 곧 규명될 것 같고 범죄의 진원지가 회장님께서 예감하신대로 되어가는 듯하여 착잡한 심경을 금할 수 없습니다"(DA0799668). 여기에서 "회장님"이란 조중훈 당시 대한항공 회장을 가리킨다. 또한 "범죄의 진원지"는 북쪽을 뜻한다고 하겠다. 이처럼 KAL858기 사건은 김현희 '자백'이 있기도 전 북의 테러로 확정돼 가고 있었다.

"이미 수사결과를 내놓고"

그렇다고 한다면 안기부가 주도한 수사가 제대로 이루어졌다고 하기는 어렵다. "전두환 정권에서 대선 관련 사건을 정치적으로 이용한 측면이 있었을 것 … 한국에서는 이미 수사결과를 내놓고 그 결과에 대한 논리를 구성해가는 방식이었을 것임"(DA0799647, 48–49쪽). 이는 김현희 일행을 추적하는 데 결정적 역할을 했다고 알려진 당시 안기부 쿠웨이트 파견관의 말이다. 진실화해위원회 면담 내용 중 하나인데, 안기부 요원이 보기에도 수사 과정은 문제적이었다. 결과를 이미 내놓은 상태였기에 '증거'가 중요할 리 없었다.

"북한이 관여되었다는 것은 확실한(firmly established) 것이나, 본인은 아국 수사당국이 어떠한 구체적 evidence[증거] 밝혀냈는지는 아직 알지 못함"(DA0799696, 79쪽). 1988년 1월 7일 박수길 외무부 1차관보와 유명환 북미과장이 스탠 브룩스 한국 주재 미국 공사와 찰스 카트먼 정무참사관에게 한 말이다. 이에 브룩스 공사는 "한국정부가 제공하는 증거는 매우 설득력이 있어야하며 주어진 결과(given result)에서 도출하는 성격이 되어서는 안될 것이라는 생각이" 든다고 답한다. 안기부 파견관이 말했던, 결과를 내놓고 논리를 구성해가는 방식의 문제점을 지적한 것이다.

그러나 안기부는 블랙박스도 발견하지 못한 상태에서 1988년 1월 15일 최종결과를 발표한다. 정부는 이를 바탕으로 영문 자료를 만드는데 이에 대한 미국 의견을 들어보자. "대부분의 증거가 범인의 자백에 기초하고 있는 바 그것을 입증할 수 있는 객관적 정보증거(intelligence evidence)가 보강 … 아직 구체적 사실관계가 좀더 상호 논리적으로 해명되어야 할 부분이 많기 때문에 동 백서를 중간발표 정도로 제목을 수정하는 것이 타당할 것임"(DA0799677, 59쪽). 1988년 1월 19일, 카트먼 참사관이 신두병 외무부 미주국장에게 한 말이다. 달리 표현하면, 미국은 수사결과에 대해 객관적 증거가 부족하고 비논리적인 부분이 많다고 생각했다(물론 공식적으로는 지지한다고 발표했다).

이러한 상황에서 의문점들이 나오는 것은 당연하지 않을까. 예컨대 일본에서는 아사히TV, TBS, 후지TV 등이 "고도 훈련 받은 확신범이 8일만에 자백을 시작할 정도로 그렇게 빨리 무너질 수 있는가", "노동자 중시의 북이 노동자를 표적으로 했겠는가" 같은 물음을 던졌다(DA0799701, 35-36쪽). 이에 대해 일본 주재 한국대사관은, "의문점다운 의문은 거의 없고, 발표의 완벽성에 오히려 놀라와 하고 있으며, 또 이 완벽성 때문에 일부 언론은 뭔가 트집을 잡으려고 애쓰고" 있다고 평가했다.

그렇다면 안기부와 정부는 '객관적' 증거가 부족한 상태에서 어떻게 발표를 할 수 있었는가? '김현희'라고 하는 절대적 증거가 있어서였지 않을까. 대사관이 언급한 "완벽성"의 이유라고도 하겠다. 폭파범인 그가 자백을 했기에 다른 물리적 증거들은 필요 없다. 곧, 김현희의 '고백 서사' 또는 그녀의 존재 자체가 증거라는 얘기다(박강성주, 『슬픈 쌍둥이의 눈물: 김현희-KAL858기 사건과 국제관계학』, 214쪽). 그렇기 때문에 정부는 사건을 유엔으로 가져가서 김현희를 증인으로 나서게 하는 방안을 검토했다. 1987년 12월 외무부가 쓴 문건이다. "마유미 여인이 안보리에서 … 폭로하도록 유도. 증언 유도를 위한 방안으로서 미국에 영주할 수 있도록 하면서 자발적인 발언을 하도록 …"(DA0799692, 5쪽). 정부가 김현희를 미국으로 이주시키려 했다는 점이 흥미로운데, 핵심은 증거와 논리의 부족을 김현희 존재 자체로 채우려 했다는 것이다. 그만큼 김현희는 결정적이었다(하지만 널리 알려진 대로 그녀의 진술에는 해명되어야 할 부분이 많다).

한편 진실화해위원회는 2009년 5월 김현희 관련 사항을 알아보려 면담을 했다. 김현희를 직접 조사했던 이상형 당시 서울지검 검사는 다음과 같은 일화를 전한다.

> "김현희와 대화할 당시 정형근 [안기부] 국장도 그 자리에 같이 있었는데 "이분이 '인민검찰소'에서 나온 검사다"라고 … 김현희가 긴장하여 거의 대답을 하지 않았다. 김현희가 북한 출신이라는 점을 의심하지 않을 만한 에피소드 … 서소문 검찰청사 바깥에서는 연합철강 근로자들이 데모를 하고 있었는데, 그들의 구호가 '전두환, 이순자를 처단하라'는 것이었다. 김현희가 "세상에 '인민검찰소' 앞에서 전직 국가원수 부처를 처단하라고 말하는데 이게 나라냐?" … "그 말을 듣는 순간 북한출신이라는 심증을 굳히게 …"(DA0799651, 82–83쪽).

김현희가 북 출신이라는 "심증"

여기서 "심증"이라는 표현이 사용된 것에 주목하자. 국립국어원에 따르면 이는 "마음에 받는 인상" 또는 "재판의 기초인 사실 관계의 여부에 대한 법관의 주관적 의식 상태나 확신의 정도"를 뜻한다. 아울러 이상형 검사와 함께 조사에 참여했던 당시 검찰 수사관도 "김현희가 검찰 청사에서 조사를 받기 시작했을 때부터 북한 출신이었다는 심증"을 가졌다며 역시 같은 용어를 쓴다(90쪽). 이 수사관과의 면담에 대해 진실화해위원회 조사관은 "북한 출신 부분을 확인하는 보강자료로 활용하겠음"이라 적었다. 종합적 판단이 있었겠지만, 심증 차원의 이야기를 "확인" 수준의 자료로 쓰겠다는 대목은 성급하지 않았나 생각된다. 북 출신 여부 판단을 떠나, 이는 증거의 개념과 활용방식에 대해 고민하게 만든다.

참고로, 2006년 8월 1일 국정원 발전위원회가 재조사 중간발표를 했을 때도 김현희와 김승일이 "KAL858기 폭파범이라는 심증을 가지는 것에는 무리가 없다"며 같은 말을 썼다("'KAL858기 폭파사건' 조사결과 중간 보고서", 45쪽). 다만 "분명한 사고 실체를 규명하기 위해서는 비행기 동체와 블랙박스 등의 物證[물증]이 보강되어야 할 것이라는 판단"을 덧붙였다. 그러나 1년 뒤 국정원 발전위원회는 "물증"을 보강하지 못한 채 최종 보고서를를 발표한다.

김현희 대선 전 압송과 미국

진실화해위원회 기록 열람 (6)

1987년 12월에 쓰인 외무부 문서들은 김현희 압송 관련 상황을 구체적으로 기록하고 있다. 바레인에 파견됐던 박수길 외무부 1차관보는 12월 8일 로널드 포쳐 미국 중앙정보국 거점장에게서 현지 언론인의 제보를 전달받는다. 이에 따르면 무바라크 칼리파 바레인 외무부 장관은 김현희를 한국에 인도할 수 없다고 통고할 가능성이 있었다. 이유는 앰플 "독극물이 반드시 북괴제조라고 단언하기에 충분한 증거가 있다고 할 수 없음. 마유미가 KAL 사건에 연루되었다는 결정적인 증거가 없음"이었다(DA0799654, 25-26쪽). 그리고 이안 핸더슨 바레인 범죄수사국장은 다음 날로 예정됐던 "외무장관 면담시 한국대사관 직원이 바레인 정부의 동의 없이 마유미등을 방문한 것에 대해서 사과"하는 것이 좋겠고, "한국측은 무엇보다 마유미의 신원을 확인하든지 동인이 KAL 사건과 직접 연관되어 있음을 증명함이 중요"하다고 했다. 충분한 증거 없이 김현희를 서둘러 압송하려 했던 정부의 긴박함이 느껴진다.

"늦더라도 15일까지 도착"

한국 쪽은 바레인에, 김현희가 "고도의 훈련을 받은 북한의 스파이임으로 자백할 이유도 없고 … 버마 수사당국은 랑군사건을 저지른 강민철의 자백을 받는데도 1개월 이상을 소요"했다는 점 등을 설명해 공감을 얻었다(31쪽). 12월 10일 문서는 특별히 주목된다. "마유미[김현희]가 늦더라도 15일까지 도착하기 위해서"라는 문구가 있기 때문이다(43쪽). 안기부(현 국정원)의 '무지개 공작' 문건이 아니더라도 12월 16일 대선 전 김현희를 압송하려 했던 정부의 계획이 엿보인다. 물론 쉽지 않은 일이었다. 왜냐하면 예컨대 "바레인 당국 실무자선에서는 KAL기의 잔해도 발견하지 못하고 있는 상황에서 인도가 성급하다는 이야기"가 있었기 때문이다. 그래서 당국은 영향력 있는 민간인을 통해 바레인을 압박하기도 했다. 12월 12일 외무부 "초긴급 전보" 내용이다. "한일개발의 조중식 사장이 현재 젯다에 체류 … 사우디의 와리드(또는 와지드) 왕자와 잘 아는 처지여서 그를 통하여 바레인에 권고할 예정임. 또한 조 사장은 바레인 수상과도 친교가 있으므로 동 수상에 대해서도 측면 지원 예정임"(73쪽). 조중식 사장은 조중훈 당시 대한항공 회장과 조중건 사장의 동생이다.

이런 상황에서 박수길 차관보는 미국의 입김을 경계할 필요가 있다고 전한다.

"당지에서 감촉되는 바로는 마유미의 인도에 관한 미국의 입장이 DELICATE[미묘]한 것으로 생각되는바, 야당이, 정부가 KAL기 사건을 정치적으로 이용한다고 비난하고 있음에 비추어, 경우에 따라서는 주한미국대사관의 의견에 따라, 마유미의 인도가 선거이후로 되도록 미국이 바레인측에 작용했을 가능성도 완전히는 배제할 수 없으니, 마유미의 인도문제와 관련하여 미국측에 너무 소상한 INFORMATION[정보]을 주지 않는 것이 좋을 것으로 사료되오니 참고하시기 바람"(47쪽).

다시 말해 최우방국인 미국과 거리를 둬서라도 정부는 대선 전 김현희 압송을 꼭 이뤄내야만 했다. 또한 이 대목은 사건의 정치적 활용에 대한 비판이 꾸준히 제기되었다고 일러준다. 무지개 공작 문건이 공개되지 않았을 뿐, 정부와 여당이 사건을 대선에 유리하게 활용하려 했다는 점은 처음부터 비밀이 아니었다.

그런데 대선 전 김현희 압송이 이루어진 데는 미국의 도움이 있었던 듯하다. 김경원 당시 미국 주재 대사의 말이다.

> "12.10 국무부 대테러 대사실에 의하면 미측은 항공기 … 동경협약과 몬트리얼 협약의 관계규정에 따라 금번 KAL기 사건의 용의자에 대해 한국이 바레인 정부에게 범죄인 인도를 요청할 권리가 있고 바레인 정부는 이를 존중할 의무가 있음을 주바레인 미국대사관을 통해 금주초 바레인측에 설명하였는바, 바레인측은 상기권리, 의무에 대해 모르고 있었다고 하면서, 미측의 설명에 사의를 표했다함"(52쪽).

바레인은 결국 김현희를 한국에 넘기기로 했고 시점은 현지시각 12월 13일 저녁 7시로 정해졌다. 이에 따르면 김현희 서울 도착은 12월 14일 낮 1시 정도로 예상됐다(77-79쪽).

아울러 한국 쪽이 "바레인 영공도착 30분전 지점에서 바레인 공항당국에 ZURICH[스위스 취리히]로 가는 도중 한국비행기에 환자가 발생되었으므로 바레인 공항에 착륙하겠다고" 신호를 보내면 바레인이 착륙을 허가하는 내용의 비밀작전이 합의됐다(83쪽). 하지만 12월 13일 낮 3시 바레인은 압송 계획을 24시간 연기할 것을 통보했는데 "일부 각료가 … 이의를 제기"했기 때문이다(90-93쪽). 그리하여 김현희는 대선 하루 전인 15일 김포공항에 온다(여기에서 15일이냐 14일이냐는 중요하지 않을 수 있다. 핵심은, 정부가 선거 '(직)전'에 압송을 하려 했다는 점이다. 그럼에도 김현희의 대선 하루 전 도착은 극적 효과를 높였다고 생각한다).

"다른 비행기를 띄우는 등 양동수법을 …"

참고로 12월 8일 소병용 당시 외무부 아주국장과 찰스 카트먼 미국 참사관의 면담에서 다음과 같은 얘기가 나온다. "이 사건 처리는 엄격하게 보안이 유지되어야 하는 것으로 생각함. 가령 마유미를 실어올 때도 다른 비행기를 띄우는 등 양동수법을 쓰는 것도 고려할만한 일이라고 생각함"(DA0799653, 170쪽). 그만큼 김현희 압송은 민감하고 비밀스러운 사안이었다.

한편 박수길 현 유엔협회세계연맹 회장은 2011년 8월 29일 〈연합뉴스〉 기사에서 원래 바레인과 한국이 합의했던 인수 시점은 (13일이 아닌) 14일이라고 밝혔다. 곧, "수차례 교섭 끝에 양측은 대한항공 특별기가 14일(현지시각) 저녁 7시 도착해 1시간 동안 급유한 뒤 김현희를 싣고 한국으로 떠난다는 계획에 합의했다." 그렇다면 김현희 도착 시점은 처음부터 대선 하루 전인 12월 15일이 된다. 이와 같은 외무부 문서와 인터뷰 기사의 차이에 대해 현재로서는 이유를 알기 어렵다. 그리고 같은 기사에서 박 회장은 "12월 13일까지 김현희의 신병을 국내로 인도해오라는 청와대의 '특명'이" 있었다고 말했다. 대선 전까지 압송하라는 청와대의 지시를 받았다는 뜻이다.

그런데 2014년 출판된 자서전에서 그는 다음과 같이 말한다. "방송 중에 TV조선의 아나운서가 나에게 이렇게 물었다. "정부에서 혹시 꼭 선거일 전에 데리고 와야 된다는 지침이 있었나요?" 그런 적 없다고 하자 다시 물었다"(『박수길 대사가 들려주는 그동안 우리가 몰랐던 대한민국 외교 이야기』, 166쪽). 이는 김현희를 의도적으로 선거 하루 전에 도착시켰다는 의혹을 일축하는 맥락에서 나온 듯하다. 한편으로는 청와대 특명 자체가 없었다고도 해석할 수 있는 대목이다.

덧붙이면 그는 자서전에서 윤병세 현 외교부 장관이 김현희를 실은 특별기에 탔다고 밝혔다. 실제로 윤병세 장관은 당시 서기관 직급으로 사건 관련 업무를 보았고, 12월 17일 최광수 장관 주최의 치하 오찬에 초대되었다(DA0799654, 150쪽). 그 뒤에도 그는 'KAL기 폭파사건 관련 국제기구를 통한 대북규탄위한 특별대책반'에서 활동했다(DA0799670, 34쪽).

김현희와 "온달장군과 울보공주"

진실화해위원회 기록 열람 (7)

공식 수사결과에 따르면 김현희는 115명을 죽인 '테러범'이다. 그런데 수많은 남성들이 그녀에게 구혼편지를 보냈다고 알려진다. 이번에 자료를 살펴보며 그 일부를 확인할 수 있었다. 그때 서울에 살고 있던 한 남성은 최소한 두 번 연락을 시도했다. "김현희씨가 안전기획부 보호실에서 조사를 받고 있을 때 편지를 보냈던" 이로 "그녀를 연민하는 청년"이다(DA0799716, 6-8쪽). 이 남성은 1988년 11월 24일 편지에서 재판 담당 판사에게 다음과 같이 말한다. "그녀에게 연민의 정을 끈[끊]을 수 없는 것은 제 자신의 고백이 아닐 수 없습니다. … 판사님 그녀가 현량한 사람이 되어 거듭나서 다시 깨어나는 생애가 될 수 있도록 훈계하여 주십시오. 이 다음에 그녀와 교제할 수 있는 기회를 주십시오"(9-10쪽).

"온달장군"의 구혼편지

1989년 4월 8일 서울에 살던 또 다른 남성은 "국가에서 선처를 해주신다면 과감하게 보호자 내지 반려자가 될 수도" 있다고 편지를 보내왔다(269쪽). 그는 "온달장군과 울보공주 얘기"를 꺼내며 "법원에서 이 옛날 이야기를 실현시켜보시지" 않겠냐고 묻는다(270쪽). 이처럼 남성들은 고구려 설화까지 인용하며 적극 고백해왔다. 그런데 역사를 넘나드는 김현희에 대한 구혼은 국경 역시 넘나들었다. 일본 남성에게서 온 편지다. "석방후 김현희가 한국에서 생활하게 되면 폭사한 한국인 유족들의 원한이 대단할 줄 압니다. … 본인은 현재 53세로서 동인 평화스럽고 자유의 나라 일본에 와서 본인과 결혼할 수 있도록 되기를 절실히 희망하고 있습니다"(DA0799717, 285쪽). 구혼을 해온 것은 아니었지만 네덜란드에서도 "제발 그녀를 용서해 주십시오"라며 남성이 편지를 보내왔다(DA0799720, 77쪽).

위와 같은 편지들은 실종자 가족들이 바랐던 것과는 확연히 구분된다. 예컨대 당시 '희생자 유족회' 회장은 "정부당국은 김현희를 하수인 및 정상 참작이라는 이유로 불구속 및 공소보류 운운하고 있다는 신문보도를 접하고" 재판부에 연락을 해왔다. 1988년 11월로 표기되어 있는 탄원서에는 김현희를 "공개재판을 하여 법정 최고형에 처하여 줄 것을" 요청하는 내용이 담겼다(DA0799716, 4쪽). 어느 실종자 친형 역시 김현희가 "국가최고형"을 받아야 한다며 편지를 보내왔다(DA0799717). 한편으로 가족들은 "재수색"과 "올림픽 희생의 유공자 대우"를 바라기도 했다(266쪽). 또한 동생이 실종된 어느 가족은 "김현희를 직접 대면하게" 해달라고 요청했다(270쪽). 한 문장 한 문장에서 가족들의 분노와 슬픔을 어렴풋이나마 느끼게 된다. 참고로, 미국 뉴욕에 살고 있던 어느 교포는 김현희에게 "천주교 수녀가 되는 것이 어떨까 하고" 권해오기도 했다(DA0799719, 266쪽).

그렇지만 남성들의 구혼편지와 실종자 가족들의 탄원서는 별다른 효과가 없었다. 김현희는 특별사면을 받았고, 안기부 촉탁직원으로 일하다 1997년 12월 사라진다. 이와 관련된 공식적 이야기를 짧게 하면 다음과 같다. 안기부 직원 한 명이 김현희와 "1996.5월부터 결혼을 전제로 교제해" 오고 있었다. 정씨 성을 가진 이 직원은 1997년 12월 20일 안기부에 "최근 KAL기 유족회 복지재단 기금 출연(8억 5천만원)이 매듭 단계에 있으니 대공연구위원직을 사직하고 연말 내(1997.12.31) 결혼하겠다며 결혼의사를 강력히 피력"했다(DA0799650, 46쪽). 그리하여 두 사람은 12월 28일 결혼식을 올리고 사라진다.

그런데 많은 이들이 결혼 시점과 관련해 의문을 제기했다. 핵심은 15대 대통령선거다. 곧, 1997년 12월 18일 대선에서 김대중 후보가 최초의 '정권 교체'를 이루며 대통령에 당선된 직후라는 얘기다. 사건을 재조사했던 국정원 발전위원회에 따르면, 안기부는 1997년 5월 "김현희를 보호 관리 중인 외고 종조부"의 요청에 따라 그해 "12월말까지 김현희의 완전 사회배출을 위한 방안을 마련"하려는 계획을 이미 세우고 있었다(『과거와 대화 미래의 성찰 (III)』, 548-549쪽). 이 말이 맞다 하더라도 결혼식은 대선 열흘 뒤에 열렸고, 임시 결혼 일정이 통보된 날은 '공교롭게도' 대선 이틀 뒤다. 또한 김현희 결혼 상대가 안기부 직원이라는 점도 민감한 해석을 낳게 했다.

국정원 발전위원회는 (결혼 부분을 포함한) 관련부서의 핵심자료를 모두 열람한 뒤, 2005년 5월 2일 주간보고에서 "김현희 결혼은 정략적 목적이 아닌 것으로 판단"했다(DA0799650, 22쪽). 하지만 사안의 성격상 이 결론이 충분히 공감을 얻고 있느냐는 다른 문제다. 참고로 나는 발전위원회 판단의 근거가 되었던 "김현희 활용 및 정착지원 마스터플랜", "김현희 결혼 관련 대책보고" 등의 문건에 대해 국정원에 정보공개를 청구했지만 기각된 바 있다(『슬픈 쌍둥이의 눈물』, 167쪽).

"김현희에 대한 출석요구서 발부 …"

한편 국정원 발전위원회는 성과는 없었지만, 김현희와 면담을 하기 위해 나름대로 노력했다. 이에 대해 진실화해위원회가 확인하는 작업을 했던 듯싶다. 2009년 3월 16일 진실화해위원회는 국정원에 자료협조를 요청했다. 그 목록은 "발전위에서 2006.2.27 오충일 위원장 명의로 김현희에게 발송한 서신 사본 1부, 2006.6.26 주거지 방문하여 전달하려 하였던 '진실위'[발전위] 명의 면담요청 서신, 2007.2.9 주거지 방문하여 전달하려고 하였던 원장 명의 서신 사본" 등이다(DA0799651, 57쪽). 하지만 문서상 국정원이 협조를 하지는 않은 듯하다.

이와는 별도로 진실화해위원회 역시 김현희 면담을 추진하려 했다. 2009년 3월 11일, 결혼과 함께 사라졌던 김현희가 처음으로 기자회견을 했다. 부산 벡스코(전시회의장)에서 열렸는데 북쪽의 일본인 납치문제와 관련된 내용이었다. 3월 4일 진실화해위원회 위원장은 조사관에게 "회견장에 참석하는 것은 적절치 않으며, 김현희에 대한 출석요구서 발부 등은 4월 이후에 정식 절차를 밟아" 진행하라고 지시했다(52쪽). 그러나 출석요구서가 발부됐다는 기록은 남아 있지 않다. 참고로 "기자회견의 구체적이고 세부적인 사항은 전적으로 국가정보원과 일본측에서 준비"했는데(51쪽), 위원회 조사관이 국정원 수사관에게 "김현희의 주소지에 대하여 문의하였으나, 국정원에서도 알고 있지 않다고 대답"했다.

철회된 진실화해위원회 출장조사

진실화해위원회 기록 열람 (8)

김현희는 자신이 어렸을 때 〈사회주의 조국을 찾은 영수와 영옥〉, 〈딸의 심정〉 등의 북쪽 영화에 출연했다고 진술했다. 진실화해위원회는 2007년 5월 통일부에 이 자료에 대한 협조를 요청한다. 하지만 통일부 통일사료관리팀은 "저희 기관에 소장되어 있지 않아" 협조가 불가능하다고 답변했다(DA0799645). 참고로 국정원 발전위원회 역시 "김현희가 유년 시절 북한에 있었다는 사실을 입증하기 위한 제3의 객관적인 자료를 찾기 위하여" 〈사회주의 조국을 찾은 영수와 영옥〉을 확보하려 했지만 실패했다(『과거와 대화 미래의 성찰 (III)』, 362쪽).

곧바로 철회된 출장조사 계획

진실화해위원회는 2007년 11월 15일부터 같은 달 25일까지 바레인, 독일, 헝가리, 러시아에 출장을 가려 했다. 바레인의 경우 김현희가 음독을 한 뒤 실려간 살마니야 병원, 독일은 옛 동독 정보기관이었던 슈타지 문서 보관소 등을 방문하려 했다. 하지만 계획은 문서상 나흘 만에 철회됐는데, 이유는 나와 있지 않다(DA0799647, 25쪽). 참고로 러시아 관련해서는 협조 요청을 받은 외교부(또는 주재국 대사관)가 "불필요한 논란이 지속되지 않도록 근거없는 의혹제기 중단해야"라는 국정원 발전위원회 발표를 인용하며, "주재국측에 협조 공식적으로 제기하는 것 적절한지 검토 요망"이라고 2007년 11월 8일 답변서를 보내왔다(DA0799646, 94쪽). 국정원의 결론이 위원회 재조사에 부정적인 영향을 줬다고 볼 수 있는 대목이다.

그래도 진실화해위원회는 다른 방식으로 노력을 한 듯싶다. 예컨대 2009년 4월, 위원회는 헝가리 국가기록원을 통해 얻은 "유고슬라비아 헝가리 대사관 극비보고문서"를 분석했다. "2008년 비밀해제"된 문서로 "유고 정부 자체적인 비밀 조사과정을 거쳐 베오그라드 주재 북한외교관과 자그레브 주재 북한통신사 대표를 용의자로 인식하여 추방"했다는 내용이다(DA0799651). 이에 대해 진실화해위원회 조사관은 유고가 "김현희·김승일이 베오그라드에서 북공작원들과 만났다는 사실 인지하고 추방"했다며 "김현희 북한 출신 의문사항에 대한 입증자료로 활용할 수" 있다고 판단했다. 이러한 자료조사와 더불어 김현희 면담이 이루어졌다면 어땠을까.

참고로 유고는 당시 내무차관 겸 국가정보부 책임자, 외무부 장관 대리, 연방대통령이 1988년 1월 20일 알렌 스펙터 미국 상원의원을 만났을 때 다음과 같이 말했다. "사건의 중대성에 비추어 한국측이 더이상 사고항공기의 잔해 탐색 작업을 계속하지 않고 있다는 사실과 동기에 탑승했던 보안관 2명이 … 공항에서 내린후 다시 탑승치 않았다는 점이 이상함"(DA0799677, 94쪽).

그리고 다른 글에서 소개했듯, 동독 슈타지 문서는 진실화해위원회가 결과적으로 확보할 수 있었다. 여기서 더 살펴보자면, KAL858기 사건은 슈타지가 "모든 가용지식과 정보를 점검하고 정리하는 계기가 되었다"고 평가할 만큼 특별했다(DA0799681, 124쪽). 그리고 1988년 5월 11일 보고서의 다음 내용이 주목된다. "컴포지션 C4는 미군이 사용하는 플라스틱 폭탄의 일종이다. … PLX는 미국에서 생산하는 액체폭약물"이다(122쪽). 김현희 일행이 북쪽이 아닌 미국에서 제조된 폭발물을 사용했다는 뜻이다. 이는 'KAL858기 사건 진상규명을 위한 시민대책위원회(아래 KAL858기 대책위)' 및 KAL858기 가족회가 2005년에 가진 기자회견에서 폭약 전문가 심동수 박사가 밝힌 내용이기도 하다. 그는 "우리나라나 미국에서는 '콤포지션 씨 포'라고 불리지만 러시아나 북한 등에서는 러시아어로 '사스답페 에드브로떼'로 불리운다. … 만약 테러범이 북한에서 훈련받고 연습했다면 마땅히" 러시아식 용어를 사용했을 것이고, 또 "이같이 수사결과가 발표되는 것이 타당하다"고 말했다.

또한 심 박사는 "콤포지션 C-4는 표준제품이나 PLX액체폭약은 사제폭약의 범주에 속하는 비표준제품이다. 국가간 폭파테러에 있어 표준제품과 비표준제품이 혼용되는 경우는 기술상 상상할 수 없는 사례이다. 폭발의 확실성과 신뢰도가 저하되므로 실패를 예고하는 행위가 될 수 있기 때문"이라고도 했다. 국정원 발전위원회는 폭약 부분에 대해 다음과 같이 판단한다. "1988.1.15 당시 발표된 폭약의 종류와 양은 추정된 것이며, 추정한 이유는 김현희 진술에 입각한 폭탄 테러 범행의 수사내용을 무리하게 물증(物證)화하는 과정에서 빚어진 것으로 추정됨"(『과거와 대화 미래의 성찰 (III)』, 428쪽). 김현희가 말하지도 않은 내용을 안기부가 특정한 의도를 가지고 지어냈다는 얘기다.

한편 국정원은 사건에 대한 의혹이 활발히 나오던 때 자체적으로 해외조사를 실시했다. 2004년 7월 28일부터 8월 14일까지 두 개의 조가 활동했는데 1조는 동남아 지역을, 2조는 동구권 지역을 맡았다. 그리하여 예컨대 동구권 출장 결과, 이 사건이 "북한에 의한 테러라는 점을 주장하는 전 헝가리 총리(호른 줄러)의 자서전"을 구했다(DA0799651, 31쪽). 진실화해위원회도 2009년 3월 이 자서전을 입수했는데, 헝가리 외무성에 "2명의 북한 출신 테러범들이 ⋯ 부다페스트에서 지냈다"고 알려온 곳은 "부다페스트 주재 미국대사관"이었다(67쪽). 헝가리 자체의 정보망보다는 '미국'의 역할이 컸다고 해석할 수 있는 지점이다. 진실화해위원회 조사관은 이 자서전을 바탕으로 "김현희가 북한을 출발하여 헝가리의 부다페스트에서 머물렀다는 김현희의 진술은 사실이라고 판단"했다(68쪽).

폐기된 증거와 문서

안기부에 따르면 1990년 3월 KAL858기 잔해가 태국 앞바다에서 발견됐다. 그런데 잔해를 감정한 국립과학수사연구소는 폭파 흔적을 발견하지 못했고, 그 뒤 잔해가 폐기됐다는 점은 이미 알려져 있다(〈한겨레21〉, 2003년 11월 26일; 〈KBS 스페셜〉, "KAL858의 미스터리: 1편 폭파, 진실은 무엇인가", 2004년 5월 22일). 국립과학수사연구소는 "폭약 폭발 후 폭약류의 성분은 완전연소, 증거물 채취 방법과 시기 및 장시간 외부에 노출된 상태에서는 폭약류 성분이 검출되지 않을 수도 있음"이라고 덧붙였는데(DA0799646, 45쪽), 문제는 잔해를 반환하려 했지만 안기부가 받아가지 않았다. 진실화해위원회는 이에 대해서도 확인하려 했다. 그런데 국립과학수사연구소는 잔해 폐기와 관련된 문서를 "보존기간(5년)이 경과되어 폐기"했다고 2007년 5월 답변한다(6쪽). 증거 자체가 폐기된 것은 물론, 그 과정을 보여줄 수 있는 문서도 없어진 셈이다. 안기부가 잔해를 왜 거둬 가지 않았는지는 지금도 의문으로 남아 있다.

안기부 '대북손해배상 청구 유도' 계획

진실화해위원회 기록 열람 (9)

사건을 둘러싼 논란 가운데 하나는 보험금과 관련 있다. KAL858기는 당시 (대한항공이 소속된) 한진그룹 계열사인 동양화재에 보험을 든 상태였고, 동양화재는 영국의 '로이드'사에 재보험을 들었다. 이에 대해 안기부는 1988년 1월 14일 기준 "'로이드' 보험회사로 하여금 대북손해배상 청구 유도"를 사건 관련 조치의 하나로 계획했다(DA0799670, 10쪽). 하지만 북쪽을 상대로 한 손해배상 청구가 실제로 이루어졌는지, 만약 그랬다면 안기부가 어느 정도 역할을 했는지 문서상 알기 어렵다.

보험금 문제와 폐기된 자료

그동안 나왔던 보험금 관련 핵심 의혹은 보험사 조사를 피하기 위해 대한항공이 로이드에 보험금을 청구하지 않았다는 것이다. 진실화해위원회가 이 부분을 확인하지는 못했지만, 국정원 발전위원회는 보험 업무를 맡았던 이를 2007년 1월 10일 전화로 면담했다. 이에 따르면, "보험금을 로이드 보험회사 등 재보험회사들로부터 받아 대한항공에 지급했고, 재보험사의 조사관이 사고조사도 했으며 2004년경 언론사들이 취재를 했으나 별 의혹이 없자 보도는 하지 않았다"(『과거와 대화 미래의 성찰 (III)』, 539쪽). 그런데 문제는, "언론사 취재 당시에는 관련 자료가 있었으나 회사를 이전하면서 폐기했다"는 점이다. 동양화재의 현 이름은 메리츠화재인데, 회사 누리집(홈페이지)에 따르면 2005년 10월 사명 변경과 함께 본사를 이전했다. 발전위원회 조사 당시는 물론, 앞으로도 보험금 문제를 직접 확인할 수 있는 길은 없다는 말이다.

참고로 나는 2009년 영국 로이드사에 정보공개를 청구했다. 하지만 로이드사는 '공공기관'이 아니므로 청구 대상에 해당되지 않고, 따라서 답변할 의

무는 없다고 했다(맞는 말이다). 다만 로이드사는 개별 "보험회사(insurance company)"가 아니라 "보험시장(insurance market)"의 개념으로 활동하기 때문에 기록들은 로이드사와 관계를 맺고 있는 각 회사들이 관리한다고 덧붙였다. 또한 1993년 이전의 보험들은 1996년에 있었던 로이드사의 구조조정에 따라 변경된 사항이 있고, 그래서 확인이 더욱 어렵다는 취지의 이야기를 했다.

"반드시 안보리에 제기할 필요성이 있겠느냐"

영국 이야기를 이어가자면, 1988년 1월 21일 외무부 문서는 유엔 '안전보장이사회(아래 안보리)' 논의를 다루고 있다. 크리스핀 티켈 당시 유엔 주재 영국 대사는 "미국이 전면에 나서는 것은 바람직하지 않으며 미국이 의장국인 2월에 동 문제를 제기하는 것은 좋지 않음"이라고 했다(DA0799671, 158쪽). 결론적으로 영국 대사는 "자신과 몇몇 이사국은 KAL기 폭파사건 이후 상당시일이 경과한 점과 현재 미국, EC[현 유럽연합] 등 여러 나라가 대북규탄하고 있으며, 중·쏘가 서울올림픽에 참가하는등 한국측이 유리한 고지를 점하고 있는 상황에서 반드시 안보리에 제기할 필요성이 있겠느냐는 의견"이었다. 그러나 안보리 긴급회의는 한국 요청에 따라 '미국'이 의장국이었던 1988년 2월 16일-17일 열린다. 한편 프랑스도 영국과 마찬가지로 논의에 대해 "부정적"이었다.

이와 관련 서독 주재 대사와 독일 외무성 유엔국장의 면담이 주목된다. 1988년 2월 5일 문서에 따르면, 독일은 "만약 안보리의 토의가 한국정부의 입장을 뒷받침하는 증거제시가 불충분하다고 판단되는 방향으로 진행될 경우에는 얻는 것보다 잃는 것이 많게 될 것임을 극히 조심"할 필요가 있다고 했다(DA0799680, 37쪽). 그런데 정부의 분위기는 달랐다. 한 문서에 따르면 "24개 안보리 비이사국도 동회의에 참석, 지지발언키로 약속했으나 아국은 안보리에서 동서대결 양상을 피하고 안보리 구성상 아측 지지국이 많음을 고려하여 발언국을 안보리 이사국으로 국한(단, 바레인은 사건 관련국으로 발언)키로 우방국과 합의"했다(DA0799697, 164쪽).

참고로 나는 안보리 회의에서 "KAL858기 사건의 책임소재가 북한에 있다는 결의안 채택이 추진되었지만 안기부의 수사결과가 공식적으로 받아들여지지 않아 무산되었다"고 쓴 적이 있다(〈통일뉴스〉, 2007년 2월 15일). 아니다. 정부는 소련과 중국의 안보리 거부권 행사를 예상했기 때문에 결의안 채택을 추진하지 않았다. 이 대목은 당시 유엔 주재 대사와의 면담으로도 확인할 수 있었다(『슬픈 쌍둥이의 눈물』, 75-76쪽).

안보리 논의에서 쟁점이 됐던 부분 가운데 하나는 비행기록장치(블랙박스)다. 당시 유엔 주재 대사는 "북한 및 동조세력의 주장에 대한 반박시 참고코자 하니, 858기의 BLACK BOX[블랙박스] 수색과 관련하여" 구체적인 정보를 알려달라고 정부에 요청한다(DA0799672, 68쪽). 교통부는 "BLACK BOX 및 잔해발견은 다음과 같은 상황을 검토하여 볼 때 어려운 실정 … 30일 동안 유효한 신호발신장치는 수신장비를 가지고 유효거리 2마일 이내로 접근이 가능할 때라야만 찾아낼 수 있는 것"이라고 답변한다(72쪽). 아울러 "지난 83년 9월의 KAL 007 사고의 경우 … 실패한 사실이 있음"이라고 덧붙였다.

KAL007기는 당시 소련 전투기에 의해 1983년 9월 1일 격추되었고, 269명 모두가 사망했다고 알려진다. 블랙박스의 존재는 공개되고 있지 않다가, 1991년 소련 언론(Izvestia)이 두 개의 블랙박스가 1983년 9월 15일-11월 7일 사이에 발견됐다고 보도했다. 한국은 이를 1992년 11월 19일 받게 되는데, 내용물은 빠져 있는 상태였다(〈뉴욕타임스〉, 1992년 12월 3일). 이는 블랙박스가 발견된다 하더라도 누군가에 의해 훼손될 수 있다고 일러준다.

버마에 안기부 수사내용 포함 요청

KAL858기 사건은 국제협약에 따라 '사고 발생 국가'인 버마가 국제민간항공기구(ICAO)에 조사보고서를 제출했다. 그런데 정부는 보고서 작성에 영향력을 행사하려 했다. 1988년 2월 25일 외무부 문서에 따르면, 버마 주재 대사는 사건이 "북괴공작원에 의한 것임을 주재국의 대ICAO FINAL REPORT[최종 보고서]에 포함되기를 요청"했다(DA0799697, 135쪽). 실제로 버마가 낸 보고서에는 안기부 수사결과가 다음과 같이 적혀 있다. "한국 당국은 … 하치야 신이찌 씨와 하치야 마유미 씨를 추적하기 시작 … 한국 당국에 했던 진술을 통해, 하치야 마유미 씨는 대한항공기 파괴의 원인이 되었던 자신들의 행위에 대해 이야기했다"("Investigation Report", p. 7).

이는 '사고 발생 국가'와 '항공기 등록 국가' 사이의 소통에 대해 규정한 국제민간항공협약 26조를 적극 해석한다면, 자연스러울 수 있다. 하지만 위의 요청 또는 영향력 행사는 정부가 수색 작업에 쏟았던 정성과는 대비된다. 1988년 1월 7일 문서다. "현재 항공기 잔해를 추가로 발견하기가 거의 어려운 상황에서 사고조사팀을 파견한다해도 실질적인 사고조사에 실효성을 기대할 수 없으나 사고기 등록국가의 입장에서 ICAO에 보고될 정식 사고조사 보고서가 원만히 완결될 수 있도록 …"(DA0799698, 103쪽). 정부로서는 '현실적인' 입장이었다고 할 수 있겠지만, 수색에 대한 형식적인 태도가 느껴진다. 수색 초기에 실종 지점을 파악하지 못해 귀중한 시간을 허비했던 정부. 게다가 조사단은 열흘 만에 철수했다. 그랬던 정부가 버마 보고서 관련해서는 (안기부 수사내용이 포함되도록) 끝까지 노력한 것이다.

김현희 일행에게 걸려온 전화

진실화해위원회 기록 열람 (10)

공식 수사결과에 따르면, 김현희 일행은 KAL858기가 폭파된 뒤 바레인 호텔에 머물렀다. 사건과 관련된 논란 가운데 하나가 이때 일본에서 걸려온 의문의 전화다. 이규호 당시 일본 주재 대사는 "11.29.–12.1.간 바레인 리전시 호텔에 6회의 전화가 동경으로부터 … 모두가 일본 보도기관이 걸었던 것으로 확인되었음"이라고 보고한다(DA0799704, 83쪽). 그런데 류시야 아랍에미리트연합 주재 대사대리는 "이해하기 어려운 점이 있음"이라고 하면서, "일본대사관 Matsuda 참사관에게 상기 2명의 신원사항 파악 요청"한 시점은 "현지시간 11.30.(월) 12:00"라고 말한다(105쪽). 11월 29일에는 전화를 걸 상황이 아니라는 것이다. 하지만 이규호 대사는 "재확인해 보았으나, 모두가 보도기관이 건 전화"라고 답한다(117쪽). 이 부분이 논란이 되는 이유는, 김현희 일행에 대한 추적이 알려지기 전 누군가 그들 행적을 알고 있었다는 뜻이 되기 때문이다.

의문의 전화, 의문의 여권

핵심은 '11월 29일'에 걸려온 전화인데, 이는 바레인 경찰 수사보고서에도 언급되었다. 국정원 발전위원회는 그날 도쿄(동경)에서 걸려온 전화 2통을 포함한 바레인 행적에 대해 다음과 같이 말했다. "사건이 알려지기 전인 1987.11.29 동경으로부터 이들이 투숙한 호텔로 김현희 일행을 찾는 전화가 걸려온 점 등 바레인에서의 의구심이 드는 행적들이 있었음에도 이에 대한 수사가 미흡했다고 판단됨"(『과거와 대화 미래의 성찰 (III)』, 302쪽). 다만 외무부 문서에 따르면 전화를 건 사람은 일본의 언론 관계자가 될 수 있는데, 정확한 내용을 확인하기는 어렵다.

바레인에서 김현희 일행을 처음 접촉한 정부 관계자는 김정기 당시 바레인 주재 대사대리로 알려진다. 1987년 12월 1일 문서를 보자. 김현희가 머물던 호텔을 방문하고 그가 남긴 기록 가운데 하나는, "흰색 안경을 끼고 얼굴은 둥글고 미인형으로 보였음"이다(DA0799683, 45쪽). 김현희 미모를 언급한 점이 눈에 띈다. 같은 날 쓰인 또 다른 문서에는 김현희의 일본 여권 기록이 있다. 여기에는 생년월일이 1960년 1월 27일로 되어 있고(26쪽), 김현희는 안기부에서 자신이 1962년생이라고 진술한다. 한편 김현희 외양과 관련, 1987년 12월 7일 정해웅 바레인 주재 대사는 "본직의 관찰에 의하면 마유미[김현희]의 용모는 중국 태생의 한국인이라는 인상이 짙었음"이라고 한다(DA0799654, 17쪽).

1988년 2월 29일 외무부 문서에 따르면, 정부는 수사과정에 도움을 준 일본 외교관에게 서훈을 내리려 했다. 류시야 아랍에미리트연합 대사대리의 말대로, 김현희 일행 "체포는 일본 당국의 기민한 대응태도의 결과"였기 때문인 듯하다(DA0799683, 114쪽). 하지만 일본 외무성은 일본 주재 대사에게 "아국의 일본인에 대한 서훈을 사양할 것이라"고 알려왔다(DA0799674, 240쪽). 그렇더라도 체포 과정에 일본의 도움이 있었던 것은 분명하다. 당시 일본 주재 대사가 쓴 1987년 12월 7일 문서에 따르면, 김현희의 일본 여권은 매우 허술하게 위조됐다. "용의자 2인이 소지한 위조여권을 현지에 파견된 일측 수사관이 확인한 결과, 진짜 여권과 구별이 가능한 정도의 조잡한 인쇄등으로 보아 …"(DA0799704, 59쪽).

그런데 위조 상태와 관련해 반대되는 의견이 있다. 1988년 2월 4일 미국 하원의 아시아태평양 소위원회가 열었던 청문회에서 나온 말이다. 클레이튼 맥매나웨이 국무부 테러담당 부대사는 다음과 같이 증언한다. "미국 전문가들은 위조된 여권의 질이 굉장히 높아(such high quality) 이는 국가정보기관에 의해 준비된 것이 거의 확실하다고 결론 내렸습니다. 이같은 수준의 위조품을 만들어낼 능력을 지닌 테러 조직은 없습니다"("The Bombing of Korean Airlines Flight KAL-858: Hearing and Markup", p. 13).

중국과 소련 대사의 반응

김경원 당시 미국 주재 대사가 쓴 문서를 보면, 1988년 2월 8일 마이클 아마코스트 미 국무부 차관과 한쑤 미국 주재 중국 대사의 면담에서 대한항공기 얘기가 나왔다. 미국 주재 대사관 관계자가 토마스 던롭 국무부 한반도 담당자를 만나 전해들었다 한다. 이에 따르면, 중국은 "모든 형태의 테러 행위에 대해 반대하는 일관성 있는 입장을 견지해 왔다고 말하고 … '현명한 정책은 적을 만드는 것은 아니고 적사이에 평화를 만드는 것'이라는 중국 격언을 인용하면서 기존의 한반도 긴장을 완화하기 위해서 미국과 북한과의 관계개선 노력이 필요하다고 강조"했다(DA0799705, 65쪽).

그러자 아마코스트 차관은 "북한이 국가정책으로 민간항공기에 대한 테러행위를 감행했기 때문에 그와 같은 현명한 정책을 쓸 수가 없다고" 답한다. 이에 대해 중국 대사는 "미국이 중공에게 북한에 대해 영향력 행사를 요청하고 있지만 북한은 강한 자존심을 가지고 있으며 중공은 그와 같은 문제를 조심스럽게 다루어야 한다는 것을 교훈"으로 삼고 있다고 말한다. 그리고 "미측이 제공한 수사자료와 입장설명을 철저히 검토"하겠다고 덧붙였다.

한편 찰스 카트먼 한국 주재 미국 참사관에 따르면, 같은 날인 2월 8일 아마코스트 차관이 유리 두비닌 미국 주재 소련 대사도 만났다. 하지만 소련 대사의 경우 "단순히 북한이 조사결과를 부인하고 있다는 입장을 반복한 외 특별한 반응은" 보이지 않았다(86쪽). 참고로 1988년 1월 20일 외무부 문서에 따르면 핀란드 주재 한국대사관과 소련대사관 관계자가 대화를 나눴다. 수사발표에 관한 내용으로, 그리고리 라포타 소련 1등 서기관은 다음과 같이 말한다. "동수사결과는 한국 정부 이외에는 증거를 갖고 있지 않아 문제가 있으며, 설령 사실임을 쏘정부가 인정한다 하더라도 정치적인 이유때문에 공개적으로 동건을 언급할 수 없을 것"(DA0799689, 82쪽).

"대북규탄 활동 … 만족할만한 성과"

다른 글에서도 밝혔지만, 정부는 국내외 대북규탄 활동을 대대적으로 주도하거나 지원했다. 사례를 더 살펴보자. 일본 주재 대사관의 1988년 1월 18일 문서 제목은 "북괴만행 폭로 단행본 발간"이다. 이에 따르면 "주재국내 4대 출판사의 하나인 광문사(고분샤) 편집장 대리 후지모도와 기획 협의"한 내용에 "주재국내 친북괴 저널리스트들의 비언론인적 활동상 분석폭로 등"이 포함됐다(DA0799701, 78쪽). 윤탁 대사관 공사 말로는 "발간 소요경비는 일체 광문사 부담"이었다. 이 출판사는 "김만철 일가족 망명시 단행본 악몽의 북조선을 발간, 호평리 보급한" 경험이 있었다(79쪽). 서독(독일) 프랑크푸르트 총영사의 경우, "칼기폭파 사건 홍보"라는 제목의 문서를 통해 한인회 주최로 1988년 1월 20일 규탄대회가 열린다고 알려왔다(DA0799702, 90쪽).

하지만 모든 활동이 정부가 바랐던 대로 되지는 않았다. 서독 주재 대사는 서독이 사건과 관련된 성명을 발표한 것과 관련, "주재국 정부가 아측요청에 신속히 발표해준데 사의를 표하나, 동 성명 내용중 "연방정부가 조사결과를 평가할 입장에 있지 않으나 동 조사결과가 사실이라면"이라는 문구 및 보복조치 자제를 종용하는 문구등 우리의 기대에 어긋나는 점이 있음"이라고 했다(DA0799679, 93쪽). 자이르 주재 대사도 "자이르가 양 한국과 외교관계를 맺고 있는 만큼 정부가 공식적으로 어느 일방을 비난하는데는 어려움이 있음"이라며 주재국 입장을 전했다(DA0799702, 133쪽). 그래도 전반적으로 봤을 때 정부는 관련 활동이 성공적이었다고 평가했다. "대북규탄 활동이 이미 만족할만한 성과를 거두었다고 평가되므로, '88올림픽 개최와 향후 남,북한 관계를 고려, KAL858기 폭파사건 관련 대북규탄은 ICAO[국제민간항공기구] 결의안 채택으로 일단 종결함"(DA0799699, 55쪽).

김현희 사건, 돌아온 대선

이번에 자료를 살펴보며 가장 관심이 가고 고민이 됐던 부분 가운데 하나는 전 국정원 발전위원회 조사관 면담 내용이다. 진실화해위원회는 2008년과 2009년 그를 참고인 자격으로 최소한 3번 면담했다. 그에 따르면, 발전위원회가 기체 잔해 조사를 위해 안다만 해역에 가는 과정에서 실종자 "가족들에게 같이 가겠다고 약속하고 같이 가지 않은 것 사실"이다 (DA0799647, 44쪽). 담당 조사관이었던 자신의 판단에 따랐던 것으로, 이 점이 가족들이 발전위원회를 "불신하게 된 동기 중 하나일 것"이라고 한다(가족회는 국정원 발전위원회가 중간 조사결과를 발표했을 때 이를 비판하며 사건을 진실화해위원회로 가져갔다). 아울러 그는 동체 수색 작업 관련해 이제까지 알려지지 않았던 부분을 언급한다. 바로 "프랑스 석유회사 TOTAL사에서 해저 송유관 건설 위해 안다만 해역 바닥 전부 스캔"했었다고 한다.

사건 전반에 대해 그는 "초동수사에는 문제가 많았으나 사건의 본질에는 변화가 없음. 정부에서 사고 대책 및 후속 조치 등에 있어 다소 실패한 부분은 있으나 사건을 의도적으로 은폐하거나 감추려고 한 정황은 발견되지 않음"이라고 말했다(43-44쪽). 참고로 이 조사관은 KAL858기 가족회 및 대책위에서 일했다. 그래서인지 진실화해위원회는 그에게 "입장 바꾼 이유"를 물었다(44쪽). 그는 국정원에서 기록을 거의 다 보았고, 파견관과 본부 사이에 오간 전문 8천여 건을 모두 조작하기는 불가능하다고 답한다. 그리고 결정적으로 사건을 최초 보고했던 안기부 쿠웨이트 파견관을 면담하며 김현희 일행에 대한 의혹이 많이 풀렸다고 한다. 파견관은 그에게 김현희 추적·체포는 "거의 운이 좋아서" 가능했던 면이 있다고도 했다(43쪽).

"김현희 면담은 절대적으로 이루어져야"

결국 이 조사관에 따르면, 사건의 본질은 "북한이 사주한 것이 맞다. … 가족회의 의혹제기는 상당부분 인정할 수 있는 부분이 있지만 진실이 바뀔 부분은 없다." 그렇더라도 그는 "김현희 면담은 절대적으로 이루어져야 하며, 다음 사항에 대한 본인의 진술이 있어야" 한다고 강조했다. "1) 김현희는 왜 스스로 폭파범임을 인정했는가? 2) 사전에 사면에 대한 언질이 있었는가? 3) 북한출신임을 입증할 수 있는 증거." 그리고 또 다른 면담에서 그는 "발전위에서 조사할 당시 러시아, 헝가리 등 동유럽 등을 실지조사 하지 않은 이유는 그럴 필요가 없었다고 판단하였기 때문"이라고 밝혔다(DA0799651, 36쪽). 한편 이 조사관은 발전위원회 활동 종료가 얼마 남지 않았던 2007년 8월 '사퇴'했는데, 문서상 이유를 알 수는 없다(DA0799647).

올해는 KAL858기 실종 30년이 되는 해다. 그동안의 일을 문서들을 통해 거칠게 정리하면 다음과 같다. 사건을 처음으로 보고했던 이는 안기부 쿠웨이트 파견관이다. 그는 "11월 29일 통상적 대북 업무 수행하기 위해 두바이행 비행기 탑승 중 두바이 공항 도착 후 한국인 정보원"에게서 "858기가 사라졌다는 이야기"를 들었다(DA0799647, 47쪽). 그리고 "북한 공작원들의 평소 공작 방법과 매우 유사하여 전문가의 입장에서 단번에 북한의 소행으로 파악"했다(48쪽). 1987년 12월 15일 또 다른 안기부 관계자도 비행기가 사라지자 "대한민국 관계당국 및 항공사에서는 즉각 동사건을 북괴테러범의 소행으로 추정"하고 조사를 시작했다고 말한다(DA0799707, 13쪽). 박쌍용 당시 외무부 차관에 따르더라도, 1987년 12월 8일 기준 이 사건은 "북한의 소행임이 거의 분명"했다(DA0799654, 1쪽). 이는 처음부터 여러 가지 가능성을 두고 철저하게 확인하는 작업이 부족할 수 있었다고 일러준다.

교통부는 1988년 1월 15일 문서에서 비행기에 타고 있던 115명이 모두 사망한 것으로 결론 내렸다. "1개월 이상이 경과된 현재까지 생존한 흔적을 발견할 수 없는 점등으로 미루어볼 때 추락시 탑승자 전원이 사망한 것이 확실시됨"(DA0799698, 115쪽). 이는 '실종' 및 '사망'선고와 관련해 유예기간을 두고 있는 민법 27조-28조에 어긋난 것이다. 국정원 발전위원회에 따르면 상속관계, 보험문제 등을 이유로 사망처리를 바랐던 '유족들'이 있었다. 그래서 교통부가 민법에 우선한 호적법에 따라 처리했고, 발전위원회는 "절차상 무리가 없었다고" 판단한다(『과거와 대화 미래의 성찰 (III)』, 540-541쪽). 하지만 시신이나 제대로 된 유품 하나 찾지 못한 '실종자 가족들'의 경우 상황은 다르다(박강성주, 『슬픈 쌍둥이의 눈물』, 183-194쪽).

어찌 됐든 공식 수사에 따르면, 사망의 책임은 김현희와 김승일에게 있다. 두 사람 모두 체포 당시 자살을 시도했지만 김승일만 죽었다. 1988년 4월 27일 안기부 1국의 수사보고는 시신에 대한 처리 문제를 다루고 있다. "사체부검 및 VTR[비디오 테이프 녹화기] 촬영등을 통한 증거확보가 되었고 남북대화 또는 외교상 활용가치 없어 시체를 매장 또는 화장처리하여도 무방하다는 의견임"(DA0799715, 88쪽). 김승일의 시신은 현재 파주에 있는 "북한군 / 중국군 묘지"에 매장된 것으로 알려진다. 1묘역, 더 구체적으로는 '대한항공 폭파범'이라는 푯말 아래 묻혀 있다(〈연합뉴스〉, 2011년 6월 19일).

김현희는 서울로 압송되어 '자백'을 했는데, 이를 바탕으로 1988년 1월 15일 안기부 수사결과가 발표된다. 북은 인도네시아 주재 대사관 등에서 기자회견을 열어 반박했고, 정부는 기자들에게 1983년 버마 "랑군사태를 다시 상기시키고" 북에 대한 경계심을 강조했다(DA0799652, 49쪽). 이런 가운데 외무부 비밀문서에 따르면, 1988년 1월 27일 스웨덴 일간지 〈Expressen〉에 테러 공격에 대한 편지가 전달됐다. 두 명의 여성 공작원이 프랑스 파리에서 미국 앵커리지로 가는 대한항공기를 대상으로 스웨덴 스톡홀름에서 공작을 준비하고 있다는 내용이다(DA0799679, 151쪽). 공작 시기는 1월 25일-31일로 예상됐는데, 그 뒤 어떻게 되었는지 문서상 알기 어렵다.

유엔 안보리 등에서 의견이 엇갈리기도 했지만, 국제적 차원에서는 대부분 북에 사건의 책임을 묻는 분위기였다. 예컨대 1988년 3월 30일 외무부 문서에 따르면, 사건으로 오스트리아 주재 북쪽대사관이 축소되었다고 한다. 공식적 이유는 "북괴 공작원이 자국과 비슷한 여건인 주서서[스위스] 공관에 비해 과다하다는 결론"에 따른 것으로, 인력을 19명에서 12명으로 줄이라는 요청이 들어왔다(DA0799696, 202쪽). 그렇더라도 사건으로 북이 얻은 이익은 무엇인가라는 점에서 의문이 일었다. 예컨대, 수사발표날에 있었던 말레이시아 주재 대사관 관계자와의 면담에서 말레이시아 외무성 아주국장이 "수사결과는 범인의 자백만에 의한 것인지 여타 물증이 있는지를 문의한 바 … 북괴측이 무슨 목적으로 동사건을 저질렀는지 이해가 되지 않는다면서 여사한 사건은 북괴측에 아무런 이익이 되지 않을 것이라고" 했다(DA0799655, 16쪽).

진실화해위원회 재조사

이와는 별도로 수사결과에 대한 의혹들이 꾸준히 나왔다. 이에 국정원 발전위원회가 만들어져 재조사가 처음 시도된다. 발전위원회에서 KAL858기 사건 담당위원으로 활동했던 이에 따르면, 이 사건은 조사 대상 7건 가운데 "국정원에서 사건 실체에 대해 가장 자신 있어 하던 사건"이었다(DA0799647). 그리고 '미흡한 부분들이 있었지만 기존 안기부 수사결과가 맞다'는 중간 및 최종결론이 나왔다. 김현희 조사가 빠진 상태였다. 그 뒤 독립기구인 진실화해위원회에서 재조사를 담당했던 조사관은 발전위원회 보고서에 대해 이렇게 말한다. "학자 입장에서 볼 때 굉장히 정밀하게 조사된 보고서였다. 더 이상 조사할 필요가 없겠다는 생각이 들 정도였다"(〈조선일보〉, 2012년 6월 26일).

진실화해위원회는 적어도 초기에는 적극적인 조사의지를 보였다. 실종자 가족들을 면담하여 관계기관의 "감시·미행"에 대한 진술을 듣기도 했다(DA0799646). 2007년 6월 29일 사전조사 결과 보고서에는 사건의 의혹사항이 4항목으로 분류돼 있다. 안기부 사전인지·개입, 사라진 원인(폭파, 추락, 실종), 무지개 공작의 실체, 신청인들 인권침해 등이다(61쪽). 위원회는 사건을 "진실규명의 필요성이 한층 요청되는 사안"이라고 평가했다(65쪽). 조사계획에는 "국정원 실지조사, 해외 출장조사, 김현희 등 조사, 폭파시험·시뮬레이션" 등이 포함됐다.

하지만 해외 출장조사는 심사의뢰 뒤 바로 철회됐고, 김현희 면담은 없었으며, 폭파시험도 이루어지지 않았다. 국정원 조사는 국정원(안기부) 자료가 아닌, '발전위원회' 기록을 중심으로 열람한 듯하다. 실종자 가족들은 "더 이상 국정원을 조사해도 나올 것이 하나도 없을 것이라고 생각"한다며 "국정원의 협조를 받지 말고 진실위원회에서 독자적으로 조사해주기를 요청"했다(DA0799650, 60쪽). 결국 가족들은 재조사 신청을 취소한다. 발전위원회 경우도 그렇지만, 아마 조사를 담당한 이들 입장에서는 최선을 다한 것일 수 있다. 그러나 지금까지 검토했듯 논란의 여지는 남아 있다.

이것으로 11회에 걸쳐 진실화해위원회 자료들을 나름대로 살펴봤다. 열람 당시 제한된 시간 때문에 충분히 보지 못했거나 놓친 부분이 있을 수 있다. 아울러 나의 해석과는 다른 의견이 나올 수 있다는 점도 밝혀둔다. 무엇보다 연재에 관심을 가져주신 분들께 감사드리며, 마지막 이야기를 할까 한다.

1987-2017, 대통령선거

KAL858기 사건은 1987년 대통령선거가 얼마 남지 않은 상황에서 일어났다. 이는 노태우 여당 후보의 당선에 도움이 됐다고 여겨진다. 1987년 12월 4일 외무부 문서를 봐도 그렇다. 스웨덴 신문 〈Göteborgs-Posten〉

은 대한항공기 사건이 "노태우 후보에게 유리하게 작용할 것이라고 논평"했다(DA0799684, 44쪽). 2017년 올해 역시 대통령선거가 있다. 지금까지 그랬듯, 중요한 선거를 앞두고 무슨 일이 일어날지 모른다.

1988년 1월 14일, 대선에서 노태우 후보가 당선된 뒤 안기부 수사발표를 하루 앞둔 날이다. 최광수 외무부 장관은 야나이 신이찌 한국 주재 일본 대사와 면담을 갖는다(DA0799688, 16쪽). 이 자리에서 나온 말은 곱씹어볼 만하다. "우리는 노총재 임기 5년 이내에 우리의 기본틀을 유지하면서 민주적 변화를 이루어 나갈 수 있을 것임. 만약 이번 선거에 노총재가 실패했다면 10-15년은 후퇴했을 것임. 이런 점에서 이번 선거는 매우 다행이었음."

2

미국 중앙정보국

미국 중앙정보국 비밀문서 발견[1]

※ 이 글, 더 정확히 말하면 요약글은, 특별한 사연을 가지고 있습니다. KAL858기 사건으로 석사논문을 썼던 저는 우여곡절 끝에 유럽으로 가게 되었습니다. 사건으로 박사논문을 쓰기 위해서였습니다. 미국 중앙정보국 비밀문서는 그즈음 우연히 발견했습니다. 그날도 저는 '습관처럼' 사건 관련 검색을 했는데, 놀랍게도 비밀문서가 나왔습니다. 하지만 한국을 떠나야 하는 상황이었고 시간이 없었습니다. 글을 쓰기가 쉽지 않았습니다. 그런데 송별회 형식으로 KAL858기 가족분들과 대책위 관계자분들을 뵙기로 되어 있었고, 〈통일뉴스〉 김치관 기자님도 오실 예정이었습니다. 그리하여 저는 비밀문서의 핵심 내용을 정리해 이를 송별회에서 그분들께 전해드렸습니다(제보를 바탕으로 〈통일뉴스〉가 기사를 냈습니다). 비록 한국을 떠나지만 사건을 끝까지 가져가겠다는 저의 다짐을 보여드리고 싶었기 때문입니다. 그날의 심정을 기록해두기 위해, 요약 형태의 글을 거의 그대로 싣습니다.

---

1) 2008년 8월.

1988년 2월 2일: 특별 분석(1급 비밀)

- 지킬과 하이드 박사: 비행기 폭파 + 북남대화 제의
- 너무 빨랐다(too early): 올림픽대회에 직접적인 영향?

1988년 2월 11일

- 동기는 올림픽에 영향 주는 것 / 이어지게 될 캠페인의 첫 번째 ⇒ 이후 또 다른 테러?
- 언어 전문가들(Native-speaking US-Korean language experts): 마유미는 북쪽 출신이다

1988년 4월 1일

- 올림픽에 결정적 영향 주기에는 시기가 너무 빨랐던(too early) 것으로 보인다
- 그러므로 이는 계획된 행동들의 첫 번째일 수 있다
- 노태우 대통령: 한국의 절제된 반응(restrained response)과 관련해 중요한 역할

기타

- 대통령선거에 관한 이야기는 없음
- 해제 시기: 99년 6월 / 99년 11월 / 99년 12월 / 2000년 7월… ⇒ 누가 신청?

출처

- 미국 중앙정보국 누리집 검색: http://www.foia.cia.gov

미 CIA의 빗나간 분석?

미국 중앙정보국 비밀문서 (1)[2]

글을 쓸 때 읽는 이를 누구로 상정하느냐는 굉장히 '정치적인' 문제다. 알게 모르게 지나치는 이 정치는, 쓰는 이와 읽는 이가 경계를 두고 부딪힐 때 분명히 드러난다. 특히 그 경계가 우연한 기회에 마련되었을 때 더욱 그렇다. 그러면서 쓰는 이는 물론, 글 자체도 '성장'한다고 생각한다. 읽는 이, 곧 독자가 중요한 이유다.

"연구자로 보기에는 좀 모자란 듯." 얼마 전, 미국 국무부 비밀문서에 관한 글을 쓴 적이 있는데 이런 반응을 접했다. 문서 내용 중, 국무부가 KAL858기 사건은 남쪽의 공작이다는 말을 황당한 주장이라고 한 대목에서였다. 문제는 문장의 구조상 황당하다고 했다는 부분이 국무부가 아니라 글쓴이, 곧 내가 말한 것으로 읽힐 수 있었다는 점이다. 그래서 더 이상의 '오해'가 생기지 않도록 문서상의 표현(BIZARRE, '전혀 말이 되지 않는' 등으로도 옮길 수 있음)을 첨부하는 식으로 다듬었다. 그 반응은 내게 두 가지로 다가왔다. 먼저, 위에서 말한 '읽는 이가 누구냐'는 문제였다. 다음으로, 남쪽이 사건을 저질렀다고 이야기하는 것이 '황당하지 않다'는 것이다. 개인적으로 '누가 비행기를 없앴느냐'에 관해 조심스러운 입장에서, 이 일은 많은 것을 생각하게 해주었다(늦게나마 그 독자분께 고마움을 전합니다). 표현이 적절할지 모르겠지만, 여러 가지 진실들이 '경합'하고 있는 김현희 사건. 이에 대해 말하고 글쓰는 일은 적어도 '나의 경우' 긴장과 고민과 의지를 동반하는 조심스러운 문제다.

---

2) 연재는 2회에 걸쳐 이루어졌습니다. 〈통일뉴스〉, 2010년 1월 26일-29일.

미 CIA 문서 정보공개 청구

　미국 중앙정보국(CIA)에서 우편물이 날아온 것은 그런 고민을 하고 나서 얼마 뒤였다. 이런저런 사정으로 미뤄왔던 정보공개 청구를 했는데 답변이 온 것이다. 2009년 12월에 결정돼 사정상 2010년 1월에 받게 된 답변서는 53쪽 분량 10건의 비밀문서를 포함하고 있었다. 이는 2008년 개인적으로 중앙정보국 누리집에서 발견했던 7건의 문서보다 많다. 또 2009년 신성국 신부가 미국에서 받아왔다고 밝힌 23쪽보다 훨씬 많은 분량이다(아마 정식으로 정보공개 청구를 하지 않아 그랬던 듯하다). 그런데 분량의 차이를 떠나 답변서는 한 가지 놀라운 내용을 담고 있었다. KAL858기 사건에 대한 정보공개 청구가 '이전에' 있었고 그때 공개한 자료를 보낸다고 한 대목이다(We received an earlier FOIA request for records on the same subject as yours … that were released to the earlier requester). 이에 대해서는 나중에 이야기하도록 하고, 일단은 문서 자체를 나름대로 살펴보고자 한다.

　먼저, 2008년 발견해 〈통일뉴스〉에 공개했던 문서와의 비교가 필요하다. 그때 문서는 7건으로, 1988년 1월부터 1990년 4월에 걸쳐 쓰인 것이다. 이 가운데 2건은 김현희 재판과 사면에 관한 내용으로, 이번 자료에는 포함되어 있지 않다(이유는 잘 모르겠다). 나머지 5건은 이번에 받은 문서에 포함되었다. 그러면 이들 문서부터 다시 짧게 살펴보도록 한다. 문서를 다시 보는 이유는, 중앙정보국에서 보내온 문서와 개인적으로 발견한 문서에 차이점이 있기 때문이다. 나아가 그때 미처 논의하지 못했던 부분을 정리한다는 점에서도 의미가 있다. 그러기에 앞서, 문서번호 관련해 말할 필요가 있을 듯하다. 문서를 처음 발견했을 때 각 자료에는 번호가 특별히 표기되어 있지 않았다. 그런데 이번에 받은 문서들에는 고유번호가 매겨져 있다. 그래서 인용할 경우, 편의상 새로 받은 문서번호를 따르기로 한다.

1988년 1월 14일 문서는 격주마다 발행되는 테러리즘 보고서의 일부로, 1월 15일 김현희가 서울에서 기자회견을 할 예정이라는 내용을 담고 있다. 예컨대, 이 공격이 올림픽을 방해하려는 목적으로 이루어졌다는 (would jeopardize Seoul's hosting of the Olympic Games) 김현희 고백을 요약하고 있다(C00408065, 12쪽). 1988년 2월 2일 자료는 특별분석 보고서로, 사건을 북쪽의 "지킬과 하이드식 접근(Jekyll-and-Hyde approach)"으로 표현하고 있다. 곧 대화와 폭력을 동시에 구사하고 있다는 것이다. 그러면서 올림픽에 영향을 직접 주기에는 너무 빨랐다고(too early to affect) 하며, 올림픽이 평양에게는 유혹적인 표적으로 남아있다고 덧붙인다(C00408060, 13쪽). 흥미로운 점은, 무슨 이유에서인지 문서는 2008년 두 가지 형태로 발견되었다. 그리고 두 문서는 가려진 부분에서 차이를 보인다. 다시 말해, 한 문서에서 가려진 내용을 다른 문서에서는 확인할 수 있다. 결국 중앙정보국이 보내온 문서에서 가려진 부분을 이미 발견했던 문서와의 비교를 통해 알아낼 수 있다. 이런 식으로 확인된 내용은, 북쪽이 오랫동안 요구해왔던 한미 팀스피리트 훈련의 취소를 1987년에는 이야기하지 않았다는(dropped longstanding demands) 것이다(문서번호 미상, 13쪽). 이는 북쪽의 대화정책을 설명하는 맥락에서 얘기되고 있다.

1988년 2월 11일 문서의 경우 사건 동기에 대한 부분이 주목된다. 중앙정보국은 북쪽이 올림픽을 공동개최하지 못하는 데서 절망감을 느끼고 (North Korea's frustration over its inability to cohost the 1988 Summer Olympic Games), 이에 올림픽을 방해하려 했기 때문에 사건을 일으켰을 것으로 분석했다. 그리고 이 폭파는 올림픽을 방해하려고 계획한 활동 중 첫째(the first incident of a campaign)라고 중앙정보국은 믿었다 (C00408066, 3쪽). 아울러 만약 그렇다면, 북쪽이 다른 공격을 감행할 수 있다고(P'yongyang will probably conduct other attacks) 내다봤다. 여기에 북쪽에 대한 비난, 남쪽의 안보강화 등이 억지력으로 작용할 수 있다고 덧붙였다. 흥미롭게도 이 문서 역시 두 가지 형태로 발견됐다. 그런 식으로 가려진 내용 중 하나는, 언어 전문가들이 "마유미"와 이야기를 했으며 그녀가 북쪽 사람이라는(she is ethically North Korean) 결론을 내렸다고 한 부분이다(문서번호 미상, 1쪽). 폭탄 인수를 포함한 김현희의 구체적 공작 여정, 음독자살에 관한 내용도 확인된다. 김현희가 조선로동당 조사부(the Investigations Department)와 관련 있다는 부분도 그러하다. 다만 이 내용은 가려지지 않은 다른 부분들을 통해 간접적으로 얘기되고 있다.

KAL858기 폭파는 이어질 사건들 중 첫째?

1988년 4월 1일치 역시 두 가지 형태로 있다. 가려진 내용 중 확인되는 것은, 서울의 미국대사관에 따르면, 한국 정부가 사건에 자제된 반응을 보이는 데는 노태우 대통령이 중요한 역할을 하고 있다는 내용이다. 아울러 이 사건이 있었음에도 노 대통령이 북에 대해 화해적 조치를 더 취하는 것을 고려하고 있다는(extending a conciliatory gesture … despite KA858) 대사관 보고도 있다(문서번호 미상, 4쪽). 한편, 공통으로 들어있는 내용 중 하나는 위에서 지적했지만, 올림픽에 영향을 주기에는 시기가 너무 빨랐다는 것이다(too early to have a significant impact). 따라서 이 폭파는 계획되어 있는 사건들 중 첫째로 보인다고(therefore … the first of a series of incidents planned) 분석한다(C00408061, 2쪽). 앞 문서에서도 얘기된 부분이다. 참고로 국무부도 시기가 맞지 않다며(THE TIMING IS OFF) 비슷하게 분석한 바 있다(E15, 2쪽).

1988년 5월 19일치는 올림픽에 대한 테러범 위협에 관한 내용으로, 대한항공기 사건을 북쪽이 서울올림픽 최대의 위협일 수 있다고(probably the greatest challenge to the security of the games) 말해주는 증거로 얘기한다. 그리고 앞 문서들과 마찬가지로 계획된 여러 가지 공격 중 첫째

일 수 있다며(the first of a series), 북이 앞으로 선택할 수 있는 행동들을 예상하고 있다. 그 내용은 남쪽의 또 다른 민간항공기 등에 대한 공격, 해상을 통한 요원침투, 비무장지대에서의 군사적 행동 등이다(C00408062, 15쪽). 그러나 중앙정보국 분석과는 달리, 그 뒤 북쪽에서 별다른 움직임이 없었다는 점은 의문으로 남는다.

1989년 5월 4일 문서는 김현희 재판과 관련되었다. 문서에 따르면 김현희는 4월 25일 사형선고를 받았고, 변호인들이 항소하는 것과 관련 김현희와 상의할 것이라고 했다 한다. 아울러 정부의 감형(reduce or commute the sentence) 가능성 이야기도 있다(문서번호 미상, 3쪽). 1990년 4월 19일 문서는 김현희 사면에 대한 것이다. 4월 12일 특별사면이 있었는데, 김현희가 재판을 통해 이 폭파사건은 김정일의 직접 지시로 이루어졌다고(the bombing was ordered directly by Kim Chong-Il) 주장했고 나아가 북 정책을 공개적으로 비난했다는 내용이다(문서번호 미상, 9쪽). 두 문서 모두 테러리즘 보고서의 일부로 보인다. 이들은 중앙정보국이 이번에 보내온 자료에 포함되어 있지 않다.

2000년 정상회담과의 관계?

미국 중앙정보국 비밀문서 (2)

지금부터는 이번에 새로 확인된 중앙정보국 문서들을 살펴보도록 하자. 1987년 12월 9일 문서는 동향(Trends)이라는 이름의 보고서로, 당시 공산주의 국가를 중심으로 한 외국 언론 보도내용을 정리한 것이다. 한반도 관련해서는, 평양이 KAL기 사건에 저자세로 나가고 있다는(Pyongyang Gives Low-Key Treatment to KAL Incident) 제목으로 요약돼 있다. 한

마디로 과거 심각한 사건들과 비교해봤을 때 북쪽 언론이 사건을 다루는 정도는 이례적(anomalies)이라는 것이다(C00408076, 18쪽). 보도에 소극적이라는 말이다.

중앙정보국은 사건에 대한 북쪽의 첫 공식 반응을 12월 5일 조선중앙통신사 대변인 성명("KCNA spokesman's" statement)이라고 기록한다. 그리고 대변인 성명은 북쪽 성명의 위계상 낮은 위치에 있다고 지적한다. 그러면서 대한항공기 사건처럼 비중있는 경우 더 권위적인 차원의 성명이 발표되어 왔다고 말한다. 예컨대 1974년 박정희 암살시도 사건, 1976년 판문점 사건, 1983년 버마 랑군 사건 등이 그랬다. 참고로, 북쪽은 사건 관련해 1987년 12월 5일 조선중앙통신사 대변인 성명을 시작으로, 같은 해 12월 15일 외교부 대변인 성명, 1988년 2월 2일 조선중앙통신사 론평 등 최소 6번의 반응을 보였던 것으로 확인된다. 더 구체적으로는 조선중앙통신사를 통해 3번, 외교부 대변인을 통해 3번이다(박강성주, 『KAL858, 진실에 대한 예의』, 92쪽). 보고서에서 특별히 주목을 끄는 부분은 1983년 랑군 사건에 관한 대목이다. KAL기 사건과는 다르게 버마 랑군 사건의 경우 북 언론이 크게 보도에 나섰다는 (devoted considerable attention) 내용이다(20쪽). 북이 혐의를 부인하는 내용을 대내 차원에서 많이 보도했다고 한다. 이 밖에 문서에는 사건이 조선로동당 당대회가 계속 연기되고 있는 시점에 일어났다며, 이는 민감한 정책을 둘러싼 토론이 내부적으로 진행되고 있는 신호라고 적혀 있다.

북쪽 동기에 대한 계속되는 의문

1987년 12월 21일 문서는 테러리즘 보고서의 일부로, 중앙정보국은 북쪽 정보요원들이 거의 확실하게(almost certainly) KAL858기 실종의 뒤에 있다고 기록한다(C00408064, 1쪽). 그리고 사라지기 전 비행기에서 아무런 신호가 없었다는 점에서 폭탄에 의한 갑작스러운 참사(sudden disaster)

라고 분석한다. 북쪽이 비행기를 해상에서 폭파시키려고 한 것과 관련해서는, 의도적이었다고 설명한다. 비행기 행방을 묘연하게 해서 알려지지 않은 테러범에 대해 의혹을 불러일으키거나 어떤 허구의 조직이 한 것으로 (arrange for a bogus group to claim credit) 하려 했다는 것이다(3쪽). 중앙정보국은 북 동기와 관련해 올림픽과 연관시키고 있다. 그러나 평양이 왜 이렇게 너무 앞서 행동했는지 설명할 수 없다고(we cannot explain why P'yongyang acted so far in advance) 적는다(3쪽). 그리고 시기로 봤을 때 대통령선거에 영향을 주려 한 것 같다면서도, 여당의 노태우 후보에게 유리한(favor ruling party nominee Roh Tae Woo) 사건을 왜 일으켰는지 이해하기 어렵다는 맥락의 분석을 한다. 대선과 올림픽 모두 동기로 봤을 때 쉽게 설명되지 않는다는 얘기다. 앞글에서도 잠깐 말했지만, 미국 국무부도 송한호 당시 국토통일원(현 통일부) 국장의 설명을 바탕으로 이와 비슷한 분석을 했다(E7; E15).

1988년 2월 3일 문서는 1987년 12월 9일치와 마찬가지로, 공산주의 국가의 언론보도를 정리했다. 핵심내용은, 북쪽이 사건을 저질렀다는 혐의에서 벗어나기 위해 애를 쓰고 있다는 것이다. 앞선 언론보도 보고서와 마찬가지로, 중앙정보국은 당대회가 지금껏 열리지 않고 있다는 점에 주목했다. 그리고 당대회가 열리면 이 사건을 다루어야 할 것이라고(the next plenum may well have to deal with the incident and its fallout) 예상했다(C00408077, 29쪽). 그러면서 1983년 버마 랑군 사건을 예로 들었다. 랑군 사건의 경우 사건이 있고 7주일 뒤에 대회가 열렸는데 중요한 인물들의 교체를 통해 대화정책으로의 전환을 시사했다는 것이다. 당시 미국 정부는 이 문서뿐만 아니라, 국무부 문서 등 다른 자료들에서도 대한항공기 사건을 버마 랑군 사건과 많이 비교했던 것으로 보인다. 한편 당시 미국과 일본의 제재조치에 대해 북쪽이 신중하게 계산된 방식으로 대응했다고 적고 있다. 이 밖에 쿠바를 포함한 몇몇 나라가 북과 함께한다는 맥락에서 올림픽에 참여하지 않기로 했다는 등의 내용이 정리되어 있다. 1988년 3월 10일 문서는 김현희 일행의 음독자살에 관한 것이다. 독극물로 사용됐다고 알려진 청산(Hydrocyanic acid)에 대한 설명이 주목을 끈다. 중앙정보국에 따르면, 기체 상태의 청산은 제대로 흡입되었을 때 사람을 거의 즉사(kill a person almost instantaneously)시킬 수 있다(C00408067, 8쪽). 일단 앰플이 깨지면 가스가 재빨리 인체에 흡입된다는(must be inhaled quickly) 것이다. 그런데 알려진 바와 같이, 김현희는 앰플을 깨물었으나 살아난 것으로 되어 있다. 그래서 사람을 즉사시킨다는 대목 그 다음이 중요할 텐데, 그 부분은 지워져 있다.

1988년 8월에 쓰인 문서는 당시 소련의 한반도 정책에 관한 내용이다. 중앙정보국은 KAL858기 사건이 소련에게 중요한 골칫거리(a major irritant)로 보인다고 적고 있다(C00408063, 19쪽). 소련은 북쪽이 혐의를 부인했을 때 입장을 같이 했다. 하지만 어느 소련 관리가 북 공작원이 평양을 출발해 모스크바를 거쳐 바그다드로 갔던 경로, 그리고 그때 사용한 여권에 관심을 굉장히(extremely interested) 보였다고 한다. 위 5건이 (2008년 발견했던 문서와는 별도로) 이번에 확인한 중앙정보국 문서들이다. 지금까지의 내용을 표로 정리하면 다음과 같다.

미국 중앙정보국 비밀문서에 나타난 KAL858기 사건

	작성시점	비밀등급	문서종류	주요내용	비고
1	1987. 12. 9	3급 (Confidential)	공산주의권 언론 보고서 (문서번호 C00408076)	북쪽 언론보도 소극적	
2	1987. 12. 21	2급 (Secret)	테러리즘 보고서 (문서번호 C00408064)	사건 동기에 대한 의문	
3	1988. 1. 14	2급 (Secret)	테러리즘 보고서 (문서번호 C00408065)	김현희 기자회견	이중 문서
4	1988. 2. 2	1급 (Top Secret)	특별분석 (문서번호 C00408060)	사건 동기에 대한 의문	
5	1988. 2. 3	3급 (Confidential)	공산주의권 언론 보고서 (문서번호 C00408077)	북쪽 언론보도 적극적	

6	1988. 2. 11	2급 (Secret)	테러리즘 보고서 (문서번호 C00408066)	김현희 북쪽 사람 결론	이중 문서
7	1988. 3. 10	2급 (Secret)	테러리즘 보고서 (문서번호 C00408067)	김현희 일행 음독자살	
8	1988. 4. 1	2급 (Secret)	정보분석 보고서(?) (문서번호 C00408061)	사건 동기에 대한 의문	이중 문서
9	1988. 5. 19	1급 (Top Secret)	일일 보고서 (문서번호 C00408062)	북쪽의 추가 공격 예상	
10	1988. 8	2급 (Secret)	정보분석 보고서(?) (문서번호 C00408063)	사건 관련 소련의 고민	
11	1989. 5. 4	2급 (Secret)	테러리즘 보고서 (문서번호 미상)	김현희 재판	공개 제외
12	1990. 4. 19	2급 (Secret)	테러리즘 보고서 (문서번호 미상)	김현희 사면	공개 제외

비밀문서의 '비밀'?

그렇다면, 이번에 공개된 문서는 무엇을 말해주고 있는가? 먼저 KAL858기 사건 관련해 중앙정보국이 만든 비밀문서는 최소 18건일 것으로 추정된다. 근거는, 이번에 보내온 문서 10건, 공개에서 제외됐지만 개인적으로 발견한 2건, 그리고 문서번호를 통해 추측할 수 있는 6건이다. 문서번호의 경우, C004080(##)의 형태로 뒤 끝자리가 60부터 시작되고 있다. 분석 보고서 형식으로 된 것은 60/61/62/63번이고, 테러리즘 보고서 형식은 64/65/66/67번, 그리고 언론 보고서는 76/77번이다. 문제는 68번-75번까지가 미지수인데, 68/69번은 없다 치더라도(문서종류상, 2008년 발견했던 2건의 번호일 가능성이 많다) 표기상 새로운 번호대가 시작되는 '70번'은 있을 것으로 보인다. 따라서 76번 이전인 70/71/72/73/74/75번, 곧 6건의 또 다른 비밀문서가 있지 않을까 싶다. 물론 이 생각은 틀릴 수 있다.

구체적 내용으로는, 중앙정보국이 가졌던 사건의 동기에 대한 의문, 곳곳에 검은색으로 지워져 있는 대목 등, 기본적으로 이런 점들이 중요하다 할 수 있겠다. 그런데 개인적으로 봤을 때 특별히 주목해야 할 부분은, 누군가 정보공개 청구를 전에 했었다는 점 아닐까. 첫 번째 글에서도 말했지만, 이번에 받은 문서들은 누군가 이미 정보공개 청구를 해서 얻은 것들이다. 그에 따라 비밀문서가 공개된 시점은 모든 문서에 "2000년 7월 (RELEASED JUL 2000)"이라고 적혀 있다. 시점에 주목하자. 바로 2000년 6월 정상회담이 있었던 직후다. 그때 분위기가 어땠는가. 남북/북남 사이 첫 정상회담으로 화해 분위기가 최고조에 이르던 때다. 서로에 대한 불신과 갈등이 이전과는 다른 차원에서 풀어질 수 있었다. 그런데 바로 그때, KAL858기 사건 중앙정보국 문서를 얻으려고 했다?

상식적 차원에서 추측을 해본다면, 그 사람은 사건에 특별한 관심을 갖고 있는 누군가였을 것이다. 그것도 중앙정보국에 정보공개 청구를 할 정도라면 더욱 그랬지 않았겠는가. 그런데 당시 이 문서가 공개됐다고 알려진 적이 있는가? 또는 그 뒤에라도 문서가 공개됐다고 이야기된 적이 있는가? 없는 것 같다. 적어도 내가 알기로 문서가 확인되어 알려진 것은 2008년 8월이 처음이었다. 사실 그때 문서 곳곳에 "2000년 7월"이라고 적혀진 부분을 보기는 했었다(어떤 문서에는 1999년 6월, 11월, 12월이라고 적혀 있었다). 그렇지만 심각하게 고민하지 않았다. 저절로 공개됐을 가능성을 떠올려봤지만 시기가 너무 빠르다는 생각에 아닐 거라고 짐작했을 뿐이다. 그런데 지금에야 한 가지 의문을 갖게 된다. '만약 그 사람이 진실규명에 관심이 있는 사람이었다면 어떤 형태로든 문서 공개를 알리지 않았을까?' 그러나 그러지 않았다(어떤 사정이 있어 알리지 않았을 수도 있다). 그렇다면, 그 사람은 어떤 목적을 가지고 있었을까. 정상회담으로 화해 분위기가 최고조였던 때, 그 사람은 문서를 통해 무엇을 확인하려 했던 것일까. 그리고 왜 알리지 않았는가. 중앙정보국 비밀문서의 '비밀'… 바로 여기에 있지 않을까?

서울올림픽 수수께끼

미국 중앙정보국 비밀문서 추가 (1)[3]

"우리는 그저… 불을 계속 지니고 다녀야 해." 좀 뜬금없다. "무슨 불이요?" 못마땅한 표정으로 묻는다. "네 안에 있는, 불…" 대답이 진지하다. "우리는 계속 좋은 사람들인 거죠?" 못마땅한 얼굴로 다시 묻는다. "그래, 우리는 계속 좋은 사람들이야. 물론이지!" "그리고… 앞으로도 늘 그러는 거죠? 무슨 일이 있더라도?" "앞으로도 늘 그럴 거야…" 미국 영화 〈더 로드〉에 나오는 대목. 재앙에 뒤덮인 지구와 여기서 살아남으려는 이들에 관한 이야기다. 영화에는 생존하려고 끔찍한 일을 저지르는 이들이 나오는데, 인용한 장면은 그렇게 되지 않으려고 애쓰는 사람들을 그린다. 불은 따뜻한 마음, 또는 이를 지탱해주는 힘을 뜻하는 듯하다.

나는 김현희-KAL858기 사건 연구자인데, 올해로 사건을 고민해 온 지 15년이 된다. 처음부터 그럴 생각은 아니었지만 어느새 여기까지 왔다. 물론 사건과 관련된 문제들이 얼마나 풀렸느냐는 질문에는 고개를 들기 쉽지 않다. 그래도 나는 사건을 계속 고민하고 있다. 연구자로서의 나를 지탱하기 위해 영화에서처럼 '불'이 필요한데, 하는 일이 몇 가지 있다. 그 가운데 하나는 생각날 때마다 인터넷 검색을 하는 것이다. 그러다 뜻하지 않은 결과를 얻기도 하는데, 최근에도 그랬다. 미국 중앙정보국 비밀문서를 보게 된 것이다.

새로 발견한 비밀문서들

이번에 발견한 문서는 11건으로, 중앙정보국이 2012년과 2013년에 걸쳐

---

3) 연재는 2회에 걸쳐 이루어졌습니다. 〈통일뉴스〉, 2017년 8월 28일-31일.

공개한 기록들이다. 공개가 자체적으로 이루어졌는지 아니면 누군가 신청을 해 이루어졌는지는 알기 어렵다. KAL858기 사건 관련 중앙정보국 문서가 처음 알려진 때는 2008년이다. 그때도 나는 인터넷 검색으로 '우연히' 자료들을 발견했고, 이를 〈통일뉴스〉에 공개했다. 그 뒤 정보공개를 청구해 비밀문서들을 더 얻을 수 있었다. 이에 대한 글을 2010년에 썼는데, 나는 문서번호를 근거로 중앙정보국 자료가 최소 18건일 수 있고, 공개된 문서가 12건이니 아직 6건 이상 더 있을 것으로 추정했다. 그런데 11건이 추가로 발견된 것이다.

그러면 지금부터 이 문서들에 대해 살펴보고자 한다. 중앙정보국 누리집(https://www.cia.gov/library/readingroom)에 올라와 있는 자료에는 내가 이미 공개했던 비밀문서도 1건 있다. 그리고 2건은 반테러와 무기수출법에 관한 청문회 자료로, 거의 똑같은 내용이지만 사건과 관계없는 부분이 다른 경우다. 그래서 이 문서들은 1건으로 계산했다.

가장 주목되는 문서는 1988년 1월 11일에 쓰인 일일 보고서다. 1급 비밀문서로, 중동아시아, 동아시아, 남아시아에 관한 핵심 정보가 짧게 나와 있다. KAL858기 사건은 동아시아 부분에 나온다. 한국이 북의 책임에 대해 확신하고 있다는 것인데, 중앙정보국은 "발표가 올림픽경기 참가신청 마감날인 다음 주 일요일 전에는 이뤄지지 않을 것이 거의 확실(almost certainly)하다" 했다. 여기에서 일요일은 1988년 1월 17일을 가리킨다. 중앙정보국이 그렇게 확신한 이유도 적었는지는 알 수 없다. 다음 쪽이 지워져 있기 때문이다.

올림픽 참가 마감 직전 수사발표

그런데 안기부가 수사발표를 한 날은 1월 15일로, 마감날 이틀 전이다. 비밀문서에서 거의 확실하다고 했던 예상을 빗나갔다. 중앙정보국의 분석이 늘 맞아야 한다는 얘기가 아니라, 안기부가 왜 하필 그날을 선택했는지 궁금해진다. 흥미로운 것은 폭파범으로 알려진 김현희가 받았다는 공작지령이다. 수사발표에 따르면, 정확한 문구는 "88서울올림픽 참가신청 방해를 위해 대한항공 여객기를 폭파하라"였다. 참고로 올림픽 참가신청 기간은 국제올림픽위원회가 167개 회원국에 초청장을 보낸 1987년 9월 17일부터 4개월 동안이었다. 사건이 일어난 11월 29일 전까지 약 80개국이 신청을 했고, 1월 15일 수사발표 전까지는 156개국, 그리고 1월 17일까지 모두 161개국이 신청을 했다(MBC 보도 정리).

1988년 3월 4일치 2급 비밀문서는 중앙정보국 소속 해외방송정보원(Foreign Broadcast Information Service)이 썼다. 문서에 따르면 김일성 주석과 그 후계자인 김정일 위원에 대한 개인 숭배는 두 사람이 무슨 일을 하든 어떤 비판도 받아들이지 않을 것을 일러줬다. 따라서 "설사 김정일이 KAL기 폭파에 책임이 있더라도(EVEN IF KJI WAS RESPONSIBLE) 후계 과정과 국가 근본이념에 대한 전복 없이는" 누구도 그를 건드리지 못할 것이라 했다.

1988년 9월에는 중앙정보국 부국장과 국장에게 국무부 2급 비밀문서가 전달됐다. 미국의 반테러 정책에 대한 내용으로, 1988년 8월 30일 기준 대통령 후보들을 위해 마련된 보고서다. 여기에는 테러지원국으로 지정된 국가들 정보가 요약돼 있다. 자료에 따르면 "북의 KAL858기 폭파에 대한 직접적 개입(Direct DPRK involvement)은" 한반도/조선반도 밖에서 일어난 북 테러 활동의 최근 사례였다. 목적은 한국을 불안정하게 하고 올림픽을 방해하는 것이었고, 미국은 중국과 소련을 통해 올림픽 기간에 북이 테러를 하지 못하도록 압박하고 있었다.

원래 이 문서는 콜린 파월 당시 로널드 레이건 대통령 국가안보보좌관을 위해 쓰였는데, 그는 조지 부시 대통령 시절 국무부 장관이 된다. 그리고 당시 중앙정보국 부국장은 로버트 게이츠로 아버지 부시 대통령 시절 중앙정보국장, 조지 부시 대통령 때는 국방부 장관을 지낸다.

"너무 빨리 일어났다"

또 하나 주목되는 자료는 1급 비밀문서로 1988년 1월 7일치 일일 보고
서다. 중앙정보국은 한국이 김현희 자백을 북을 비난하는 데 이용할 수 있
다고 봤다. 왜냐하면 한국 입장에서는 공개적 비난이 북의 또 다른 폭력에
대한 최선의 억지책이기 때문이었다. 하지만 북 위협을 극적으로 과장하려
는 시도는 올림픽 안전 개최와 관련된 한국의 능력에 의문을 불러올 수 있다
고 했다.

그런데 중앙정보국은 북쪽의 동기가 확실하지 않다고 한다. 이 행위가
올림픽 방해 시도라면 다른 사건들이 뒤따를 수 있다고 분석한다. 하지만
단일 사건으로서 KAL858기 사건은 올림픽에 "의미있는 영향을 주기엔 너
무 빨리(too early) 일어났다." 참고로 중앙정보국은 이미 공개된 1988년 2
월 2일, 4월 1일 문서에서도 시기가 너무 빨랐다고 했다. 또한 이러한 의문
은 역시 이미 공개된 1987년 12월 7일 미국 국무부 문서에서도 확인된다.

청문회와 과거청산

미국 중앙정보국 비밀문서 추가 (2)

1988년 4월 28일치 2급 비밀문서는 미국 정보기관들이 매월 함께 열
던 테러 관련 회의 내용이다. 서울올림픽 문제도 의제였고, 논의에 따르면
KAL858기 사건과 1983년 버마 아웅산 사건은 남쪽을 대상으로 한 북의 테
러 능력과 의지를 보여주었다. 그리고 북은 앞으로 공격 표적을 해외에서 찾
을 수 있는데, 비교적 쉬운 탈출 경로로 자신의 개입을 부인하기 좋기 때문
이다. 다만 북이 "KAL858기 사건에 대한 공분이 가라앉고(the furor over
KAL 858 assuages) 올림픽이 더 가까워질 때까지" 미래 작전들을 연기시

킬 수 있다는 전망이 나왔다(결과만 놓고 보면 북의 특별한 행동은 없었다).

1988년 2월 4일 자료 역시 2급 비밀문서로, 사건에 대해 미국 하원 아시아태평양 소위원회가 같은 날 열었던 청문회와 관련된 것이다. 낮 2시에 중앙정보국도 청문회에 참석했는데 이 증언은 비공개로 이루어진다. 3시부터는 국무부 관계자들이 증언을 했고 이는 공개된 형태로 진행된다. 그러면 중앙정보국은 구체적으로 어떻게 증언했는가? 그 내용이 있을 것으로 추측되는 다음 쪽은 지워져 있다.

중앙정보국과 KAL858기 청문회

1988년 2월 5일에는 중앙정보국 부국장과 국장을 위해 2급 비밀문서가 쓰인다. 사건과 관련해 동아시아분석실과 반테러센터가 위의 아시아태평양 소위원회에 보고를 했다는데, 구체적 사항은 지워져 있다(또는 지워진 대목이 사건과 관련 없는 내용일 수도 있다). 당시 위원회는 스티븐 솔라즈 민주당 의원이 이끌었고, 국무부 비밀문서에 따르면 그는 1988년 1월 5일 한국을 방문한 자리에서 청와대 관계자로부터 북 개입에 대한 확실한 증거가 있다고 전해 듣는다. 그리고 2월 4일 솔라즈 의원은 사건 청문회를 열었고, 중앙정보국 보고는 청문회 전에 또는 그날 이루어진 것으로 보인다(위의 4일치 문서를 고려한다면 이는 청문회에서 증언을 했다는 뜻일 수 있다).

1988년 2월 22일 문서에 따르면, 중앙정보국은 청문회 관련 자료에 잘못된 부분이 있다며 이를 바로잡아야 한다고 했다. 검색 기록을 보면 해당 자료는 중앙정보국과 솔라즈 의원 사이의 논의에 관한 것으로 추측된다. 하지만 내용이 무엇이고, 또 잘못된 사항이 구체적으로 무엇인지는 모두 지워져 있다. 다만 알 수 있는 것은 중앙정보국 관계자(1명-2명)도 청문회에서 증언했다는 점이다.

1988년 1월 6일 문서는 중앙정보국 소속 해외방송정보원 서울 지부가 쓴 월간 보고서다. 1987년 12월 관련 사항인데, 북이 KAL858기 사건과 관련 없다고(innocence) 주장했다는 보도 등이 들어가 있다. 그리고 한국 주재 미국 대사가 버마 (랑군) 아웅산 사건과 북의 연관성에 대한 정보를 요청했다며, 이를 제공했다고 한다.

1988년 2월 16일 문서는 중앙정보국 동아시아분석실에서 쓴 것으로, 1월의 북한 관련 동향을 정리해놓았다. 여기에는 수사발표를 비롯해, 미국과 일본의 대북 제재조치, 세인트 빈센트 그레나딘의 대북 외교관계 단절 등이 요약돼 있다. 또한 북이 수사결과에 대해 "거짓, 기만, 그리고 모순으로 가득찬 조작(a fabrication full of lies, deception, and contradictions)"이라고 반발했다는 내용도 있다.

한편 미국 하원은 1988년 3월 17일 반테러와 무기수출법에 관한 청문회를 열었는데, 이번에 발견한 자료에 이 기록도 포함돼 있다. 국무부 관리가 청문회 증인으로 나왔고 테러지원국 관련해 북을 언급했다. 그 내용은 모두 KAL858기 사건과 이에 대한 조치에 관한 것이다. 증인은 북에 대한 미국의 직접적 영향력은 적고(LITTLE DIRECT INFLUENCE), 소련과 중국 등을 통해 북이 테러정책을 포기할 수 있도록 노력하겠다고 밝힌다.

또한 이 관리는 북에 대한 미국의 노력이 국가가 지원하는 테러에 어떻게 대응할 것인가의 모범사례라고 지적한다. 여러 가지 선택이 있다는 뜻인데, 여기에는 정치외교적·경제적 조치는 물론 적절하다고 판단되면, 군사적 조치도 포함돼야 한다고 말한다.

1987년 12월 21일 2급 비밀문서는 격주로 발행되던 테러리즘 보고서다. 이 문서는 내가 정보공개 청구로 얻은 뒤 일부 내용을 알린 바 있다. 흥미로운 점은, 그때 지워져 있던 대목의 대부분을 지금은 볼 수 있다는 것이다. 먼저 김현희(하치야 마유미)와 김승일(하치야 신이치, 공범으로 알려짐)의 사진이 공개되었다. 그리고 이들에 대한 기본 사항도 확인할 수 있는데 수사발표 내용과 크게 다르지 않다.

주목되는 부분은 사건과 북의 연관성을 말하는 대목이다. 이에 따르면 최초 북 개입에 대한 혐의(Initial suspicion of North Korean involvement)를 품게 한 것은 두 가지였다. 공격의 표적이 한국이었다는 것과 북 출신이 체포나 조사를 피하려고 보통 자살을 시도한다는 것이다. 이를 포함해 몇몇 대목이 더 공개되었지만 특별히 새로운 내용은 없는 듯하다.

대통령선거와 과거청산

이것으로 최근에 발견한 자료들을 나름대로 살펴보았다. 이전부터 검색을 해왔지만 왜 이제서야 보게 됐는지 아쉽다. 동시에 지금이라도 발견해서 다행이라는 생각도 든다. 그렇더라도 실종자 가족들의 계속되는 고통과 여전히 풀리지 않은 문제들을 떠올리면 마음이 무거워진다.

KAL858기 사건은 1987년 대통령선거를 앞두고 일어났다. 이 대선에서 노태우 집권여당 후보가 이긴다. 그리고 30년이 흘렀다. 그 여당에 뿌리를 두고 있던 대통령이 탄핵되어 2017년 대선이 일찍 치러졌다. 결과는 문재인 야당 후보의 승리다. 새로운 대통령은 적폐청산과 과거청산을 주요 국정과제로 삼고 있다. 안기부(현 국정원)의 발표를 둘러싸고 수많은 의혹과 논란을 일으켜왔던 KAL858기 사건. 조심스레 묻고 싶다. 30년, 실종자분들은 지금 어디에 계실까?

3

미국 국무부

미국 국무부 비밀문서 발견[1]

※ 이 글, 더 정확히 말해 요약글은, 앞선 미국 중앙정보국 문서와 마찬가지로 사연이 있습니다. 그날도 저는 사건 관련 검색을 했고, 국무부 비밀문서를 발견했습니다. 유럽에 머무르던 저는 논문 면접을 위해 한국으로 잠시 가려던 참이었습니다. 결국 시간이 없어 핵심만 정리해 〈통일뉴스〉에 건넸습니다(그 뒤 관련 기사가 나옵니다). 그 이유 가운데 하나는, 한국을 떠나서도 사건을 놓지 않았다고 알리고 싶어서였습니다. 그때의 심정을 기록해두기 위해, 원문을 거의 그대로 싣습니다.

개요

- 미 국무부 누리집에 공개된 비밀문서 발견
  http://foia.state.gov/SearchColls/CollsSearch.asp (검색어: kal)
- KAL858기 사건 연구자 박강성주(박사논문 준비)

---

1) 2009년 7월.

– 검색으로 찾은 주요문건은 현재 2건: 미소 정상회담(1987년 12월 7일-10일, 미국 워싱턴) / 북쪽과 관련된 부인할 수 없는 증거(3월에 있을 국제민간항공기구 회의를 앞두고)

미소 정상회담

– 비밀등급: CONFIDENTIAL / 작성: 1987년 12월 15일 / 해제: 1997년(?)
– 미국은 KAL기 사건에 대한 북쪽의 개입가능성(POSSIBILITY OF NORTH KOREAN INVOLVEMENT)에 대한 우려를 표시함. 증거가 확실하지 않다는(EVIDENCE IS NOT DEFINITIVE) 점이 있긴 하지만, 소련에게 북쪽이 앞으로 그런 일을 자제할 수 있도록 영향력을 행사하도록 요청함.
– 소련은 북쪽이 개입을 부인하는 성명서(THE NORTH'S STATEMENT DENYING INVOLVEMENT)를 낸 점을 지적하며, 미국의 요청과 관련 북에 대한 소련의 영향력은 제한적이다고(SOVIET INFLUENCE WITH THE NORTH IS LIMITED) 시사함.

북쪽과 관련된 증거

– 비밀등급: SECRET(?) / 작성: 1988년 2월 19일 / 해제: 1997년
– 북쪽이 사건에 연관됐다는 부인할 수 없는 사실들(Incontrovertible Facts).
– 북쪽이 KAL858기 사건의 배후라는 증거는 확실함(The evidence is compelling that North Korea was behind the downing of Korean Airlines flight No. 858.).
– 남쪽이 이미 멕시코에 북쪽 책임과 관련된 중요한 증거를 제시한

(provided significant evidence of North Korean culpability) 것
으로 믿음. 우리는 (국제사회에서) 북쪽에 대한 비난이 행해지도록,
그리고 비슷한 테러행위를 방지하기 위해 남한과 긴밀히 협조해왔음
(We have been working closely with South Korea).

- KAL기 사건은 3월에 있을 국제민간항공기구 이사회(International
  Civil Aviation Organization Council meeting)에서 논의될 가능성
  이 높음. 멕시코에게는 이 기구의 이사국으로 북쪽을 비난할 수 있는
  기회가 있음. 회의에서 멕시코가 남쪽을 지지하도록 촉구해야 함.

의미

- 미국 중앙정보국에 이어 국무부에도 KAL기 관련 비밀문서가 존재함
  을 확인.
- 미국이 KAL기 사건 관련 북쪽의 책임을 묻는 데 매우 적극적이었다
  고 알려줌. 다시 말해, 미소 정상회담 기간에 소련의 고르바초프에
  게, 항공기구 회의를 앞두고 멕시코에게 압력을 행사(미국이 멕시코
  에 실제 압력을 행사했는지는 문서로 확인할 수 없음).
- 증거에 대한 입장: 12월 초까지는(정상회담 기간 12월 7일−10일) 증
  거가 확실하지 않다는 입장(EVIDENCE IS NOT DEFINITIVE). 그
  뒤 증거가 확실하다는 입장(Inconvertible Facts; The evidence is
  compelling).
- 사건 이후 전개과정에서 미국이 남쪽과 긴밀한 공조체제를 형성했다
  고 알려줌. 이는 안기부 수사발표 뒤 미국이 곧바로 북쪽을 테러지원
  국으로 지정한 점, 유엔 안보리 긴급회의에서 미국이 남쪽을 적극 지
  지한 점에서도 확인할 수 있음.

"북쪽은 왜 기다리지 않았는가?"

미국 국무부 비밀문서 (1)[2]

"먼저, 이와 같이 복잡한 사안은 전자우편으로 이야기하지 않는다는 말부터 해야겠습니다. 암 치료를 받고 있는 중이라 이렇게 쓰는 것 자체가 많이 느립니다. 당신은 이런 나의 상황을 몰랐지요. 내가 당신이 어떤 사람이라는 것을 모르듯이. 알려지지 않은 것을 언제나 밝히려고 노력할 수는 있습니다. 그러나 이 사건에 대해서는 차갑고 확실한 사실(cold hard facts)을 다뤄야만 합니다."

2009년 5월 13일, 설마 하는 마음으로 어렵게 연락을 했던 내게 이런 답장이 왔다. 그리고 이 글을 쓰기 위해 별다른 생각없이 그 사람에 대한 검색을 하다 놀랐다. 최근인 11월 12일, 그가 암으로 세상을 등진 것이다. KAL858기 사건에 대한 면접을 우회적으로 거절했던 그는 누구인가? 전 한국 주재 미국 대사, 제임스 릴리다.

그 답장을 받고 몇 개월이 지나 릴리 대사를 다시 접하게 되었다. 얼마 전, 신성국 신부로부터 건네받은 국무부 문서를 통해서다(자료와 관련해 감사의 마음을 전합니다). 국무부는 KAL858기 사건 관련 모두 50건의 문서가 있다고 답했다. 그리고 21건은 완전공개, 19건은 부분공개, 나머지 19건은 비공개 결정을 했다. 그런데 흥미로운 점은, 비공개된 19건의 문서 중 일부는 이미 공개됐을 수도 있다는 점이다. 개인적으로 올해 7월, 국무부 누리집에서 2건의 비밀해제 문서를 이미 발견했다(http://foia.state.gov/SearchColls/CollsSearch.asp). 미소 정상회담(1987년 12월 15일 작성)과 국제민간항공기구 논의(1988년 2월 19일 작성)에 관한 내용이다. 이미

---

2) 연재는 3회에 걸쳐 이루어졌습니다. 〈통일뉴스〉, 2009년 12월 3일~7일.

공개되었기 때문에 이들은 애초부터 총 50건의 문서에 포함되지 않았을 수도 있다. 정확한 경위는 모르겠지만, 아무튼 이 글에서는 새로 공개된 30건의 문서에 대해 나름대로 정리를 해보려 한다.

나는 문서의 주요 내용이 다섯 부분으로 나뉠 수 있다고 생각한다. 사건과 관련된 '배경', '수색', '증거', '대응', '이후'다.

통일부와 국무부, 동기에 대한 의문

첫째, 배경은 사건이 왜 일어났는가에 관한 것으로 대통령선거와 올림픽경기를 뜻한다. 1987년 12월 4일 문서에 따르면, 미국대사관 쪽은 그날 송한호 국토통일원(현 통일부) 남북회담 사무국장과 사건에 대해 논의했다. 송 국장은 통일부는 북쪽의 개입을 강하게 의심하고 있지만 그 동기에 대해서는 이해하기 어렵다("BAFFLED" BY ITS MOTIVES)고 말한다(E7, 2쪽). 왜냐하면 대통령선거와 관련해 이 사건이 너무나 명백하게 여당의 노태우 후보에게 이익이 될 것이기(SO OBVIOUSLY BENEFITS RULING PARTY CANDIDATE ROH TAE WOO) 때문이다. 아울러 그는, 통일부가 왜 이렇게 위험도가 높은 올림픽 테러가 너무나 일찍 일어났는지(HIGH-RISK OLYMPICS TERRORISM SO EARLY) 그럴듯한 답을 찾지 못하고 있다고 한다. 곧, 남쪽 통일부부터 북의 동기를 이해하기 힘들어 했다.

그 뒤 국무부는 1987년 12월 7일 주간 정세보고에서, 북쪽 개입에 대한 정황증거가 있다는 점을 지적한다. 이어서 만약 북한이 저지른 것이라면, 그럴듯한 동기를 얻기가 어렵다고(A PLAUSIBLE MOTIVE IS HARD TO GLEAN) 말한다(E15, 2쪽). 사건을 일으킨 북쪽의 동기가 확실하지 않다는 것이다. 무엇보다 대선 관련해 사건이 야당의 승리를 확보하고자 하는 북쪽의 욕망을 저버린 것(COUNTER THE NORTH'S PROFESSED DESIRE TO SECURE AN OPPOSITION VICTORY)이라는 한국 관계자 말에 동의한다고 했다(통일부 송한호 국장을 뜻하는 듯하다). 바로 이어진 문장을 통해 올림픽 관련해서는, 목적이 그럴듯해 보이지만 시기가 맞지 않다고 (TIMING IS OFF) 지적했다. 나아가 대선이 끝나면 평양이 받아들일 수 있는 올림픽 타협안이 나올 수 있는데 왜 대선이 끝날 때까지 기다리지 않았는가(WHY NOT WAIT UNTIL AFTER THE ROK ELECTION)라고 묻는다. 올림픽 방해라는 목적으로 봤을 때 시기가 빨랐다는 이야기다(참고로, 이와 관련된 바로 다음 대목은 지워져 있다). 흥미로운 점은, 이러한 국무부 판단이 통일부 정보에 근거하고 있다는 점이다. 곧, 통일부가 동기 자체를 이해하기 힘들어했고, 여기에 국무부 자체 분석이 더해져 이런 판단이 나왔다.

이와는 별도로, 당시 대선에 관한 이야기들이 곳곳에서 언급됐다. 선거 양상이 결과를 가늠하기 힘들게 매우 치열하다는 것이다(E15, 3쪽; E24, 2쪽, 5쪽 등). 이와 관련 국무부 안에서 개인적인 형식으로 6명의 관리들을 상대로 여론조사가 있었는데, 모두가 똑같은 후보를 꼽았다고 한다. 결과는 상당히 놀라운(SURPRISE OF SURPRISES) 것이었는데, 후보의 이름은 암호(XHTI0359JFOHKDOD)로 되어 있어 누구인지는 확인하기 어렵다 (E24, 5쪽). 한편 폭력과 뇌물이 지난 선거들과 마찬가지로 한탄스러운 수준이라고 언급되었다(E15, 3쪽). 그리고 당시 한국을 방문했던 스티븐 솔라즈 하원의원은, 선거와 관련 상당한 부정행위가 분명히 있었지만, 선거결과는 한국인들의 유효한 정치적 판단(VALID POLITICAL JUDGEMENT)을 반영한 것이라며 긍정적으로 평가했다(E33, 3-4쪽). 참고로 솔라즈 의원은 이후 대한항공기 사건 청문회를 주관하여 대북규탄 결의안 채택을 이끌어낸다.

다시 '동기'와 관련된 부분으로 돌아오자면, 이런 판단은 나 자신도 고민해왔던 부분이다. 당시 선거 상황에서 대한항공기 사건은 분명히 북쪽에 불리했다. 그런데 왜 북이 여당의 노태우 후보에게 유리한 상황을 만들어줬을까 하는 점이다. 다만 어떤 '이해하기 힘든' 이유에서 북쪽이 그랬을 수도 있다는 생각을 해보았다(솔직히 이 사건이 조작인지 아닌지는 잘 모른다). 이와 관련 최광수 당시 외무부 장관의 말이 주목된다. 1987년 12월 2일 문서에 따르면, 그는 제임스 릴리 한국 주재 미국 대사와 사적인 대화를 가졌는데 선거 관련해 비슷한 이야기가 나온다. 그런데 최 장관은 버마 랑군 폭파사건에서 볼 수 있듯, 정치적 비용에 상관없이 테러를 선호하는 세력이(THOSE IN FAVOR OF TERRORIST SOLUTIONS REGARDLESS OF BROADER POLITICAL COSTS) 북쪽 당국에서 득세해왔을 수 있다고 말했다(E2, 2쪽). 북쪽의 강경세력이 선거에 상관없이 사건을 일으켰을 것이라는 이야기다(사실 이것도 생각을 해봤던 부분이다).

올림픽 관련해서도 나는 그 시기가 빨랐다는 고민을 해왔다. 그때 올림픽은 9월에 열렸는데 방해를 목적으로 했었다면 그 직전 내지 바로 몇 개월 전에 사건을 일으켜야 했었다는 생각이다(물론 대회 참가신청 기한이 1월이었다는 점이 있기는 하다). 그런데 이런 생각은 누구나 상식적으로 해볼 수 있는 것이 아닐까. 무엇보다 미국 중앙정보국 역시 이런 판단을 했다. 작년 8월, 중앙정보국 누리집에서 발견한 비밀해제 문서를 보면 그렇다(http://www.foia.cia.gov). 1988년 2월 2일 문서에서 중앙정보국은, 올림픽에 대한 직접적인 영향을 주기에는 사건의 시기가 너무 빨랐다(too early)고 했다. 1988년 4월 1일 문서에서도 올림픽에 대한 결정적 영향을 주기에는 시기가 너무 빨랐던(too early) 것으로 보인다고 했다. 어느 실종자 가족도 마찬가지다(박사논문 면접). "858 저기 테러를 한 게, 인제 여기서 발표하기는 올림픽을 방해한 거라 그랬죠? 올림픽이 몇 개월 남았어요?… 그러면은 10개월 남았는데 10개월 전에 터트리는 바보가 어딨어 그 직전에 터트려야지."

조심스러운 고민

이렇듯 사건과 관련된 북쪽의 동기는 이해하기 힘든 부분이 있다. 남쪽의 통일부가 그랬고, 최광수 외무부 장관이 그랬으며, 미국 국무부도 그랬다. 그런데 개인적으로 이 부분에 대해서는 조심스러워진다. 왜냐하면 어디까지나 '상황적인' 판단이기 때문이다. 사건이 주는 어려움과 답답함은 바로 이 지점이라 생각한다. 뭔가 확실한 물증이 아직까지 없는 것이다. 다만 '상식적으로' 북쪽의 동기가 쉽게 이해되지 않는다는 점만은 말할 수 있겠다. 국무부 표현대로, "북쪽은 왜 기다리지 않았는가?"

"우리는 준비가 되어 있다"

미국 국무부 비밀문서 (2)

둘째, 수색과 관련된 내용이다. 1987년 12월 7일 문서에 따르면, 최광수 외무부 장관은 수색단을 방콕과 랑군으로부터 철수시킬 생각을 하고 있었다. 문서에는, 현지 대사관이 수색을 계속하겠지만 외무부가 더 길고 폭넓은 수색을 준비해야 했다고(MOFA HAD TO PREPARE FOR A LONGER AND WIDER SEARCH) 기록되어 있다(E14, 1-2쪽). 1987년 12월 16일 문서는 버마 남쪽 해역에서 발견된 구명뗏목(life raft)에 대한 이야기를 담고 있다. 제임스 릴리 미국 대사는, 소병용 외무부 아주국장이 수색을 위해 PC-3 해상초계기를 더 보내달라고 했던 요청을 철회(WITHDRAW HIS REQUEST FOR ANOTHER PC-3 FLIGHT)했다고 적고 있다(E28, 2쪽). 소 국장에 따르면 구명뗏목이 KAL858기의 것으로 확인되었기 때문이다(그러나 이미 알려졌듯 그것이 실제 대한항공기 잔해인지는 의문으로 남아 있다).

한편, 1987년 12월 8일 문서는 최광수 장관이 미국에 수색 관련 해군의 도움을 요청했고 미국은 준비되어 있었다고 일러준다. 그런데 버마 당국의 협조가 요구되는 상황에서 버마를 당혹스럽게 할 수 있다며 미국은 수색의 민감성(SENSITIVITY)을 지적한다. 최광수 장관이 언론에 "미국이 인공위성을 포함한 모든 가능한 수단을 동원해 우리를 도와주는 데 최선을 다하고 있다"고 알렸는데 미국은 불편한 심정을 드러낸 것이다(E17). 이와 관련해 릴리 대사는 한국 언론이 "미국 인공위성"이 수색에 이용되고 있다는 보도를 했다고 적었다(E19).

만약 미국이 잔해분석을 했다면?

1988년 1월 7일 문서에 따르면, 미국대사관은 수거된 잔해와 관련 대한항공사 관리들에게 연락했다. 이 관리들은 아주 적은 양(MINIMAL AMOUNT)의 잔해들에 대한 정부의 분석에 만족했다고 한다. 그리하여 릴리 대사는, 대한항공사나 정부 관리들 모두(NEITHER KAL NOR ROK OFFICIALS) 잔해분석과 관련된 도움의 필요성을 내비치지 않았다고 적고 있다(E32, 1쪽). 그때 미국은 일찍부터 분석작업에 참여할 준비를 하고 있었다. 1987년 12월 7일 문서에서 국무부는, 잔해가 발견될 경우 기술팀을 보낼 준비가 되어 있다고(WE ARE PREPARED TO SEND A TECH TEAM) 말한다(E15, 2쪽). 1987년 12월 19일 문서 역시 마찬가지다. 몇몇 잔해들이 발견된 것과 관련, 미국은 조사팀을 파견할 준비가 되어 있었다. 두 가지 상황 아래여서였는데, 한국의 요청(REQUEST)이 있는 동시에 사고원인을 검증할 만한 충분한 잔해(ENOUGH DEBRIS AVAILABLE TO MAKE A REASONALBLE EXAMINATION)가 있을 경우였다(E29, 1-2쪽). 그렇다면, 한국의 잔해분석은 이 두 가지 모두에 해당되지 않았다는 이야기다. 한국의 요청이 없었을 뿐만 아니라 수거된 잔해도 충분치 않았던 것이다. 만약 미국이 구명뗏목을 포함한 잔해분석에 참여했다면 결과가 어땠을까.

셋째, 증거 부분이다. 1987년 12월 2일 문서에 따르면, 최광수 장관은 릴리 대사와의 사적인 대화에서 평양이 했다는 것을 "굳게 확신한다(FIRMLY CONVINCED)"고 말했다(E2, 2쪽). 당시 야당 지도자들 역시 대사관 쪽과의 사적인 대화에서 북이 한 것으로 본다고 했다 한다. 그러나 릴리 대사는 지금까지 본 증거로는 평양의 개입에 대해 아직 확실한 결론을 내리기는 어렵다고(THE EVIDENCE WE HAVE SEEN NOT YET PERMIT FIRM CONCLUSIONS) 판단했다(E2, 3쪽). 하지만 점점 많은 수의 남쪽 사람들이 북 개입에 대해 확신해가고 있다고 지적했다. 1987년 12월 3일 문서 역시 릴리 대사가 신중한 판단을 유지했다고 보여준다. 북쪽 개입에 대한 정황증거가 쌓여가지만 용의자들의 신원과 그들의 평양 및 대한항공기 사건과의 관련성은 대체로 추측 정도(LARGELY CONJECTURAL)라는 것이다(E6, 2쪽). 이러한 상황이었기에, 로널드 레이건 당시 대통령이 전두환 대통령에게 보낸 위로편지에 북 관련 직접적인 표현이 들어가지 않았던 듯싶다. 편지에는 "테러범들(TERRORISTS)"이라고만 되어 있다(E8, 2). 1987년 12월 4일 문서에 따르면 최광수 장관은, 한국 정부는 북쪽이 사건의 뒤에 있다고 아주 강하게(VERY STRONGLY) 의심하고 있다고 말한다. 다만 전두환 대통령은 그때까지 증거가 결정적이다는 말을 하지 않았다 한다(E11, 2쪽). 결국 당장은 정부가 북을 사건과 직접 관련시키고 있지는 않다고 기록되어 있다.

1987년 12월 12일 기준, 국무부는 아직 사실을 모른다고(STILL DO NOT KNOW FACTS) 판단했다. 1988년 1월 11일 문서는, 증거의 신빙성 관련해 신두병 외무부 미주국장과 논의가 있었다고 보여준다. 논의에서 미국은 증거가 지금 당장은 확실한 성명을 낼 만큼 충분하지 않다고(WE HAD NOT HAD THE EVIDENCE LONG ENOUGH TO MAKE ANY

UNEQUIVOCAL STATEMENTS) 지적했다 한다(E42, 3쪽). 그 뒤 미국은 테러지원국 지정 등의 과정을 거치며 증거가 결정적(CONCLUSIVE) 또는 압도적(OVERWHELMING)이라고 하게 된다(E61, 9쪽). 이러한 변화는 올 해 7월에 발견된 국무부 문서 2건으로도 확인된 바 있다. 한편 수사발표가 있었던 1988년 1월 15일 문서에 따르면, 한국은 미국이 북 책임에 관한 증 거에 대해 확고하게 긍정적인(FIRMLY POSITIVE) 성명을 내줄 것을 바랐 다(E42, 1쪽).

넷째, 사건에 대한 한국의 대응이다. 1988년 1월 8일 문서에 따르 면, 전두환 대통령과 정호용 국방부 장관이 솔라즈 의원을 만난 자리에 서 설사 북의 책임이 증명되더라도 군사적 보복은 생각하고 있지 않다(NO THOUGHT IS BEING GIVEN)고 했다(E33, 6쪽). 미국은 이를 긍정적으 로 평가한다. 한달 전쯤 릴리 대사는 북에 대한 남의 태도가 극적으로 악화 될(DRAMATIC HARDENING) 것으로 예상했었다(E2, 3쪽). 미국대사관 관계자는 송한호 당시 국토통일원 국장에게 북에 랑군 폭파사건 형식의 사 과(A RANGOON-STYLE APOLOGY)를 요청할 것인지 물은 적도 있다 (E7, 2쪽). 이 질문에 송 국장은 부정적으로 답변했다.

이에 비해 전역한 군 관리들의 경우 보복(RETALIATION)의 목소리를 높이 고 있었다 한다. 박수길 당시 외무부 차관보가 릴리 대사에게 개인적으로 이야 기한 내용이다(E11). 미국 역시 1987년 12월 3일 문서에서, 보복을 포함해 한 국이 극단적으로 강경한 입장(EXTREMELY TOUGH POSITION)을 취할 가능 성이 높다고 예상했다(E3, 1쪽). 그래서일까. 릴리 대사는 1987년 12월 4일 문 서에서 한국이 북쪽을 비교적 부드럽게 다루는 것에 놀랐다고(SURPRISED AT ITS RELATIVELY SOFT HANDLING) 적고 있다(E11, 2쪽).

김현희 사면에 대한 미국의 입장은?

다섯째, 이후 사건의 수습과정으로 주로 김현희 재판 및 사면에 관한 내용이다. 1988년 11월 21일 문서에 따르면, 미국대사관은 김현희 검찰조사를 앞둔 시점의 언론보도를 보고 한국 정부가 사건에 대한 여론의 분위기를 떠보려고 풍선(TRIAL BALLOON TO GUAGE PUBLIC OPNION)을 띄운 것이라고 평가한다(E62, 2쪽). 이와 관련, 대사관은 광주 및 5공화국 청문회로 국내에서 정치적 어려움을 겪고 있던 정부가 이 사건으로 더 곤란해지는 것을 바라지 않는다고 적었다. 1988년 12월 3일 문서에서 릴리 대사는, 김현희가 자백을 했고 뉘우치고 있으며, 정부에 전적으로 협조했기 때문에 집행유예 또는 사면을 받을 것으로 예상했다(E63, 3쪽).

결과적으로 검찰은 김현희에게 사형을 구형한다. 미국대사관은, 사형은 정부의 희생자들에 대한 고려, 그리고 항공범죄 국제협약에 관한 존중을 반영한 것으로 적고 있다. 아울러 정부는 김현희를 처벌하는 것보다 북 당국의 유죄를 증명(PROVING THE DPRK GUILT)하려는 데 신경을 써왔다고 평가했다(E67, 3쪽). 그리고 김현희가 사면을 받자 〈워싱턴포스트〉 서울 특파원이 미국대사관의 의견을 듣기 위해 정치담당 관계자에게 전화를 했었다한다(E69, 2쪽). 대사관은 아무런 답변을 하지 않았고, 사면에 대해 어떻게 답변할 것인지 지시를 내려주라고 국무부에 요청한다(그때 대사는 도널드 그레그). 이어지는 다음 부분은, 지워져 있다.

"김현희 고백이 믿을 만한가?"

미국 국무부 비밀문서 (3)

앞의 글들에서 국무부 문서의 내용을 배경, 수색, 증거, 대응, 이후 등 5

가지 측면에서 나름대로 정리해보았다. 지금부터는 그 밖의 중요한 부분들을 살펴보려 한다.

첫째, 미국 관련 부분을 따로 정리하면 다음과 같다. 무엇보다 미국은 사건에 대단한 관심(GREAT INTEREST)을 가지고 있었다(E4, 1쪽). 그런 상태에서 안기부 수사발표가 있었는데 미국은 기자회견을 앞두고 예상 질문과 답변을 준비한다. 이에 따르면, 구조신호가 없었고 적은 양의 잔해가 발견됐다는 것은 비행기가 높은 곳에서 순식간에 폭파됐다는(SUDDEN EXPLOSION AT HIGH ALTITUDE) 뜻이다(E41, 2쪽). 그리고 김현희의 북쪽 억양과 관련, 1983년 버마 사건처럼 북쪽이 남쪽 정부와 시민을 상대로 폭력행위를 해왔기 때문에 이번 사건도 북쪽 사람이 논리상 용의자(LOGICAL SUSPECTS)다. 그 다음 대목은 문서에서처럼 가상의 기자회견 형태로 정리하는 것이 좋을 듯싶다(E41, 3-4쪽).

질문: 과거 한국 정부가 문제적인 심문기법(QUESTIONABLE INTERROGATION TECHNIQUES)을 사용했다고 봤을 때, 김현희 고백이 믿을 만한가?(KIM'S CONFESSION BELIEVABLE?)

답변: 그 고백을 검증할 기회가 아직 없었다. 하지만 이미 말했듯, 우리는 독자적인 증거를 모아왔다.

질문: 북쪽은 사건이 남쪽의 모략이라고 주장했는데?

답변: 말이 안 된다고 본다.

질문: 북쪽의 동기는?

답변: 우리는 추측하지 않겠다(WE ARE NOT GOING TO SPECULATE).

한국이 바라는 모든 것

1988년 1월 15일 문서에는, 한국이 사건을 유엔 안보리 또는 국제민간항공기구로 가져가는 문제 관련 미국 의사를 타진하는 대목이 나온다. 문서에는 유엔 안보리의 경우 (문서상 누구의 생각이었는지 정확히 알기는 어렵지만) 영국을 의장국으로 해서 논의하면 좋겠다는 의견이 있다(E42, 2쪽). 참고로 88년 2월 16일-17일에 있었던 실제 회의에서 의장국은 미국이 맡았다. 한편 유엔 안보리 회의를 앞두고 북쪽이 유엔에 제출했던 문건에 대해 김세택 외무부 국제기구국장은, 외무부는 그런 사소한 북쪽의 잘못된 정보(MINOR NORTH KOREAN INFORMATION)를 반박할 계획이 없다고 대사관에 통보해오기도 했다(E55, 1쪽). 항공기구 회의 문제도 언급되었는데, 미국은 이상의 두 제안에 대해 아직 결정이 된 것이 없고 되도록 자신들의 의견을 빨리 알려주겠다고 했던 듯하다. 덧붙이면 한국 정부가 다른 조치들에 대해서도 의견을 물어올 수 있다며, 미국이 그 가능한 조치들을 예상한 대목이 있다. 그러나 이 부분은 지워져 있다.

같은 문서에서 릴리 대사는, 유엔 및 항공기구 사안과 관련, 한국 외무부가 바라는 모든 것(ALL MOFA NEEDS)은 국무부의 지지라는 게 분명해 보인다고 적었다(E42, 2쪽). 그만큼 한국은 미국의 도움을 절실히 바라고 있었다. 올해 7월에 발견된 문서(항공기구 회의에서 한국 쪽에 유리하도록 멕시코에 압력을 행사한다는 계획)에서도 이미 확인되었듯, 한국과 미국의 긴밀한 공조체제를 확인시켜주는 대목들이다. 적절한 비유일지 모르겠지만, 실종 뒤 KAL858기는 '한국과 미국'이라는 좌우의 날개로 날았다. 그랬기 때문에 미국과 북쪽의 관계는 나빠질 수밖에 없었을 것이다. 테러지원국 문제를 포함, 곳곳에서 관계가 어긋났던 흔적이 있다. 예를 들어 1988년 1월 30일 문서에 따르면, 북쪽은 대한항공기 사건에 대한 미국의 조치에 반발해 미군 유해발굴 관련 회담을 취소시켰다(E53, 2쪽). 1988년 2월 6일 문서에 따르면, 펜실베니아대학교가 주최한 한반도 관련 학술회의를 주정부가 후원했다. 유엔에 주재했던 북 관계자도 발표자로 초대될 예정이었는데 국무부 입김으로 취소된 것으로 되어 있다(E57, 6쪽).

둘째, 나머지 중요하다고 생각되는 대목들을 짧게 정리하면 다음과 같다. 1987년 12월 3일, 이진우 당시 청와대 정무수석이 대사관 쪽에 한국은 하치야 마유미(김현희)에 대해 신병인도를 요청할 계획이 없다는 말을 했다(E6, 2쪽). 하지만 한국은 신병인도를 요청하게 되고 대선 하루 전인 12월 15일, 김현희를 서울로 데려온다. 1987년 12월 10일 문서에는 북쪽 언론보도들이 언급되어 있는데, 한국이 김현희 신병인도를 요청한 것에 대해 비판하는 내용이다. 북은 김현희가 서울에서 고문을 받아 "거짓 자백"(BE TORTURED INTO A "FALSE CONFESSION")을 할 것에 대해 우려했다고 한다(E19, 2쪽). 1989년 3월 23일 문서에는, 황당하게(BIZARRE) 들릴 수 있는 주장, 곧 약간의 친북주의자들이(SOME NORTH KOREAN APOLOGISTS) 사건은 남쪽의 공작이며 김현희는 안기부 요원이라고 말한다는 내용이 언급되었다(E66, 2쪽).

대한항공기 사건을 다른 사건과 비교하는 대목도 나온다. 최광수 장관은 무차별 살상(INDISCRIMINATE KILLING) 측면에서 이 사건이 1986년 아시아경기대회(아시안게임)를 앞두고 일어난 김포공항 폭탄사건과 비슷한 점이 많다고 했다(E11, 3쪽). 바로 앞에서 릴리 대사는 최근 북 지도부의 변화가 1983년 랑군 폭파사건 당시로 돌아간, 곧 강경집단이 득세했던 시대로 돌아간 것을 시사하는 듯하다고 했다. 한편 새롭게 확인되는 내용이 있는데, 비행기에 타고 있던 강석재 당시 이라크 총영사 및 가족에 관한 부분이다. 최광수 장관은 강 영사에게 개인적으로 진급을 약속했었다며 안타까워했다. 그리고 세 아들이 있었는데, 모두 미국에서 대학을 다니고 있었다. 이들에게는 외무부 보험금을 포함해 모두 80만 달러 정도가 지급될 예정이었다(E11, 2쪽).

알 수 없는 그 무엇들

전반적인 느낌을 짧게 말하자면, '적어도 초기에' 한국 통일부(국토통일원)와 미국 국무부는 대통령선거 및 올림픽과 관련된 북쪽 동기를 의아해했다. 많은 사람들이 지적해왔지만, 당시 수색작업이 철저하지 않았다는 것도 확인된다. 잔해분석 작업도 마찬가지다. 아울러 미국 인공위성 등이 수색에 동원되었는데 그 정보나 결과를 더 밝혀내는 일이 필요할 듯하다.

그리고 이번 문서에서 중요한 것은, 아직 공개되지 않은 내용이 많다는 점이다(물론 그런 내용이 특별히 새롭거나 결정적일 것이라는 보장은 없다). 특히 비공개결정이 내려진 19건의 문서는 두 가지 사유로 공개되지 않았는데, 하나는 국방 또는 외교정책(national defense or foreign policy)과 관련된 것이고, 다른 하나는 각 기구들 사이에 오간 정보들(Interagency or intra-agency communications)에 관한 것이다. 참고로 정보자유법에 따르면, 60일 안에 이의를 제기할 수 있다. 아울러 부분공개된 문서에서 지워진 내용들은 주로 외국 정부의 정보나 비밀스러운 정보제공원을 포함한 미국 외교관계와 관련이 있다. 이를 바탕으로 '아주 조심스럽게' 추측하건대, 비공개된 내용들은 아마도 안기부, 미국 중앙정보국, 국제경찰기구인 인터폴(INTERPOL), 일본 정부 등과 관련된 것이 아닐까 생각된다(어디까지나 추측이다).

문서를 보면서 자괴감이 들었다. 무엇보다 연구자로서 이런 자료를 스스로 좀 더 빨리 얻어내려 노력했어야 했다는 점에서다(자료를 얻기 위해 애쓴 분들에게 다시 한번 고마움을 전합니다). 다음으로 꼭 이 사건에만 해당되는 것은 아니지만, 결국 한국현대사는 미국에 기대어 풀 수밖에 없느냐는 생각에서다. 물론 미국 문서가 결정적이라고 할 수는 없겠지만 이런 생각이 불현듯 스쳐갔다. 한편 당연한 이야기지만, 이 자료는 '미국'의 관점에서 쓰였다는 점을 지적하고 싶다. 다시 말해 미국에 불리한 내용이나 문서로 남기기에 민감한 부분은 처음부터 기록하지 않았을 가능성이 있다. 동시에, 두려움도 들었다. 바로 누군가의 글이나 말은 또 다른 누군가가 언젠가는 보고 듣는다는 것이다(이 글도 마찬가지리라). 문서에 나온 사람들의 이름과 직책을 확인하며 그런 생각을 했다. 릴리 대사는 22년이 지난 사건에 대해 물어온 것에 형식적이었지만 고맙다고 했다. 22년… 자괴감과 두려움으로 알 수 없는 그 무엇들을 생각해본다.

"설득가능한 증거가 없는 상황"

미국 국무부 비밀문서 추가[3]

비가 내리는 날이다. 또 한 명의 사람이 죽었다. 범인을 뒤쫓던 형사는, 용의자의 집으로 간다. 다짜고짜 그를 끌어내 주먹을 날린다. 힘없이 맞고 쓰러지는 용의자. 형사는 권총까지 들이댄다. 방아쇠를 당길 기세다. 목격자는 없다. 세차게 내리는 빗줄기만이 그들을 응시할 뿐. 확실한 증거는, 없다. 그러나 형사는 확신한다. 그가 범인임을. 방아쇠를 당기려 한다. 법의 테두리가 굵은 빗줄기와 함께 무너지는 순간. 영화 〈살인의 추억〉에 나오는 장면이다. 그 형사는 왜 그랬던 것인가… 그건 바로, 절실함 때문이 아니었을까. 사건을 풀고자 하는 절실함, 범인을 잡고자 하는 집요함이, 그렇게 표출된 것이다. 그렇다. 절실함이 있기에 그렇게 할 수 있다. KAL858기 사건에 관해 글을 쓰려는 지금, 이런 물음을 던져본다. 그럼 나에게는, 그런 절실함이 있는가? 아직도 풀리지 않은 무언가가 있다는 입장에서 말이다.

미국 국무부 비밀문서를 전달받고 이 글을 쓰기까지, 약간의 시간이 지났다. 이런저런 사정이 있어서였지만, 막상 글을 시작하기까지 참 어려웠

---

3) 〈통일뉴스〉, 2011년 3월 30일.

다. 그러면서 이 절실함이라는 것에 대해 생각했다. 사건에 관해 '경합하는 진실'이 있다고 인정하고, 그 과정에서 불안하지만 겸손한 마음으로 진득히 다가가는 자세. 24년의 시간이 흐르면서, 특히 두 번의 재조사 시도가 있고 나서 사람들은 지쳐가고 있는지 모른다. 그렇다면 사건의 복잡함과 민감함을 견뎌낼 수 있는 힘은, 어쩌면 절실함에 있는지도. 그렇게 절실하게 살아가고 있을 누군가를 생각하며 숨을 고른다.

미국, 사건 초기 증거에 조심스러운 입장

KAL858기 대책위 신성국 신부가 전해준 문서들은 2009년에 내려졌던 국무부 결정에 이의신청을 하여 얻은 것들이다. 국무부는 부분공개됐던 19건의 문서 중 2건의 문서를 완전공개하고, 비공개됐던 19건의 문서 중 9건의 문서를 부분공개하였다. 하지만 10건의 문서에 대해서는 여전히 공개가 거부되었고, 이 밖에 민감한 부분들은 계속 지워진 상태로 남아있다. 이유는, 그 내용들이 미국의 국가안보를 해칠 또는 심하게 해칠(damage or serious damage) 가능성이 있기 때문이다. 그러면 지금부터 공개된 문서들의 주요 내용을 나름대로 살펴볼까 한다.

이번에 새롭게 공개된 문서 중 하나는, 당시 북쪽에 대한 남쪽의 예상되는 대응 논의를 담고 있다. 흥미로운 부분은, 미국이 남쪽의 대응을 긍정적으로 평가하는 과정에서 북쪽 개입에 대해 "설득가능한 증거가 없는 상황에서(IN THE ABSENCE OF PERSUASIVE EVIDENCE)"라는 표현을 쓴 것이다(E23). 미국은 1987년 12월 11일 기준, 증거 부분에 대해 조심스러운 입장을 지니고 있었다. 또 다른 문서는 송한호 당시 국토통일원(현 통일부) 남북회담 사무국장과의 논의에 관한 것이다. 이에 따르면 노태우 대통령 당선자는 일본 〈마이니치 신문〉과의 인터뷰(12월 31일)에서, 사건에 북이 개입했다 하더라도 그것은 "북쪽 인민 모두의 의견을 반영한 것은 아니며 일부 과격세력에 의해 저질러졌을 수 있다"고 했다(E34).

　김현희 기자회견 전날 쓰인 문서는, 회견일이 1월 15일로 정해진 것과 관련 일본의 〈교도통신〉이 내용을 미리 보도하기 시작했고 따라서 정부가 계획했던 것보다 빨리 움직여야 했다는 한국 쪽 설명을 담고 있다(E40). 그리고 최광수 외무부 장관은 김현희 고백과 관련, 그녀가 울면서 안기부 여성 요원의 가슴을 치며 미안하다는 말로 고백을 시작했다고 전했다(그러나 이미 알려졌듯, 이는 안기부가 선전효과를 위해 지어낸 것이다). 아울러 제임스 릴리 미국 대사는 김현희가 진술을 번복할 가능성은 없는지, 거짓말 탐지기(POLYGRAPH) 시험을 거쳤는지 물었다. 이에 대해 한국 쪽은 거짓말 탐지기는 사용되지 않았지만, 정부는 김현희가 진실을 말하고 있다고(TELLING THE TRUTH) 확신한다고 대답했다. 그러면서 최광수 장관은 그 증거 중 하나로 다음 날 안기부가 기자회견 때 제시했던 화동사진을 보여준다. 릴리 대사는 이 사진은 흐릿하게 보이고 오직 귀모양에 의해(BASED ONLY ON THE DISTINCTIVE SHAPE OF HER EAR) 김현희로 알 수 있을 뿐이라고 판단했다.

　같은 날 국무부가 쓴 문서는, 수사발표에 대한 미국 입장을 요약한 것이다. 언론의 예상질문과 이에 대한 답변을 포함하고 있는데, 그 질문 중 하나는 사건이 "북쪽을 모략하기 위한 남쪽의 공작"이라는 북의 주장에 관한 것이다(E39). 국무부는 첫째 남쪽이 단지 북쪽을 모략하기 위해 수많은 자국민을 냉정하게 살해하고(COLDLY MURDER SO MANY OF ITS CITIZENS) 비행기를 폭파시켰다는 생각은 하기 어렵고, 둘째 용의자들의 체포와 자살시도가 면밀하게 계획되었다는 것인데 이 역시 믿기 어렵다는 답변을 준비했다. 이를 포함한 전반적 내용에 대한 조지 슐츠 국무부 장관의 의견은 모두 지워져 있다. 이 부분은 2009년에 공개됐던 문서(E41)에 없던 내용이다(그냥 말이 되지 않는 주장이라며 짧게 처리되어 있다). 다시 말해, 국무부의 최종 검토과정에서 빠지게 되었는데 문서가 추가로 공개되며 내용을 알 수 있게 된 것이다.

1988년 1월 6일에 쓰인 문서는 스티븐 솔라즈 당시 미국 민주당 의원의 방문내용을 담고 있다. 청와대 관계자는(당시 대통령 비서실의 김용갑 또는 김윤환으로 추정됨) 1월 5일 면담에서 한국은 사건에 북이 개입했다는 확실한 증거를(CLEAR EVIDENCE) 갖고 있으며 이와 관련된 공식발표가 2일-3일 안에 있을 것이라 했다(E30). 제임스 릴리 대사는, 시기와 형태가 아무래도 당시 북이 제기한 남북대화 제안에 영향을 받은 듯하다고 적고 있다. 아울러 이 발표가 올림픽 참가신청 마감일인 1월 17일 이후로 연기될 수도 있다는 보도를 들었다고 덧붙였다. 1988년 1월 19일 문서는 릴리 대사와 최광수 외무부 장관 면담에 관한 것이다. 그 내용 중 하나는, 최광수 장관이 언론에 한국 정부가 미국과 일본에 북에 대한 여러 가지 처벌조치를(VARIOUS PUNITIVE MEASURES) 취해줄 것을 요청했다고 알렸다는 것이다(E46). 이에 대한 구체적 답변 내용은 지워져 있다. 1988년 1월 20일에 쓰인 문서는, 신두병 외무부 미주국장과의 대화를 다루고 있다. 여기에는 1월 23일로 예정된 대북규탄 결의대회 내용이 포함되어 있는데, 서울 여의도광장에 백만 명이 모일 것으로 예상된다는 것 외에 구체적 내용은 지워졌다(E47).

2009년에 가려졌다 공개된 부분 중 하나는, 당시 〈연합통신(현 연합뉴스)〉 및 중국 현지언론이 전한 한국 외교관의 말이다. 그에 따르면 김현희는 중국인일 가능성이 있었다. 곧, 김현희가 중국어와 영어를 말할 수 있고 외모가 중국 조선족(KOREAN-CHINESE)과 비슷하다는 내용이다(E17). 1990년 4월 13일 문서에도 지워졌다 공개된 부분이 있다. 이에 따르면, 1988년 서울 올림픽을 앞두고 있었던 미국 관계자들의 방문에서 브레머 대사는 한국 정부에 김현희가 재판을 받을 것으로 기대하고 있다는 미국 입장을 전했다(E69). 그런데 뒷부분은 다시 지워진 채로 남아있어 재판과 관련해 어떤 얘기들이 오갔는지 구체적으로 알기 어렵다.

여전히 공개할 수 없는 내용

개인적으로 문서들을 읽으며 좀 실망스러웠다. 왜냐하면 문서들을 살펴보기 전, 얼마나 민감한 내용이길래 처음에 공개가 거부되었냐며 기대를 했기 때문이다. 그런데 실제 내용을 보니 민감하거나 특별한 부분은 많지 않은 듯하다(어디까지나 개인 의견이다). 가려졌다 공개된 부분들은 단순히 정보의 출처를 밝히는 경우가 있었다. 예컨대 한국의 국방부(E66)와 경찰(E67)이다. 다만 이의신청에도 공개되지 않은 내용들, 특히 10건의 비공개 문서가 있다고 하니 그들은 좀 더 특별하고 민감할지 모른다. 여전히 공개할 수 없는 부분이 있는 사건. KAL858기는 복잡함과 민감함이라는 두 날개로 비행을 계속하는 셈이다.

'지각생' 언론 유감

미국 국무부 비밀문서와 언론[4]

약 보름 전, 그러니까 7월 초 영국에서 김현희-KAL858기 사건으로 박사논문을 쓴 나는 잠시 동안 사건을 잊으려 했다. 그동안 고생을 너무 많이 한 것도 있고, 또 사건에 대해 뭔가 '새로운' 관점의 이야기를 하기 위해서라도 휴식이 필요했다. 그런데 최근 김현희 씨가 방송에 출연한 것과 관련 뭔가를 해야 할 것 같아 글을 썼다. 그러면서 '새로운' 이야기가 아닌, 몇 년 동안 반복되는 비슷한 이야기를 하는 것 같아 자괴감을 느꼈다. 동시에 재충전을 위해 사건을 잊으려 했던 것과 달리, 어느새 나는 사건 관련 검색을 하고 있었다. 그러다 〈중앙일보〉가 갓 보도했던 미국 비밀문서 기사를 접했다

---

4) 〈통일뉴스〉, 2012년 7월 19일.

(검색 당시 1시간 전에 인터넷에 올라왔었다). 제목은 확실하지 않지만 "미 FBI도 KAL기 직접 조사"였던 것으로 기억한다. 그동안 내가 보지 못한 비밀문서가 있었나 하는 마음에, 또한 중앙정보국(CIA)이 아닌 연방수사국(FBI)도 조사를 했다고 하여 서둘러 글을 읽었다(현재 원래 제목의 기사는 검색되지 않는데, 아마도 해당 기자가 중앙정보국 소속으로 해외방송의 정보를 분석하는 'FBIS'와 혼동했던 것으로 추측된다).

그런데, 그 기사는 전혀 새로운 것이 아니었다. 내가 봤던 문서 내용이었다. 혹시나 하여 기사에 나온 대로 2012년 6월 11일에 문서가 공개됐는지 국무부 누리집에서 검색을 했는데 찾을 수 없었다. 그래서 나는 이른바 '보수'언론이 지금껏 해왔던 전형적인 보도방식의 하나(수사결과 및 김현희 진술 반복하기)라 생각하고 별다른 고민 없이 넘겼다. 그리고 다음 날 아침, 사건 관련 검색을 해보니 이 문서들이 국내 언론에 크게 보도되고 있었다(내용을 본 것이 아니라 '제목'만을 본 상태였다). 그래서 국무부 누리집에서 좀 다른 방식으로 검색을 했고 그제야 6월 11일에 올라온 57건의 문서들을 찾을 수 있었다(http://www.state.gov/m/a/ips/c52384.htm). 하지만 기대와 달리, 그 자료들은 2009년 신성국 신부가 정보공개 신청을 통해 이미 얻은 문서들이었다(사건 22년 추모제에서 공개적으로 알림). 다만 알려지지 않은 문서들이 분명히 있었는데, 14건 정도로 이들은 (2008년 7월 공개된 1건을 제외하고) 대부분 1998년 10월 기준으로 공개된 것으로 보인다. 그 내용은 수사결과나 한국 정부가 홍보해온 맥락에서 크게 벗어나는 것이 아니었다.

새로울 것이 없는 비밀문서

따라서 이번 언론 보도와 관련 가장 중요한 것은, 문서들이 2012년 6월에 새로 공개된 것이 아니라, 1998년과 2009년에 이미 공개되었다는 점이라 생각한다. 내용 역시 특별히 새로운 것은 아니라고 본다. 미국이 사건에 대해 조사했다는 것과 그 결과가 안기부 수사발표에서 벗어나지 않는다는 것은 잘 알려진 내용이다. 미국이 1988년 1월 20일 사건을 계기로 북쪽을 테러지원국으로 지정했다는 것 하나만 떠올려도 된다. 또한 1988년 2월 4일 미국 하원은 사건 청문회를 열었고 같은 달에 있었던 유엔 안보리 논의에서 미국은 한국을 적극 지지했다. 이는 당시 국내언론이 '대대적으로' 보도했던 내용이다. 그래서 마치 비밀문서들이 최근에야 '새롭게' 공개된 것처럼 보도한다든지, 이를 바탕으로 그동안의 정당한 의문제기를 "김현희 가짜 몰이"로 폄하하는 일부 언론의 보도는 주의 깊게 볼 필요가 있다(2012년 7월 19일 〈연합뉴스〉 기사, 〈문화일보〉 사설 등). 많은 언론들이 섭섭하게 생각할지 모르겠지만, 실례를 무릅쓰고 말하자면, 나는 이번 비밀문서와 관련 거의 모든 언론들이 '지각생'이라 생각한다.

그렇다고 했을 때 나의 일차적 고민은, 신성국 신부가 얻었던 문서들에 왜 1998년에 공개됐던 자료가 포함되지 않았나 하는 것이다. 국무부 안에서 어떤 절차적 문제가 있었는지 모르겠지만, 문서들이 2009년에 왜 함께 공개되지 않았는지 궁금하다. 그러면 (특별히 새로운 내용은 없는 듯하지만) '2009년에 포함되지 않았던' 문서들을 나름대로 살펴보고자 한다.

1987년 12월 2일, 제임스 릴리 한국 주재 미국 대사는 최광수 외무부 장관과 조중건(영어이름 CHARLIE CHO) 대한항공 사장과의 논의를 바탕으로 사건이 한국에서 큰 사안이(BIG ISSUE) 될 것이라 관찰했다(문서번호 C16338674). 특히 곧 있을 대통령선거를 고려했을 때 그랬다. 이번에 알려진 문서 중에는 유엔 안보리 논의와 관련된 부분이 많은 듯한데, 특히 (최광수 장관에 따르면) 한국이 안보리 논의를 선호했던 이유 중 하나로 북에 대한 군사적 보복의 목소리를 잠재우기 위한(TO QUIET THE VOICES OF THOSE HERE WHO STILL FAVOR MILITARY RETALIATION) 것을 들고 있다는 점이 흥미롭다(C16338687). 또한 한국이 소련과 중국과의 마찰을 피하기 위해(AVOID A PUBLIC CONFRONTATION WITH THE SOVIET UNION

OR CHINA) 조심스러운 접근을 취했다는 내용이 강조되고 있다. 또 다른 중요한 문서 중 하나는 테러지원국 명단과 관련된 것이라 생각한다. 당시 북을 테러지원국으로 지정하는 문제와 관련 국무부는 이것이 경제적으로 큰 영향을 주지는 않을 것이라는(will not have a significant economic impact) 점을 알고 있었다(국무부 내부문건 1988년 1월 19일). 왜냐하면 북은 적성국무역법과 수출규제법에 따라 경제제재를 이미 받고 있었기 때문이다.

그러면 그동안 미국, 영국, 호주, 스웨덴 등에 정보공개 신청을 해왔던 입장에서 조심스레 몇 가지를 말하고자 한다. 먼저, 김현희–KAL858기 사건은 결국 언론의 문제일 수 있다. 다시 한번 강조하지만, 이번에 알려진 문서들은 대부분 2009년에 공개된 것들이다. 그렇다면 2009년 당시 국내 언론은 왜 이를 적극 보도하지 않다가 지금에야 보도할까? 조심스럽게 추측하건대, 이유 가운데 하나는 당시 문서가 사건에 대한 '문제점'을 중심으로 공개됐기 때문에 (수사결과를 받아들인) 이른바 주류언론들이 보도하지 않았던 듯하다. 그렇더라도 언론이 문서들을 직접 볼 수 있느냐고 문의를 해볼 수 있었을 텐데 그러지 않아 아쉽다. 한편으로는 문서들을 '주류언론'을 통해 널리 알리려는 노력이 좀 더 있어야 했지 않나 하는 생각도 든다(여기에는 글을 썼던 나의 문제도 포함된다). 다음으로, 국무부가 길게는 14년 전에 공개했던 문서를 왜 2012년 6월에서야 누리집에 올렸는지 궁금해진다. 내용 자체도 새로울 것이 없다고 생각하는데, 왜 꼭 지금이어야 했는지 의아하다.

우려되는 언론 논의들

조심스레 예상하건대, 김현희 사건은 이번 2012년 대선을 앞두고 계속해서 논란이 될 듯싶다. 무엇보다 김현희 씨가 최근 국내 방송에 출연했고, KAL858기 가족회는 공개토론을 제안했다. 그리고 이미 공개됐던 비밀문서

가 뒤늦게 국내에 크게 보도되며 사건에 대한 관심이 높아질 듯하다. 올해
가 사건 발생 25년이라는 점도 기억할 필요가 있다. 문제는 사건에 대한 논
의가 이른바 '종북주의'와 연관되어 이어질 가능성이 크다는 것이다. 최근
TV조선과 〈조선일보〉를 비롯한 몇몇 매체들의 논조가 이를 증명한다. 대선
을 앞두고 논의가 어떤 방향으로 진행될지 주목되는 동시에, 우려된다.

4

영국 외무성

안개 속 비밀문서

영국 비밀문서 공개 거부[1]

안개. 보일 듯 말듯. 알듯 모를 듯… 차라리 전혀 모른다면, 전혀 보이지 않는다면, 나을지 모른다. 경계를 흐리는 회색빛 공포. 멀리서 들려오는 조용한 굉음. 그들은 아무 말없이 시선을 주고 받는다. 이슬이 맺히며 떨리는 눈동자와 중력에 저항하지 않고 끄덕이는 고개. 결국 그들에게 남은 선택은 단 한 가지. 점점 다가오는 죽음의 소리. 그 소리가 덮치기 전, 그들은 스스로 결단을 내린다. 하지만 어찌된 일인가. 안개를 지나 모습을 드러낸 소리의 정체는, 그들이 두려워했던 것과는 전혀 다른 무엇이었다. 그러나 늦었다. 안개를 통해 학습해온 두려움이, 되돌릴 수 없는 결과를 가져온 뒤였다. 영화 〈미스트〉의 마지막 장면이다.

안개가 주는 두려움은 어쩌면 안개 자체에 있다기보다, 그 안에서 무언가를 추구하는 과정과 그러면서 견뎌내야 하는 긴장일지 모른다. 하지만 가장 견디기 힘든 것은, 그 과정에서 최선을 다했다 할지라도, 그것이 결코 최

---

1) 〈통일뉴스〉, 2010년 11월 17일.

선의 결과를 보장하지 않는다는 점 아닐까. 누구의 말을 믿어야 할지, 누구의 선택이 옳은지, 그 경계는 언제나 회색빛이다.

안개 속 KAL858기 사건

1987년 김현희-KAL858기 사건. 다른 사람들은 어떨지 모르지만, 나는 이 사건이 지금도 안개 속에 있다고 생각한다. 국정원 발전위원회가 재조사를 했고, 진실화해위원회가 재조사를 '시도'했지만, 사건은 여전히 안개에 쌓여있다. 특히 두 기관의 조사과정에 조금이라도 관심을 가졌던 사람이라면, 결과를 그대로 받아들이기 힘들 것이라 생각한다. 판단은 다를 수 있다. 예를 들어, 어떤 이는 (천안함 사건의 문제점을 지적하는 과정에서) 국정원 재조사에 참여했던 이를 통해 사건에 대한 의혹이 "말끔히 해소되었다"고 하기도 한다(김대호, "臣에겐 아직 열두척의 배가 남아 있습니다"). 그의 말이 틀렸다기보다, 누구 말이 맞는 것인지 나는 자신 있게 말할 수 없다. 그처럼 딱 부러지게 '확신'할 수 있다는 것이 부럽기도 하고, 조심스럽기도 하다.

영국 외무성에 정보공개 청구를 했던 것도 이런 마음에서였다. 그렇다고 별다른 기대를 했던 것은 아니다. 한국·미국 정부와 달리 특별한 이해관계가 없을 것 같았기에, 영국 문서는 중요한 내용이 없을 것으로 짐작했다. 그렇기 때문에 정보공개에 쉽게 응할 줄 알았다(최소한 부분공개 결정이 나올 것으로 기대했다). 그러나 예상은 빗나갔다. 영국 외무성은 KAL기 사건 문서가 있다는 것을 확인해주었지만, 공개는 거부했다. 정보가 그만큼 민감하기 때문이다(due to sensitivity of the information held). 구체적으로, 영국 정보자유법 제27조 국제관계와 관련된 조항 때문이다. 법은 특정 문서의 공개가 영국과 다른 국가의 관계를 해칠 우려가 있을 때 공개를 거부할 수 있도록 했다.

한국-영국관계를 해칠 수 있는 사건

공개 거부는 새로운 것이 아니다. 한국과 미국도 비슷한 논리를 적용하고 있다. 다만, 이번 영국의 거부는 두 가지 점에서 주목된다. 첫째, 영국 외무성은 안보문제 관련 남과 북, '모두'와의 관계가 훼손될 것을 우려하고 있다(the release of information relating to security matters could harm our relations with South and North Korea). 처음 이 문구를 보았을 때 그러려니 했다. 그런데 다시 생각해보니 그게 아닌 듯했다. 지나친 해석을 하고 싶지 않지만, 한국 발표에 문제가 없다면, 왜 영국은 정보공개가 한국과의 관계를 어렵게 할 것이라 했을까? 영국은 이에 그치지 않고 한국과의 관계부분을 특별히 강조하고 있다. 두 정부의 관계가 구체적으로 드러나 있는 문서 공개는 영국과 한국의 관계를 해칠 우려가 있다는 것이다(The disclosure of information detailing our relationship with the South Korean government could potentially damage the bilateral relationship between the UK and South Korea). 당시 한국과 영국 정부가 서로 어떤 정보/의견을 주고 받았는지 궁금해지는 대목이다.

둘째, 영국 외무성은 문서 공개가 현재의 '민감한' 시기를 고려했을 때 지역의 긴장을 높일 수 있다는 점을 거부 근거로 들고 있다(the release of this information could increase tensions in the region at a sensitive time). 별다른 설명은 없지만, 추측하건대 이명박 정부 출범 이후의 남북/북남관계, 구체적으로는 지난 3월 천안함 사건 이후 상황을 가리키는 듯하다. 앞의 경우도 그렇지만, 이 논리는 그동안 한국과 미국 정부에 정보공개 청구를 하며 받아온 답변에서는 찾아볼 수 없었다. KAL기 사건은 현재의 한반도 상황을 충분히 악화시킬 수 있을 만큼 민감하고 현재진행형이라는 얘기다. 지난 7월 김현희의 일본 방문에서도 알 수 있듯, KAL858기는 지금도 비행을 계속하고 있고, 앞으로도 그럴 것이다.

물론 지금까지의 이야기는 영국 외무성 답변에 대한 나의 해석일 뿐이다. 무엇보다 영국이 실제로 어떤 문서를 가지고 있는지 모르는 상태여서 조심스러울 수밖에 없다. 중요한 문서가 아니지만 단지 공개하기 번거롭기 때문에 형식적 이유를 들었을 것이라는 생각도 든다. 또는 외교적 관례상 다른 국가와 관련된 비밀문서를 공개하는 것은 실례이기 때문일 수도 있다 (정보기관을 포함, 상대방 국가의 첩보활동 내용이 포함되므로). 그럼에도 북쪽과의 관계뿐만 아니라, 굳이 남쪽과의 관계도 어려워질 것이라고 답변한 대목은, 여러 가지로 관심을 끈다.

다가오는 23년 추모제

2010년, 어김없이 11월 29일이 다가온다. 어느덧 23년이다. 11월의 차가운 공기를 가르며 가끔씩 생각한다. 그냥 길을 걸어도 쌀쌀한데, 비행기에 타고 있었던 115분은 얼마나 쌀쌀했을까? 안기부 수사결과대로 바다에 떨어졌다면, 그 바다에서 얼마나 추웠을까? 수사결과와 다른 상황이었을 경우, 또 얼마나 두렵게 떨고 있었을까? 그리고 가족들의 마음은 어땠을까?

23년… 누군가에는 1년 365일이 매일 11월 29일이었을 것이다. 충격과 체념, 땀과 희망, 여기에 무력감이 뒤섞인 안개가 자욱하다. 영국 정부의 결정이 이 안개를 더욱 짙게 만든 것 같아 안타깝다. 스멀거리는 안개 사이로 비행기 소리가 들려온다.

신중했던 영국 정부

영국 비밀문서[2]

"그 당시에 유족들 만났었어요 제가. 차옥정 씨도 만났거든요. 만났고 … 아휴 뭐, 저도 가슴이 아프고. [가족들이랑] 서로가 다 울었거든요. 울고….." KAL858기 사건의 폭파범으로 알려진 김현희 씨가 어느 인터넷언론 대표와 만나서 한 이야기다(〈조갑제닷컴〉, 2009년 2월 19일). 1997년 말 결혼하기 직전, 실종자 가족들에게 인세를 전해주는 자리였다. 하지만 차옥정 현 가족회 회장에게 이를 확인한 결과 만난 적이 없다고 했다. 아울러 김현희 씨를 만났던 가족들은 이를 포함해 그때 분위기를 다음과 같이 전한다. "차옥정 씨는 그때 없었어요… 너 맘대로 한 게 아니고 이렇게 해서 한 거니까 니도 부모가 있으니까… 양심껏 말하라 그랬어… 김현희야 뭐 수그리고 가만히 있지 뭐(논문 면접, 2009년 8월)."

오래 전 일이라 김 씨가 착각을 했는지 아니면 어떤 이유가 있어 달리 말을 했는지 확실치 않다. 다만 안기부 수사에서도 그랬지만, 김현희 씨 말을 받아들일 때는 주의할 필요가 있다고 생각한다(물론 설명이 부분적으로 어긋난다고 해서 진술 전체가 거짓이다고 말하는 것은 다른 문제다).

영국, '갑작스러운 김현희 고백' 의문

영국 정부가 공개한 비밀문서에서도 이런 조심스러움이 느껴진다. 영국은 개인적으로 제기했던 정보공개 청구를 2010년 거부했다. 그런데 뜻밖에 같은 해 12월 말 이의신청을 받아들인다는 결정을 내렸고, 2011년 2월 15일 편지에서 문서를 공개한다고 알려왔다(기술적 문제로 실제 확인은 좀 늦

2) 〈통일뉴스〉, 2011년 2월 28일.

게 이루어졌다). 이번에 공개된 문서는 모두 9건 65쪽 분량으로, 1987년 11월 29일–1988년 12월 31일 사이 만들어진 자료다. 참고로 외무성은 3건의 문서를 더 검토하고 있다고 밝혔다. 그리고 비록 시간이 지났지만 문서 공개는 영국 외교관계에 부정적 영향을 줄 수 있고, 따라서 관련 부분은 지웠다고 말했다(특히 한국, 헝가리, 오스트리아 관련 부분). 주요 문서의 내용을 간략히 정리하면 다음과 같다.

1988년 1월 15일 안기부 수사발표 직후 쓰인 문서에는, "사건의 기본적 내용은 분명해 보인다"면서도 온전한 진실 관련해서는 신중한 입장이 담겨있다. 로렌스 미들턴 한국 주재 영국 대사는 수사결과가 전체적 진실에 다가가기에는 많은 의문들을 남기고 있다며, 특히 김현희의 "갑작스러운 고백"에 조심스러운 태도를 취했다(ENOUGH QUESTIONS TO SUGGEST WE DO NOT HAVE THE WHOLE TRUTH, PARTICULARLY ABOUT HER SUDDEN CONFESSION). 그리고 박수길 외무부 차관보가 각국 대사들에게 수사결과를 미리 설명하는 시간을 가졌는데, 김현희 미래와 관련 '1968년 청와대 습격 사건'의 생존자(김신조)가 성공적인 사업가로 살고 있다고 했다 한다.

같은 날 쓰인 다른 문서는, 오재희 당시 영국 주재 대사가 영국 정부 관계자를 찾아가 수사결과를 설명하고 영국이 북 테러 비난 성명을 발표해줄 것을 요청했다고 기록한다. 이 자리에서 영국 관계자는 북 '동기'에 관한 질문을 했는데, 한국 대사는 동기를 이해하기 매우 어렵다고(very difficult) 대답한다. 이 관계자는 수사결과에 기본적으로 동의하면서도 한국이 요청한 내용의 성명 발표에 서두르지는 않아야 한다고 적었다.

1월 18일 문서에 따르면, 한국 주재 영국대사관은 미국대사관에 미국이 김현희에 대한 독자적 증거를 가지고 있는지 물었다. 대사관은 미국이 일정 정도의 증거를 가지고 있긴 하지만, 모두가 정황적 증거라고 판단했다(THEY WERE ALL OF A CIRCUMSTANTIAL NATURE). 한편 미들턴 대사는 이 사건을 1983년 KAL007기 사건보다는 버마 랑군 사건과 비교하는 것이 적절하다고 기록했다.

한국, 영국 정부를 압박

한국은 사건 관련 유엔 안보리 소집을 요청했는데, 1월 19일 문서는 영국 정부의 고민을 담고 있다. 한국이 유엔에서 KAL858기 사건을 북의 테러로 규정하고 비난해달라고 요청해왔는데 어떻게 답하느냐의 문제였다. 담당자는, 영국은 국가 주도 테러를 비난한다는 성명을 발표하고 유럽 국가들이 공동 작성해 발표할 성명을 지지하며, 하지만 안보리에서의 행동은 더욱 신중해야 한다고(We should be more cautious) 건의했다. 참고로 실제 회의에서 영국은 "한국에 의해 진행된 수사결과에 따르면 북한의 개입이 분명해 보인다"는 수준의 발언을 했다(박강성주, 『KAL858, 진실에 대한 예의』, 149쪽).[3] 1월 15일에 쓰인 또 다른 문서에서, 영국 외무성은 한국이 성명 발표 관련 영국을 계속 압박해왔다고(The Korean Embassy have been pressing us) 일러준다. 관계자는 한국대사관에 "아직 증거를 검토하고 있는 중"이라고 말할 것으로 적었다.

2월 1일 문서에 따르면, 한국은 오재희 대사 이름으로 제프리 휴 영국 외무상에게 '북 테러에 대한 강력한 비난'에 감사한다며(사건에 대한 영국과 한국의 온도 차이를 느낄 수 있다) 수사결과를 정리한 문서를 보내왔다. 결론 부분에서 한국은 공산주의자들에 대한 강력한 안보태세(a strong security posture against the Communists)를 바탕으로 올림픽을 성공적으로 치를 수 있도록 해달라며 계속되는 지지를 요청했다. KAL기 사건이 냉

---

3) 한국 대표로 유엔 논의에 참여한 최광수 외무부 장관은 "대통령각하"에게 보낸 문서에서 다음과 같이 설명합니다. "영국 - 북한이 동 사건에 책임 있는것이 명백하므로 …"(외교부 공개 문서 2017060058, 167쪽). 이는 마치 영국이 '독자적으로' 북쪽 책임을 명확히 했다는 뜻으로 읽힐 수 있습니다. 그러나 영국은 "한국에 의해 진행된 수사결과에 따르면(the findings of the investigation … undertaken by the Republic of Korea)"이라는 단서를 달았습니다(UNSC, "S/PV. 2792", p. 12). 한편 영국을 포함한 몇몇 국가 대표들은 회의가 끝나고 최광수 장관에게 "축하 인사를" 건넸다고 합니다(2017060058, 168쪽).

전시대 정치를 공고히 하는 의미가 있었다고 알려주는 대목이다.

3월 1일 문서는 헝가리와 관련되었다. 부다페스트에 있는 영국대사관은, 비행기를 폭파한 두 명의 테러범들이 헝가리에 왔으며 이들이 북한대사관 2인자(이름 Cso Bong Zun)와 3등 서기관을 만나 폭발물을 전달받았다는, 다른 나라 정보원의 말을 인용한다. 2월 15일 문서는, 한국이 국제민간항공기구 각국 대표들에게 보냈던 자료를 담고 있다. 김세택 외무부 국제기구조약국장 이름으로 보내진 자료는 헤이그/몬트리올 협약 양식에 따라 작성된 사건 보고서다. 이에 따르면, KAL기는 C-4 콤포지션 350g 및 PLX 700cc로 폭파되었다(이미 알려진대로, 이 양은 안기부가 임의로 추정한 것이었다). 한편 기체는 미화 9백 7십만 달러에 구입했었고, 총 2톤 가량의 수화물이 없어진 것으로 되어 있다.

김현희, 재조사 거부와 국정원 특강

영국 비밀문서는 이번에 처음 공개됐다는 점에서 의미가 있다. 다른 나라 자료와 구별되는 점이 있는데, 영국이 사건 당사국(남쪽, 북쪽) 또는 직간접적으로 관련된 국가(일본, 바레인, 미국)가 아니라는 점이다. 동시에 영국은 남쪽의 우방국으로 여겨진다는 점에서 몇몇 군데에서 발견되는 조심스러운 태도가 주목된다. 특히 김현희 고백과 북 동기에 대한 부분은, 상식적 수준에서 누구나 한 번쯤 의문스러워할 수 있다는 점을 확인시켜 준다(이미 공개된 미국 중앙정보국과 국무부 문서에서도 확인된다). 물론 전체적으로 영국은 한국 수사결과를 지지했다는 점이 고려되어야 한다.

"KAL기 사건을 일으킨 당사자와 증인으로서 사건을 증언해 드려야죠." 최근 김현희 씨가 어느 잡지와의 인터뷰에서 말했다(〈월간 머니〉, 2011년 2월 11일). 그렇다면, 몇 년 전 사건에 대한 재조사가 있었을 때 왜 모두 거부했는지 아쉬워진다(국정원 발전위원회 2005년-2007년, 진실화해위원회

2007년-2009년). 김 씨는 2010년 국정원 신입 직원의 특강을 맡았다고 한다. 영국 정부라면 어떻게 해석할지 궁금해진다.

폭탄이 있었던 위치

영국 비밀문서 추가 (1)[4]

어떤 사건은 평생의 흔적을 남긴다. 이 흔적은 삶의 증거이자 존재이유가 될 수 있다. 자신이 바라든 바라지 않든, 사건은 몸 깊숙이 들어와 있다. 때로 살기 위해 몸을 도려내는 고통을 '선택'해야 할지 모른다. 왜냐하면 그것만이 생존의 유일한 방법일 수 있기에. 영화 〈127시간〉을 보며 든 생각이다. 주인공은 살기 위해 자신의 몸을 말 그대로 절단한다.

내가 바라지 않았지만, 김현희-KAL858기 사건은 내 몸 깊숙이 새겨져 있다. 사건 때문에 자살을 생각한 적도 있다. 다른 이들은 어떻게 생각할지 모르지만, 나는 이 사건을 평생숙제로 끌어안고 있다. 실종자 가족들의 삶에 비할 바는 못 되지만, 때로 나는 숨이 막히는 것 같다. 벗어나고 싶어도 벗어날 수 없다. 벗어나는 방법을 알고 있더라도, 어려운 선택일 수 있으리라.

5년 만에 받게 된 문서들

특별한 계기로 사건 관련 연구를 해온 지 10년이 훌쩍 지났다. 그동안 우여곡절이 많았는데, 이번 일도 예외는 아니다. 영국 정부에 정보공개를 청구한 것은 2010년. 외무성은 나의 신청을 기각했는데, 이의제기를 받아들여 문서 일부를 2011년 공개했다. 그러면서 3건의 문서에 대한 공개 여부

---

4) 연재는 2회에 걸쳐 이루어졌습니다. 〈통일뉴스〉, 2015년 4월 9일-14일.

를 더 검토하고 있다고 알려왔다. 담당자에게 연락을 했고, 문서들이 미국 관련 자료라고 알게 됐다. 그 뒤에도 몇 번 연락을 했는데 무슨 이유에서인지 답변이 없거나 보낸 편지가 그냥 되돌아왔다.

그러다 최근 연락을 다시 했는데 큰 기대는 하지 않았다. 그런데 이번에는, 당시 담당자 실수로 문서가 제때 전달되지 못했다며 영국 외무성이 정중한 사과와 함께 문서를 보내왔다. 정보공개를 처음 청구한 시기까지 따지면 5년 만에 문서를 받게 됐다. 몇 년 전 받을 수 있었던 문서를 지금에야 받게 되어 허탈하다. 하지만 포기하지 않고 끝까지 가면 뭔가 얻을 수 있다고 새삼스레 깨닫는다.

가장 주목되는 문서는 1988년 1월 11일, 한국 주재 미국대사관에서 쓰인 듯한 자료다. KAL858기 폭탄에 관한 내용이다. 작성자는 당시 치안본부(현 경찰청) 및 안보기관들과 긴밀한 관계에 있던 어느 정보원과 이야기를 나눴다. 정보원에 따르면 한국 관계자들은 폭발물이 "컴파운드 시(Compound C)"라는 것을 밝혀냈고, 이는 북쪽이 버마 랑군 사건 및 (1986년 9월 14일 아시아경기를 앞두고 일어난) 김포공항 사건에 사용한 물질과 비슷하다고 했다. 다만 이 폭발물은 (북쪽이든 누구에 의해서든) 흔히 사용될 수 있는 것(not all that uncommon)이라는 말이 덧붙여져 있다. 이 추가 설명이 정보원의 것인지 문서 작성자의 것인지는 알기 어렵다.

폭발물은 어디에 있었는가

내가 보기에 가장 중요하면서 논란이 될 수 있는 부분은 다음과 같다. 관계자들에 따르면, 폭발물은 비행기의 앞쪽 화장실, 조종실 바로 뒤쪽에 실렸던 것이 거의 확실했다(the explosive had almost certainly been planted in the front toilet, just behind the flight deck). 그런데 공식 수사결과에 따르면, 김현희는 폭탄을 좌석 7B와 7C 선반 위에 올려놓고 내렸다. 쉽게 무시할 수 없는 거리의 차이가 생긴다. 정보원이 전한 내용과 공식적으로 발표된 내용이 크게 다르다. 여러 가지 해석이 가능하겠다.

한편 김현희와 김승일의 옷에서 화약 흔적이 검출되었다는 내용도 있다. 그리고 무슨 말인지 확인하기 어렵지만, 이 문서를 읽은 이가 자필로 쓴 듯한 기록들이 지워져 있다.

1988년 1월 25일 영국 주재 미국대사관에서 쓰인 문서는 헝가리 주재 북 지도원에 대한 구체적 내용을 담고 있다. 김현희는 부다페스트에서 "전 지도원"의 도움을 받았다고 했다. 미국 국무부에 따르면, 김현희는 전 지도원이 45살-47살 사이로 보였고, 165㎝ 정도였으며 다부진 체격에 북쪽 양강도 사투리를 썼다고 진술했다. 그리고 1월 23일 국무부가 정례 기자회견을 앞두고 예상 질문과 답변을 준비했는데, 여기에는 미국 당국자가 김현희를 직접 봤는지에 대한 내용도 있다. 미국은 김현희를 심문했으며 그녀가 믿을 만한(credible) 증인이고, 진술을 스스로 자유롭게(freely) 했다고 한다.

이와는 별도로, 문서들을 검토하며 2011년에 받았던 자료들을 다시 보게 됐다. 그러면서 그때 미처 지적하지 못했던 부분을 발견했다. 영어로 된 수사발표 요약문으로 김현희와 김승일이 1987년 11월 12일 평양을 떠나기 전 했다던 충성선서식에 관한 내용이다. 아주 작은 부분이지만, 수사발표에 따르면 선서식은 "김정일" 초상화 앞에서 있었다. 하지만 (안기부가 고용한 작가에 의해 대필된) 김현희 수기에 따르면, 선서식은 "김일성" 초상화 앞에서 이루어졌다(『이제 여자가 되고 싶어요: 제1부』, 221쪽).

사과받을 당사자들은 어디에…

영국 외무성이 추가로 보내온 나머지 문서는 미국 하원 청문회 자료다. 이미 알려졌듯, 1988년 2월 4일 하원 아시아태평양 소위원회는 KAL858기 사건 청문회를 열었다. 이와 관련된 내용은 공개됐다고 할 수 있는데(국내 언론에도 보도됨), 영국 외무성이 자료를 보내기 전 미국 정부와 왜 협의를 해야 했는지 이해가 되지 않는다. 그렇더라도 미국 청문회 문서는 분명히 의미 있는 자료라 하겠다. 세계적으로 사건 관련 청문회를 가진 곳은 미국뿐이기 때문이다. 그리하여 중요하다고 생각되는 부분을 중심으로 정리하면 다음과 같다.

스티븐 솔라즈 당시 위원장에 따르면, 청문회 첫째 목적은 사건과 북쪽의 연결관계를 공식적으로 기록에 남기기 위해서였다. 그에 따르면 정황상 사건이 있고 바로 북의 개입을 의심했던(immediately suspect) 것은 자연스러운(natural) 일이었다(1쪽). 하지만 결정적 증거가 없는 상황에서 북쪽 책임을 묻기는 어려웠다. 그러나 남쪽 수사결과와 미국 및 다른 국가들의 도움으로 그는 뒤집을 수 없는 증거가 나왔다고 믿었다.

KAL858기 미국 하원 청문회

청문회에는 두 명의 증인이 나왔는데, 먼저 윌리엄 클라크 당시 국무부 동아시아태평양 부차관보였다. 그는 사건이 북 지도부가 문명의 원칙을 무시하고 있다는 점을 재확인해준다고 한다. 그리고 남쪽과 국제올림픽위원회는 북쪽에 올림픽경기의 일부를 치를 수 있게 하려 했는데, 북은 여기에 KAL858기를 폭파시키는 것으로 응답했다고 비판한다. 이에 반해 남쪽은 사건 대응 과정에서 놀라운 자제력과 정치력을 보여주었다고 덧붙인다.

흥미로운 점은, 속기록에는 나와 있지 않은 클라크 부차관보의 진술서다.

북쪽이 올림픽경기가 시작되기 9개월 전 사건을 일으킨 것은 대회를 방해하기에 부족했다고(insufficient) 한다(9쪽). 이는 미국 중앙정보국 문서에 나타난 북쪽 동기에 대한 의문과 비슷한 맥락에 있다. 올림픽경기를 방해하기에는 시기가 너무 빨랐다는 것이다. 다만 클라크 부차관보는 만약 사건이 밝혀지지 않았다면 북쪽은 그 뒤로 더 자유롭게 테러를 저질렀을 것이라고 덧붙인다.

또한 친필지령에 관한 부분도 주목된다. 그는 독립적 증거의 확보 가능성에 부정적이었다(will most likely never obtain independent evidence)(9-10쪽). 동시에 지령에 대한 김현희 자백이 분명히 믿을 만하다고 했다. 사건 관련 절대적 증거가 바로 김현희 진술이라는 점을 재확인해주는 대목이다.

다음으로 클레이튼 맥매나웨이 국무부 테러담당 부대사가 증인으로 나왔다. 그에 따르면, 미국 목표는 북쪽의 미래 테러행위를 막는 것이다. 맥매나웨이 부대사는 청문회에서 그때까지 알려지지 않았던 미국 조사 내용을 공개하는데, 미국 관리들이 김현희에게 사진들을 보여주자 두 명의 북쪽 인물을 지목했다고 한다. 헝가리 부다페스트에서 함께 묵었던 한송삼과 비행기 폭파 지령을 전달했던 이용혁이다.

속기록에 나온 내용과는 별개로, 부대사의 진술서에 따르면 미국은 KAL858기 사건을 계기로 공항에서 비행기 탑승 전 폭발물 및 다른 무기를 검출하기 위한 새로운 기술 개발을 시작했다. 그리고 이미 진술한 내용이기도 하지만, 올림픽의 안보 문제와 관련해 한국과 협조하고 있다는 점을 특별히 언급한다.

두 증인의 진술이 끝난 뒤 질의응답 시간이 이어졌다. 여기에서 그동안 비교적 알려지지 않은 내용을 하나 지적하면, 짐 리치 의원은 북쪽에 제재를 가하는 방법을 논의하는 과정에서 북쪽이 '외교관 등 국제적 보호 인물에 대한 범죄 예방 및 처벌에 관한 협약(Convention on the Prevention and Punishment of Crimes Against Internationally Protected Persons, Including Diplomatic Agents)'을 위반했는지 문제를 제기한다(24쪽). 왜냐하면 탑승객 가운데는 강석재 이라크 총영사도 있었기 때문이다.

위 내용을 포함한 토의가 진행된 뒤 결의문 채택을 위한 논의가 이어진
다. 솔라즈 위원장은 결의문 관련 논의는 이제까지 다른 사람이 진행해왔
지만 이 사건만큼은 자신이 직접 하겠다고 말문을 연다. 왜냐하면 그는 30
여 년 전 북쪽에 갔던 존 글렌 의원 이후 북을 방문했던 유일한 의원이기 때
문이다(글렌 상원의원은 한반도전쟁 당시 미국 전투기 조종사로 참전했다).
솔라즈 의원은 1980년 북을 방문하여 당시 김일성 주석과 4시간을 함께했
다며, 김영남 외무상과 만난 일도 언급한다.

이 논의를 끝으로 1시간 정도 진행됐던 청문회는 마무리된다. 참고로,
2011년 공개됐던 비밀문서에 따르면 솔라즈 의원은 1988년 1월 5일 한국
에서 청와대 관계자와 면담을 하기도 했다. 청와대 관계자는 솔라즈 의원에
게 북이 사건에 개입했다는 확실한 증거를 갖고 있다고 전했다. 그리고 짐
리치 의원은 2001년부터 2006년까지 아시아태평양 소위원회 위원장을 맡
기도 했다. 이 기간에 리치 의원은 미국의 북한인권법안 통과를 주도적으로
이끌게 된다.

영국 외무성 사과와 의미

이번에 영국 외무성이 추가로 공개한 문서를 보며 느낀 점은, 먼저 미국
자료의 중요성이다. 하지만 개인적으로 더 중요하게 다가온 것은 영국 외무
성의 사과다. 외무성은 자신들의 잘못으로 문서 전달이 몇 년이나 늦어진
점을 솔직히 인정하고, 사과했다. 그리고 이를 공식 문서에도 기록으로 남
겨주었다.

정보공개 청구 과정과 맥락은 다르겠지만, 나는 실종자(및 가족)들과
한국 정부를 떠올리지 않을 수 없다. 예컨대, 사건을 대통령선거에 유리하
게 활용했던 '무지개 공작'에 대해 국정원(전 안기부)은 사과를 한 적이 있는

가? 내가 모르고 지나쳤을 수도 있지만, 이제까지 들어본 기억이 없다. 이는 수사결과를 인정하느냐 안 하느냐와는 다른 문제다. 공식 발표대로 사건의 책임이 온전히 북에 있다면 이 문제는 말할 수 없이 심각해진다. 그런데 누가 사과를 해야 하냐와는 별개로, 비극의 핵심은 정작 사과를 받아야 할 당사자들은 지금, 여기에 없다는 것이 아닐까?

5
호주 외무부

삶의 무게와 비밀문서의 무게

호주 비밀문서 (1)[1]

"내일 너희들이 들어야 할 역기는 너희들이 살아온 삶의 무게보다 가벼울 거다." 사람은 저마다 자신만의 삶의 무게를 안고 산다. 때론 가벼울 수도, 그렇지 않을 수도 있다. 역기를 들어내느냐 아니냐는 중요하지 않을 수 있다. 문제는 자신의 역기는 누구도 아닌, 자신이 들어야 한다는 것이다. 자신의 역기를 마음대로 선택할 수 있다면 좋겠지만, 늘 그러는 것은 아니다. 삶의 무게를 힘차게 들어낼 수 있으면 좋겠지만, 늘 그러는 것도 아니다. 영화 〈킹콩을 들다〉를 보며 KAL858기 관련 무게들을 떠올린다.

묵직한 비밀문서와 삭제된 분량

삶의 무게에 대한 생각은 최근 호주 정부가 보내온 비밀문서의 묵직한 무게로 이어진다. KAL기 사건 관련, 리처드 브로이노브스키 당시 한국 주

---

1) 연재는 4회에 걸쳐 이루어졌습니다. 〈통일뉴스〉, 2011년 11월 10일-12월 30일.

재 호주 대사와 전자우편 대화를 한 적이 있는데, 이를 계기로 정보공개 청구를 했다. 대사는 자신의 정치분과가 사건을 분석했고, "북쪽이 저지른 것일 수 있지만, 정확히 평양에 있는 누구를 비난해야 할 것인가에 대해서는 어떤 결정적 증거도 없다"는 결론을 내렸다 했다.

이번에 공개된 자료는 1년 정도 기간(1987년 11월 29일-1988년 12월 31일)에 해당하는 문서들로, 99건 251쪽에 이른다. 이 가운데 28건에 대해서만 완전공개 결정이 내려졌고, 57건은 부분공개, 14건은 비공개 결정이 내려졌다. 전체 문서 3분의 2 이상이 어떤 형태로든 지워진 상태로 공개된 것이다. 호주 정부는 90여 건의 문서가 더 남았다고 알려왔다. 참고로, 각각 200쪽 정도 분량의 7개 파일 뭉치, 따라서 1,400쪽 정도가 별도로 있는데 분량이 너무 많기 때문에 외교전문(cable)에 기록된 자료들에 대해서만 공개 여부가 결정됐다(1년치에 해당하는 기록들이니 이후까지 계산하면 전체 기록물은 상당할 것으로 추측된다). 호주에는 관련 문서가 많지 않을 것으로 예상했는데 의외라 하겠다. 그러면 이번에 공개된 자료를 나름대로 정리해보고자 한다.

1987년 12월 2일 문서는 외무부에서 있었던 내부 회의내용을 담고 있다. 참석자들은 서울에서 쓰인 외신 〈아에프페 통신〉 기사를 바탕으로 북쪽이 관여했을 가능성이 있다고(the DPRK may be implicated in the sabotage) 논의한다(32쪽). 외신 자료는 부분적으로 김정기 당시 바레인 주재 대리대사의 말을 인용하고 있는데, 그는 김현희 행동을 관찰했을 때 그녀가 일본 총련에 소속됐을 가능성이 있다고도 했다. 1987년 12월 3일 문서는 바그다드에 있는 이라크대사관에서 쓰였는데, 이곳 외교관들이 개인적으로 사건에 관심을 갖고 있었다고 한다. 이유는 탑승객 중 한 명이었던 어떤 인물 때문이라고 하는데, 누구인지는 이름과 내용이 지워져 있다(38쪽. 강석재 당시 이라크 총영사로 추정된다). 일본 외무성이 주관한 기자회견(1987년 12월 3일) 내용도 있다. 당시 비비시 소속 기자가 각료회의 도중

두환 대통령이 일본 정보에 근거해 김현희-김승일이 북쪽 공작원일 가능성이 아주 크다고 말했던 것에 대해 물었다(42쪽). 외무성 관계자는 공식적으로 확인해줄 수 없다고 답변한다. 〈에이피 통신〉 기자는 김정기 대리대사가 바레인에서 진행된 (김현희) 조사에 참관을 했다는데 사실인지, 그리고 왜 한국 관계자에게 참관이 허용되었는지 묻는다. 외무성 관계자는 확인해줄 수도, 설명해 줄 수도 없다고 답변한다(46쪽).

"한국, 확실한 증거 없는 상황에서 북 비난"

1987년 12월 4일 문서는 서울에서 쓰였다. 이에 따르면 그때까지 확실한 증거가 없는 상황이었지만(ALTHOUGH THERE IS NO FIRM EVIDENCE) 정부 대변인들과 언론 사설들은 이미 북쪽을 비난하기 시작했다(53쪽). 그러면서 잔해가 발견되거나 김현희가 입을 열기 전까지는 어떤 정확한 원인도 알 수 없다고 덧붙인다. 같은 날 쓰인 문서에는 〈연합통신〉 영문기사가 실려있는데, 김정기 대리대사가 병원에 있는 김현희를 방문했을 때 그녀가 의식이 없는 것처럼 꾸민 듯하다고 외무부에 보고했다 한다(60쪽). 물을 입에 들이대자 물을 마셨다고도 한다. 중국 주재 대사관에서 쓰인 문서(1987년 12월 9일)도 있다. 호주대사관이 사건 관련 베이징에 있는 외교관들 및 중국 관리들과 접촉했는데, 중국은 북이 고립되는 것을 점점 우려하고 있었다(77쪽). 마지막 의견란에는 중국이 북의 예측불가능성(UNPREDICTABILITY)을 실질적으로 우려하고 있는 듯하다는 내용이 적혀 있다. 홍콩에서 쓰인 문서(1987년 12월 9일)도 있는데, 한국의 고위 외교 관료는 김현희가 한국으로 송환될 것으로 확신하고 있었다(79쪽). 김현희가 잡힌 지 일주일 남짓 지난 시점에 송환 여부가 결정되었다는 말이다.

1987년 12월 9일 문서에는 한국 〈코리아헤럴드〉 영자신문 기사가 실려있는데, 호주 관계자가 문서에 메모를 짧게 남겼다. 사건 관련해 동독이 중요할 수 있는데 최근 북쪽이 평양-동독 사이의 직항노선을 개설했기 때문이다(84쪽). 1987년 12월 10일에는 일본 외무성에서 또 다른 기자회견이 있었다. 〈에이피 통신〉 기자가, 김승일이 말레이시아 쿠알라룸프르에 있는 대사관에서 외교관으로 일했다는 보도에 대해 어떻게 생각하느냐고 묻는데, 외무성 관계자는 보도가 아주 믿을 만하다고 답변한다. 이어서 다른 기자가, 이것 외 북쪽의 관여를 확인할 수 있는 내용들이 더 있느냐고 묻자, 외무성 관계자는 공식적으로 없다(Officially, no)고 답변한다. 그러면 비공식적으로는 있느냐고 또 다른 기자가 질문을 하자, 관계자는 신문을 통한(Through the newspapers) 내용이라고 답변한다(95쪽). 그만큼 언론, 구체적으로는 '신문'이 사건 이후 전개과정에서 중요한 역할을 했다. 일본이 김현희 송환을 추진할 것이냐에 관한 내용도 있는데 관계자는 그렇게 하지 않기로 했다며 공식적으로 확인해준다(96쪽). 앞의 홍콩대사관 문서에서도 알 수 있지만, 늦어도 12월 9일 기준 김현희 한국 송환이 결정되었던 것으로 보인다.

당시 한국의 심문 기법

호주 문서에는 그동안 많이 알려지지 않았다고 생각되는 한국 영자신문 기사들이 자주 발견되는데, 1987년 12월 12일 문서도 그러하다. 〈코리아 타임스〉는 일본 경찰의 말을 인용, 김현희가 한국으로 송환될 것이라는 이야기를 듣고 눈물을 터뜨렸다고 전한다. 일본 경찰은 김현희 심경을 고려했을 때, 그녀가 한국으로 송환되기 전(BEFORE HER EXTRADITION TO KOREA) 사건의 진실을 말할 수도 있을 것이라고 했다(103쪽). 1987년 12월 15일 문서에는 김현희가 한국으로 송환되었다는 언론 보도가 실려있다. 흥미로운 것은 호주 외무부 관계자가 문서에 남긴 메모다. 김현희의 죽은 남자 동료(HER DEAD MALE COMPANION)도 같이 송환되었다는 대목에 밑줄이 그어져 있는데, 여기에 "한국의 심문 기법을 고려했을 때, 그는 결국 말을 하게 될 것이다(Knowing Korean interrogation techniques, he'll eventually talk)"고 적혀 있다 (106쪽). 외무부 관계자가 김승일이 살아 있다고 착각한 상태에서 그랬던 듯한데, 당시 한국 정보당국의 심문 기법에 대한 인식을 알 수 있는 대목이라고 생각된다. 1987년 12월 16일 문서는 버마 해안에서 발견된 잔해에 대한 〈연합통신〉 영문기사를 담고 있다. 권병현 당시 버마 주재 대사는 비행기가 테러범의 폭탄으로 공중폭파된 것이 틀림없다고 말했다(113쪽). 1987년 12월 18일 〈연합통신〉 영문기사는, 김현희가 서울 도착 이후 삶에 대한 강한 애착을 보이고 있기 때문에 고백할 것이라는 익명의 수사당국 관계자 말을 인용한다(115쪽).

친필지령 증거가 있는가

호주 비밀문서 (2)

서울에서 쓰인 1987년 12월 22일 문서에 따르면, 여성 용의자가 아직 말을 하지 않고 있었지만(HAS NOT YET TALKED), 한국 당국은 북쪽 관련 고리를 보여줄 강력한 증거가 드러날 것으로 확신하고 있었다(118쪽). 이는 요약된 내용인데, 문서 내용 자체는 지워져 있다. 한국은 김현희 '자백'이 있기 전 결론을 이미 확신하고 있었다는 말이다. 1987년 12월 24일 문서는 버마 랑군에서 쓰였다. 버마 관계자에 따르면, 정황 증거로 볼 때 북쪽 책임 가능성에 무게가 실리고 있었다. 북 공작원들은 잡힐 때 흔히 자살을 시도한다는 것이다(120쪽). 일본 적군파의 경우 자살을 절대 하지 않는다고 덧붙였다.

1988년 1월 12일 문서는 한국 주재 호주 대사가 썼다. 리처드 브로이노브스키 대사는 하루 전날 어떤 이(조 아무개)와 점심 식사를 같이 했는데,

이 관계자는 김현희가 자백했으며 북쪽 고위 관료의 딸이라고 전했다. 아울러 그녀가 사형당할 것 같지는 않다며, 한국 사회에 정착할 수 있는 기회 (REHABILITATION INTO THE SOUTH KOREAN SOCIETY)를 제공받을 수도 있다고 했다(135쪽). 곧, 정부는 공식 수사결과를 발표하기 전부터 김현희 사면을 계획하고 있었다. 미국 주재 대사관에서 쓰인 1988년 1월 13일 문서에 따르면, 미국 관계자는 수사발표 기자회견 관련 그 (빠른) 속도를 우려하고 있었다(138쪽). 한국은 미국에게 발표를 빨리 지지해줄 것을 촉구할 예정이었는데, 그러한 지지는 시간 제약상 어려울 수 있다고 했다. 그럼에도 지금 단계에서 결과의 신뢰성을 의심할 이유는 없다고 덧붙였다.

친필지령, "증거가 있는가?"

호주 대사가 쓴 또 다른 문서는, 한국 수사발표 자료에 관한 것이다. 대사는 몇몇 흥미로운 사진들이 있다고 언급하며, 이들이 1월 16일-17일 언론에 널리 사용되었다고 적었다(147쪽). 물론 여기에는 나중에 잘못된 것으로 밝혀진 김현희 '화동사진'도 있다. 그리고 언론이 북을 비난하고 있지만 군사적 보복이나 제재에 대해서는 적극적이지 않다고 덧붙였다. 이어진 문서는, 한국 외무부가 각국 대사들을 위해 가진 설명회와 관련되었다. 여기에는 안기부가 지어낸 것으로 알려진, 김현희가 여성 조사관의 가슴에 파묻히며 자백하기 시작했다는 내용도 포함되어 있다. 그리고 대사는 발표가 설득력이 있었다며 언론이 어떻게 다룰지 적고 있는데, 언론이 자극적으로 다룬다면 북에 강하게 보복하라는 압력이 높아질 수 있다고 예상했다(163쪽). 똑같은 내용의 문서에 누군가의 메모가 보태진 문서도 따로 있다. 이 공작이 김정일 현 위원장의 '친필지령'으로 지시되었다는 부분에 대해, 관계자는 "핵심사항이지만, 증거가 있는가?(A key point, but is there evidence?)"라고 적었다(166쪽). 그리고 김현희가 침대를 북쪽식으로 정리했다는 부분에서는, "이것이 남쪽과 다르단 말인가?!"(Is this different from the south?!)라며 의아함을 표시했다(167쪽).

1988년 1월 18일 문서는 중국 베이징(북경)에서 쓰였다. 문서는 사건에 대한 중국의 반응을 전하는데, 중국의 조심스러운 중립적 입장은 (CAREFUL NEUTRALITY) 한반도 문제에서 북을 지지해왔던 관행을 생각했을 때 좀 의외라고 했다(170쪽). 같은 날 쓰인 또 다른 문서는 호주 정부가 지지를 요청한 한국에 어떻게 답할 것인가를 다룬다. 호주는 한국 발표에 따른다면 북 정보기구가 관여했을 가능성이 많다고 판단했다. 하지만 김정일 현 위원장이 올림픽경기를 방해하기 위해 공작을 지시했다는 결론을 완전히 받아들일 것인가에 대해서는, 증거를 조심스럽게 검증할 필요가 있다고(EXAMINE THE EVIDENCE CAREFULLY) 했다(171쪽).

같은 날 미국 워싱턴에서도 문서가 쓰였는데, 미국은 한국이 북에 절제되고 책임 있는 방식으로 대응하도록 권유할 것이라고 기록되어 있다(181쪽). 이 관계자는 지금까지 한국의 대응은 절제된 것이었다며 이유는 올림픽경기와 민주화과정 때문이라고 분석했다. 한편 1988년 1월 18일 호주-중국 군축회담이 있었는데, 호주는 저녁 식사 자리에서 KAL기 사건을 언급할 계획이었다. 회담 관계자는 호주의 입장, 곧 북 공작원이 관여했을 가능성은 많이 있지만, 김정일 현 위원장이 개인적으로 개입했는지에 대해서는 알 수 없다는(unable to assess whether Kim Jong-il was personally involved) 내용을 전할 예정이었다(189쪽).

1988년 1월 21일 문서는 서울에서 쓰였다. 이에 따르면, 한국 정부가 북에 대한 국제적 비난을 얻어내려 많이 애쓰고 있었지만 대부분의 정부들은 사건을 북쪽과 직접 연관시키기를 꺼려했다(RELUCTANT TO MAKE THE DIRECT CONNECTION WITH NORTH KOREA)(216쪽). 모스크바에서 쓰인 1988년 1월 20일 문서는 북쪽이 가졌던 기자회견을 다룬다. 관영통신사인 〈타스 통신〉에 사건 관련 언급이 적은 것은 그만큼 소련이 공개적으로 개입하는 것을 꺼려한다는 증거라고 한다. 아울러 그동안 우호 국가들의 기자회견 때와는 다르게 통신사가 북쪽 기자회견을 미리 홍보하지 않았다는 점도 덧붙였다(223쪽). 앞서 언급했듯 호주는 한국의 지지 요청에 어떻게 대응할 것인지 논의했다. 빌 헤이든 호주 외무부 장관은, 처음에는(earlier) 누가 했는지를 지칭하지 않은 상태로(without identifying a perpetrator) 우려와 비난을 표시해야 한다고 느꼈다(229쪽). 왜 처음에 그렇게 느꼈는지에 관한 부분은 지워져 있다. 참고로 헤이든 장관은 1988년 1월 22일 공식 성명을 발표하는데, 여기에는 북 책임을 짧게 언급한 대목이 포함되었다(249쪽).

호주 비밀문서의 의미

이것으로 이번에 공개된 호주 비밀문서를 나름대로 정리해보았다. 호주 문서는 몇 가지 점에서 의미가 있다고 생각한다. 먼저, 분량이 많다는 것이다. 이는 호주가 다른 영어권 국가(미국, 영국)와 비교했을 때 청문회를 열지도, 유엔 안보리 논의에 참여하지도 않았다는 점에서 의외라 하겠다. 물론 그 많은 자료들이 얼마나 가치 있느냐는 다른 문제다. 한편 이번에 공개된 99건의 문서 중 완전공개된 문서는 3분의 1에도 못 미친다는 점을 다시 강조하고 싶다. 부분 또는 완전삭제된 내용들은 대부분 호주-한국의 관계에 해를 끼칠 위험(damage to our relations with the Republic of Korea), 또는 국가들 사이의 비밀유지 등이 이유였다.

다음으로 이제까지 공개된 국가들 문서와 달리, 북쪽 입장이나 관련 기록들이 '비교적' 자주 보인다는 점이다. 이 글에서 구체적으로 언급하지는 않았지만, 북이 냈던 거의 모든 공식 성명들이 기록으로 남겨져 있다. 다른 국가들과 비교했을 때, 해외 주재 대사관들 문서가 자주 보인다는 점도 특징이라 하겠다. 그리고 호주는 (적어도 문서상) '북쪽 관여 가능성은 많지만 김정일 현 위원장 지시 여부는 확실하지 않다'는 입장을 지녔던 것 같다. 이는 첫째 글에서 언급된 호주 대사의 말과 비교적 일치하는 것이다(참고로 그는 올림픽 겨냥 부분에도 의문을 표시했다).

끝으로 덧붙이면, 호주 비밀문서가 공개되어 '개인 연구차원에서' KAL858기 사건 관련, 지금까지 5개국에 정보공개 청구를 한 것이라 할 수 있다. 그 국가들은 한국, 미국, 영국, 호주, 그리고 스웨덴이다(한국과 미국의 경우, 다른 분들도 청구를 하였다). 나중에 기회가 되면, 5개국 동시 정보공개 신청을 하며 느낀 점을 따로 정리하고 싶다.

2011년 11월 29일, 사건의 24년 추모일이 다가온다. 115분의 실종자와 그 가족분들, 그리고 어떤 형태로든 사건과 관련이 있을 또 다른 많은 분들. 이유는 다르겠지만, 저마다 사건과 관련된 삶의 무게들이 있지 않을까 싶다. 폭파범으로 알려진 김현희 씨도 예외는 아니라고 생각한다. 방식은 다르겠지만, 그 무게들이 조금이나마 덜어질 날이 하루 빨리 오기를 빈다.

호주에 실망한 한국?

호주 비밀문서 (3)

"누가 더 진심으로 다가가느냐 … 범죄라는 게 인간 사이에 벌어지는 일 아니겠습니까. 진심을 다해서, 순정을 다 바쳐서 하면 안 될 일 없다." 경찰대를 다니던 그녀는 사고로 시력을 잃었다. 범인 얼굴도 못 보는 장애인이 경찰이 된다는 것은 웃기다는 그녀에게 현직 형사가 말한다. 눈으로 보고 못 보고는 중요하지 않다고. 가장 중요한 것은 어떤 마음으로 사건을 대하느냐는 태도의 문제라고. '앎'이 누구의 기준에서 어떻게 구성되었는가를 생각하게 만드는 영화, 〈블라인드〉다(편의상 사투리는 다듬었다).

공식 결과가 나왔지만 '물증'을 둘러싼 문제들이 이어지고 있(다고 생각하)는 KAL858기 사건을 떠올려본다. 도대체 누구 말이 맞는 것일까? 누구의 진심을 믿어야 할까? 아니, 과연 이 사건은 진심의 문제일까? 사건에서 '증거'란 어떻게 알 수 있고 어떻게 해석되어야 하는가?

전체의 4분의 1만 완전공개

지난번에 이어 호주 외무부가 비밀문서를 보내왔다. 이번 결정은 115건의 문서를 대상으로 이루어졌는데, 완전공개 30건, 부분공개 69건, 비공개 16건이다. 이 가운데 비공개 결정이 내려진 문서들은 비밀정보기관에 관한 내용 또는 국가들 사이의 비밀유지 등에 관한 것들이다. 그러나 가장 주된 이유는 '정보공개 신청 범위 이외'라는 것인데, 공개 신청을 했을 때 문서 범위를 '외무부의 분석'으로 한정했기 때문인 것으로 추측된다. 당시 외무부는 관련 문서가 매우 많기 때문에 범위를 한정하는 것이 어떻겠냐고 제안했고, 나는 편의상 이를 받아들여 (특히 문서를 되도록 빨리 얻기 위해) 범위를 조정했다. 이것이 정확한 이유인지는 모르겠으나, 결론적으로 115건의 문서 중 4분의 1 정도만 완전공개가 되었다고 할 수 있겠다. 그러면 지금부터 자료를 나름대로 정리해보고자 한다.

호주 외무부는 1988년 1월 22일, KAL기 사건이 서울올림픽을 방해하기 위한 북의 테러로 밝혀질 것인가에 특히 관심이 많이 있다고 밝혔다 (259쪽). 올림픽 개최가 비사회주의권 국가들 사이에서도 지지를 받고 있었기 때문인데, 사건이 북 테러로 밝혀지면 이는 북의 국제적 평판을 심각하게 훼손하고 호주와의 관계에도 영향을 줄 것이라 적었다. 같은 날 미국에서 쓰인 문서에는 유고슬라비아 관련 내용이 담겼다. 문서에서 지워진 어떤 정보원에 따르면, 한국은 유고가 김현희 일행이 두 명의 아시아계 남성과 접촉했고 이들에게서 폭약을 건네받았다는 점을 인정했다 한다. 그런데 유고 정부는 한국의 판단을 받아들이기 꺼려한다고(APPARENTLY

RELUCTANT TO ACCEPT) 적었다(270쪽). 또한 역시 지워진 정보원에 따르면, 미국의 북에 대한 제재는 둘 사이에 외교관계가 특별히 없기 때문에 효과는 작을(IMMATERIAL) 것이라고 했다.

1988년 1월 28일에는 미국대사관 관계자와 호주 관리 사이에 대화가 있었다. 호주 관리는 외무부 장관 성명서가 북 비난에 호주가 적극적이지 않다는(unilingness) 뜻으로 받아들여져서는 안 된다고 강조한다(287쪽). 호주는 혹시 있을지 모르는 북 외교관계 수립 제의를 서울올림픽 뒤에 받기로 했었는데, 올림픽을 겨냥한 테러를 고려했던 조처라고 밝혔다. 이는 당시 호주가 북의 책임이라고 확실히 밝히라는 압력을 의식하고 있었다고 풀이된다.

1988년 1월 29일 문서는 호주 외무부의 사건에 대한 잠정 판단(PRELIMINARY ASSESSMENT)을 담고 있다. 문서에 따르면, 사건이 북에 의해 일어났다는 것에 대한 강한 증거들이 있다고 한다(290쪽). 그리고 1월 22일에 발표된 장관 성명서에는 북을 직접 지목하지 않았다면서 증거들을 더 검토한 뒤 장관에게 보고할 예정이라고 적혀 있다. 1988년 1월 29일 문서는 서울에서 호주 대사가 썼는데, 이에 따르면 한국 외교 관리로 추정되는 이가 외무부 장관 성명서에 대해 언급했다. 그는 대사에게 호주가 북 개입에 대한 (한국의) 분명하고 확실한 증거를(CLEAR AND UNEQUIVOCAL EVIDENCE) 인정했다면 더 좋았을 것이라고 말했다(293쪽). 어떤 면에서 호주 성명서가 그만큼 신중했다는 이야기인데, 호주 관리는 한국이 "실망했다는 뜻으로 들린다(Sounds to me like they were disappointed)"고 메모를 남겼다.

한편 호주 대사는 그에게 한국이 김현희 재판을 준비하고 있느냐고 물었는데, 한국 관리는 그러지는 않고 있다면서(THIS HADN'T OCCURRED) 중요한 제안으로 받아들이겠다고 한다. 1988년 2월 1일 문서는 유고슬라비아에서 쓰였다. 이에 따르면, 김현희 일행이 머물던 호텔에서 다른 아시아인들을 만났는가에 대해 호텔 직원들 말이 서로 다르다(315쪽). 그리고 일행이 유고의 북쪽대사관에 접촉했는가에 대해서는 어떤 증거도 없다고 했다. 한편 의견란에 유고와 한국 관계가 언급되어 있다. 유고는 한국과의 경제적 관계를 증진하는 데 관심을 갖고 있고 최근 이와 관련된 양국 사이 교류가 진행되어 왔다는 내용이다(317쪽). 다음 날 쓰인 문서에는, 한국이 유고의 국제형사경찰기구 지부에 접촉을 해왔다고 기록되어 있다(320쪽).

호주의 신중한 접근

1988년 2월 3일 문서는 김현희 면담에 대한 호주 정부의 고민을 담고 있다. 문서에 따르면, 한국은 호주 당국이 김현희와 면담할 수 있도록 하겠다며 호의적으로 나섰는데 호주는 제안을 받아들이지 않을 것으로(WE DO NOT HOWEVER INTEND TO PURSUE AN INVITATION) 암시했다(329쪽). 문서와 사진 증거만으로도 충분히 검증할 수 있다고 판단했기 때문이다. 동시에 우려했던 점은, 김현희를 면담하게 되면 그만큼 호주의 입장에 대한 한국 정부의 기대치를 불필요하게 높일 수 있다는 것이다(COULD NEEDLESSLY RAISE ROK EXPECTATIONS). 호주 정부가 얼마나 신중하게 접근하려 했는지 알려주는 대목이다.

모두에게 이득이 별로 없는

호주 비밀문서 (4)

작성 날짜를 알 수 없는 문서 하나는, 국제민간항공기구가 후원했던 어느 회의에 관한 내용을 담고 있다(항공법에 대한 국제회의였던 것으로 보인다). 몇몇 국가들이 시작 연설에서 KAL기 사건을 언급할 수 있겠지만, 호주 대표단은 사건이 회의에서 의제로 다뤄지는 것에 반대해야만 한다고

(should oppose) 되어 있다(332쪽). 왜냐하면 이 회의는 기술적 문제를 다루기 위한 것이지 정치적인 사안을 다루는 것이 아니었기 때문이다. 1988년 2월 4일에는 유엔 관리와 호주 외무부 사이에 사건 관련 대화가 있었다. 문서에 따르면, 한국은 항공기구 이사국 회의에서 KAL기 사건 결의안 채택을 추진하며 호주의 지지를 바랐다. 외무부 관리는 현재 외무부가 의견을 밝힐 입장에 있지 않으며, 1월에 발표된 장관 성명에서처럼 북이 개입했는지에 대한 증거 검토가 진행 중이라고 말한다(340쪽).

김현희는 1987년 12월 28일에 자필진술서를 썼다고 알려졌는데, 진술서가 번역되어 첨부된 문서도 있다. 시작부분에는 김현희가 어떤 상황에서 진술서를 썼는지 알 수 없다는(WE DO NOT KNOW THE CONDITIONS UNDER WHICH KIM WROTE HER CONFESSION) 내용이 있다. 하지만, 그녀가 서울에 도착한 지 9일이 지나 협조하기 시작했다는 한국 당국의 말을 바탕으로, 자백이 자발적으로 이루어졌을 것으로 추정된다고 적혀 있다(358쪽).

북 개입에 대한 증거

1988년 2월 12일 문서에는 앞서 나온 항공기구 회의 내용이 있다. 2월 8일 박쌍용 당시 외무부 차관이 몬트리올에서 열린 회의에 참석해 북이 KAL기를 폭파하는 데 개입했으며 이는 국제민간항공협정을 위반한 범죄라고 말했다(365쪽). 이와 같은 한국 입장을 미국, 영국, 일본, 스웨덴, 칠레 등이 지지했다. 같은 날 뉴욕에서 쓰인 문서는 유엔 안보리 회의에 관한 것이다. 한국의 아주 적극적인 로비와(INTENSIVE LOBBYING) 일본의 지지를 바탕으로 2월 16일 회의에서 KAL기 사건이 의제로 다루어지게 되었다고 한다(369쪽). 한국은 결의안 투표가 이루어질 경우 9표-10표 정도를 이미 확보한 상태였는데, 결의안 채택보다는 북 테러행위를 강조하는 데 회의를 이용할 가능성이 있다고 되어 있다.

1988년 2월 12일에 쓰인 또 다른 문서는 KAL기 사건에 대한 북 개입 여부를 다룬다. 문서는 혹시 있을 호주 의회 논의와 호주 부수상(LIONEL BOWEN)의 2월 25일 노태우 대통령 취임식 참석을 부분적으로 고려해 쓰였다(372쪽). 이에 따르면, 당시까지 확보 가능한 증거들은 한국 수사결과가 상당 정도 맞다는 것을 일러주고 있었다(SUBSTANTIALLY CONFIRMS THE ROK INVESTIGATION). 구체적 내용 부분에는 폭약 항목이 있는데, 김현희가 설명한 폭약을 확인하는 것은 불가능하지만, 그때 발견된 소량의 잔해 분석 결과 아주 강력한 폭발물이 사용되었다고 알 수 있었다(374쪽). 정보 출처는 지워져 있는데, 당시 국립과학수사연구소 분석에 따르면 폭발물 흔적은 없던 것으로 되어 있다. 따라서 이 부분은 더 조심스럽게 검증되어야 할 듯싶다.

외무부는 1988년 2월 16일 기준, 사건에 대한 호주 입장을 내부적으로 정리한 듯싶다. 이는 유엔 안보리 논의와 관련된 것이기도 하다. 문서에 따르면, 호주 정부는 다양한 정보를 분석한 결과 북 정보기관이 KAL기 폭파를 계획하고 실행했다는 설득력 있는 증거가 있는 듯하다고(THERE APPEARS TO BE CONVINCING EVIDENCE) 판단했다(389쪽). 그리고 북에 의한 테러를 강력히 비난한다는 입장이었다. 사건 발생 뒤부터 신중한 입장을 유지해오던 호주는, 한국 수사발표, 자체 검토 등을 거쳐 유엔 논의를 앞두고 이러한 판단에 이른 듯하다. 1988년 2월 17일 문서는 유엔 안보리 논의가 끝나고 쓰였다. 호주는 논의 마지막 분위기를 북쪽과 다른 한 쪽, 다시 말해 남쪽-일본-미국-바레인 사이의 신경질적이고 험악한 싸움으로(TIRESOME SLANGING MATCH) 그리고 있다(406쪽). 나아가 회의 결과는 남쪽과 북쪽 모두에게 별로 이득이 되지 않았다고(LITTLE GAIN TO EITHER THE ROK OR DPRK SIDES) 정리한다. 개인적으로 KAL858기 사건의 의미는 이것이지 않나 싶다. 북이 했든 누가 했든 (장기적 안목에서) 사건의 '승자'는 결국 없다는 생각이다. 굳이 승자를 따진다면, 분단이라는 상황 자체이지 않을까.

　같은 날 쓰인 또 다른 문서에는 이재형 당시 국회의장이 보낸 국회결의 안이 이장수 호주 주재 한국 대사 이름으로 첨부되어 있다. 국회는 북이 사건에 관련된 이들을 처벌하고 KAL기 가족들에게 보상금을 줄 것을 촉구했다(398쪽). 1988년 2월 19일 문서는 남북/북남관계의 정치상황을 다루고 있다. 흥미로운 것은 박세직 서울올림픽 조직위원장의 말이다. 박 위원장은 중국과 소련 선수들에게 되도록 빨리 도착하라는 요청이 갈 수도 있는데, 이유는 그 나라 선수들이 오게 되면 북이 테러를 일으킬 가능성이 적어지리 라는 판단 때문이었다(408쪽).

　1988년 3월 4일 기준, 호주 외무부에서는 한 편의 편지 초고가 작성되고 있었다. 이는 조기덕 당시 시드니 한인회장에게 보내는 답장이었다(435쪽). 외무부는 위에 나온 호주 입장을 전달하려 했다. 한인회장이 어떤 내용의 편지를 보냈는지 확인하기 어렵지만, 편지가 KAL기 사건에 대한 것이라는 점은 충분히 추측할 수 있다. 1988년 3월 7일 문서는 미국에서 쓰였다. 신원이 지워진 어떤 이의 발언이 기록되어 있는데, KAL기 사건은 (평양에 있는 특정 정치 집단이 갑자기 꾸민 것이 아니라) 북이 몇 년에 걸쳐 오랫동안 계획해왔던(PREPARATION FOR SEVERAL YEARS) 것이라 한다 (438쪽).

　1988년 3월 11일 문서는 국제민간항공기구 회의 내용을 담고 있다. KAL기 사건이 항공기구 이사국 회의 의제로 채택되었는데, 논의 과정에서 소련, 체코슬로바키아, 쿠바, 중국 등이 반대했다(446쪽). 회의 관련 또 다른 문서에는 한국이 이사국 회원이 아니기 때문에 미국이 결의안을 대신 올리기로 했다고 되어 있다. 호주는 결의안이 서구 국가들의 지지만을 받는다면 서구-동구권 사이의 문제로(East-West issue) 변질될 수 있는 위험성이 있다고 적었다(454쪽). 1988년 4월 12일 문서는 일본의 어느 월간지 (MONTHLY KENDAI CHOSEN) 내용을 다루고 있다(514쪽). 월간지에 글을 쓴 쿠니 아키라에 따르면 최근 소문이 하나 있었는데, 중국이 북에 대해 사건과 관련된 해명을 강력하게 요구했다는 것이다. 북은 강하게 거부했다는데 이 일이 정말 있었는지는 문서상 확인하기 어렵다.

2012년, 사건 발생 25년

2012년은 KAL858기 사건 발생 25년이 되는 해다. 공교롭게도 한국에서는 국회의원선거, 대통령선거 등 중요한 정치일정이 있다. 1987년에는 대선을 하루 앞두고 서울에 도착한 김현희가 선거에 영향을 준 것으로 이야기된다. 이명박 정부 들어 다시 활동을 시작한 김현희가 25년이 지나 치러질 선거에는 어떤 영향을 주게 될지 지켜볼 일이다. 그런데 선거도 중요하지만, 이보다 중요한 것은 따로 있다고 생각한다. 사건으로 직접적이고도 회복될 수 없는 피해를 입은 당사자들. 선거 같은 거대한 이야기들 속에 정작 115분의 실종자와 그 가족들 이야기는 묻혀버리기 쉽다. 1987년은 물론 그 이후에도 그랬듯이… 2012년은 과연 어떠할까.

증거가 분명한가?

호주 비밀문서 추가 (1)[2]

"시간이란 많이, 또는 적게 가질 수 있는 것이 아니다 … 시간은 바로 지금이다. 네가 존재하고 있는 그 순간, 그것이 시간이다." 네덜란드 드라마 〈아담과 에바〉에 나오는 대사다. 주인공인 에바가 큰 병에 걸린 가족을 방문했을 때 들은 말이다. 시간은 누구도 소유할 수 없다. 그렇다. 시간은 양

---

2) 연재는 3회에 걸쳐 이루어졌습니다. 〈통일뉴스〉, 2016년 3월 29일-4월 25일.

의 문제라기보다, 존재 자체 또는 그 지속의 문제일 수 있다. 이런 맥락에서 "시간이 멈춰버렸다" 같은 표현을 다시 생각하게 된다. 어느 순간, 어떤 존재들의 시간이 갑자기 사라져버린 경우. 살았는지 죽었는지 모른다. 다만 멈춰버린 시간만이 존재할 뿐.

멈춰버린 115명의 시간

KAL858기 사건도 마찬가지 아닐까. 1987년 11월 29일, 누군가의 시간이 멈춰버렸다. 그렇게 멈춰버린 115명의 시간은, 다른 존재들의 시간에도 영향을 준다. 예컨대 어느 실종자 가족은, "저는 지금 살지 않고 그때 남편하고 같이 죽지 않았나 생각해요"라고 말한다(박강성주,『슬픈 쌍둥이의 눈물』, 189쪽). 이 가족의 시간 역시 그날 멈춰버린 것이다. 물론 이 정도는 아니지만, 연구자인 나의 시간도 끊임없이 영향을 받는다. 이 사건에서 내 자신이 영원히 벗어날 수 없을 듯한 느낌이 들기도 한다. 버겁고, 부담스럽다. 누가 시킨 것이 아니다. 어느 순간 KAL기 사건은 내 존재의 많은 부분을 차지하게 됐다.

누가 시키지 않았는데도 한 일 가운데 하나가 호주 정부에 대한 정보공개 청구다. 최근 나는 호주 외무부와의 행정심판으로 비밀문서를 더 얻어낼 수 있었다. 과정은 복잡했다. 정보공개를 처음 청구했던 때는 2010년. 외무부는 2011년 문서 일부만을 공개했고 나는 바로 이의 신청을 했다. 결과가 좋지 않아 2012년 정보공개 업무를 담당하는 호주의 독립기관으로 사건을 가져갔다. 시간이 좀 걸렸지만 이 기관은 (내 느낌에) 비교적 성실하게 조사했다. 그런데 2014년 호주 정부가 이 기관의 폐지 계획을 발표했고, 나는 해당 기관의 권고에 따라 2015년 마지막 수단으로 행정심판을 청구했다. 그리하여 이번에 외무부와 '합의'에 이르렀고, 문서를 받을 수 있었다. 몇 년에 걸친 마라톤이다.

새로 공개된 문서 가운데 가장 주목되는 부분은 '증거'와 관련되었다. 먼저 미국 주재 호주대사관에서 쓰인 문서다. 1987년 12월 7일 호주 관계자는 토마스 던롭 당시 국무부 한반도 담당자를 만났다. 미국 설명에 따르면, 사건 원인 관련 증거는 정황적(CIRCUMSTANTIAL)이며 원인을 밝혀내고 책임을 묻는 일은 불가능(IMPOSSIBLE)했다(74쪽).

12월 21일에는 서울 주재 대사관 관계자가 누군가와 대화를 나눴다(누구와 만났는지 알 수 있는 대목은 지워져 있다). 이에 따르면 김현희와 북쪽을 연결해주는 유일한 구체적 정보(THE ONLY CONCRETE INFORMATION)는 그녀가 자살 시도에 이용한 캡슐뿐이었다(118쪽). 1983년 버마 아웅산 사건에서도 북 공작원들이 똑같은 방법을 사용했다 한다.

뉴질랜드 정부 비밀문서 역시 주목된다. 일본 주재 뉴질랜드대사관에서 12월 15일에 쓰인 이 문건은 우메모토 가즈요시 일본 외무부 동북아시아 부과장과의 대화 내용을 담고 있다. 일본은 구체적인 증거가 없기 때문에(AS THERE WAS NO CONCRETE EVIDENCE), 그때까지 북에 아무런 조치를 취하지 않았다고 밝힌다(104쪽). 일본이 적어도 초기에는 증거에 신중했다고 일러주는 대목이다.

이 논의들은 김현희 자백이 있기 전(수사결과에 따르면 1987년 12월 23일)에 이루어졌다는 점에서 중요하다. 남쪽 정부와 대한항공사는 사건 발생 직후부터, 특히 하치야 마유미(김현희)가 바레인 공항에서 잡힌 12월 1일을 계기로 사건이 북의 테러라고 확신했다. 대표적 예는 안기부가 대한항공기 사건이 "북괴의 공작임을 폭로, 북괴만행을 전 세계에 규탄하고 국민들의 대북 경각심을 고취시킨다는 목적"으로 12월 2일부터 추진한 '무지개 공작'이다(자세한 내용은 박강성주,『KAL858, 진실에 대한 예의』, 242-246쪽). 이는 위에서 살펴본 "정황적", "불가능", "구체적인 정보가 없기 때문에" 등의 표현과는 차이가 있다.

분명하지 않은 증거

그렇다면 김현희 자백이 이루어진, 또는 남쪽 수사결과가 발표된 뒤의 상황은 어땠을까? 증거가 분명하지 않기 때문에(as evidence not yet clear) 북쪽을 비난하기는 어렵다(177쪽). 바로 1988년 1월 18일 빌 헤이든 호주 외무부 장관의 말이다. 이와 같은 우려와 신중함은 1월 20일 문서에서도 볼 수 있다. 호주 정부는 수사결과를 지지해달라는 요청을 받고 "폭파"를 원인으로 받아들이기에는 오직 제한된 증거(only limited evidence)만이 있기 때문에 조심스러운 입장을 취하기로 한다(231쪽).

한 가지 짚고 넘어가야 할 부분이 있다. 남쪽 수사결과에 조심스러워하던 호주가 유엔 안보리 논의(1988년 2월 16일–17일)를 앞두고 입장을 바꾸었다. 2011년에 공개됐던 문서에 따르면, 호주는 1988년 2월 16일 북쪽과 사건의 연관 가능성에 대해 "설득력 있는 증거가 있는 듯하다"고 판단했다. 이처럼 호주 입장은 종합적인 맥락에서 검토되어야 한다고 생각한다.

그럼에도 안기부가 발표했던 수사결과는 (위에서 호주가 지적했듯) 여러 가지로 문제가 있었다. 1988년 1월 18일 캐나다 주재 호주대사관에서 쓰인 문서를 보자. 캐나다 역시 남쪽 지지에 대한 요청을 받았는데, 당시로서는 북을 비난하기에 어려운 위치에 있다고 밝힌다. 왜냐하면 북쪽에 대한 혐의들은 자백에 바탕을 두고 있다고(THE ALLEGATIONS AGAINST NORTH KOREA ARE BASED ON A CONFESSION) 봤기 때문이다(173쪽). 결국 '물증'이 중요하다는 뜻으로, 캐나다 역시 수사발표를 쉽게 받아들이지 못했다.

또 다른 계획들?

호주 비밀문서 추가 (2)

공개된 문서 가운데 군사정전위원회 부분도 주목된다. 해당 내용은 2011년 일부 공개되었는데 이번에 문서 전체를 얻을 수 있었다. 1988년 2월 25일, 북쪽 요청에 따라 군사정전위원회 회의가 열린다. 여기에서 북의 리태호 대표와 유엔(미국)의 윌리엄 펜들리 대표는 서로 날카로운 말을 주고받는다. 핵심 내용 가운데 하나가 바로 KAL기 사건과 관련됐다.

유엔 쪽은 사건이 과거 행위들과 마찬가지로 북이 테러범 국가(TERRORIST STATE)라고 증명해준다며 사과와 관련자 처벌을 요구한다(425쪽). 북쪽은 사건이 남쪽 정부와 미국의 조작이라고 반박한다. 그러자 펜들리 대표는 김현희 자백이 녹화된 영상을 보여준다. 이에 리 대표는 37분에 걸쳐 북은 사건과 관련이 없다며 사건은 조작이라고 계속 반박했다.

문제의 '친필지령'

1988년 1월 19일 문서 역시 일부 지워진 부분이 있었는데 이번에 공개되었다. 더글라스 팔 당시 미국 국가안전보장회의 아시아국장에 따르면, 미국은 김현희 자백에서 김정일 '친필지령' 부분을 쉽게 받아들이지 못했다. 안기부 수사발표 뒤였지만, 팔 국장은 지령 관련 부분이 미심쩍다며(QUESTIONABLE) 확인이 더 필요하다 했다(193쪽). 참고로, 호주 역시 지령 부분에 대해 "핵심사항이지만, 증거가 있는가?"라며 조심스러움을 표현했다(2011년 공개 문서, 166쪽).

1988년 2월 4일 문서는 1월 29일에 있었던 전두환 대통령 외신 기자회견을 다룬다. 이 회견에서 남북/북남 대화가 다시 시작될 것이라는 말이 나오는데, 이는 다소 놀라운(SUPRISINGLY) 반응을 끌어낸다(335쪽). 왜냐하면 대한항공기 사건에 북이 연관되었다는 것이 남쪽의 공식 입장이었기 때문이다.

1988년 5월 26일 문서는 캐나다 언론에 보도된 민감한 내용을 담고 있다. 5월 24일 호주 언론 〈캔버라 타임스〉에 따르면, 캐나다 신문 〈토론토 선〉이 미국 정보통을 인용 서울 올림픽을 겨냥한 북의 구체적 테러 계획이 적발되었다고 보도했다(508쪽). 표적이 된 항공사들은 캐나다항공, 영국항공, 프랑스항공, 그리고 미국의 트랜스월드항공 등이었다. 아울러 뉴욕공항, 토론토공항, 런던공항, 도쿄공항 등도 공격 대상이었다.

개인적으로 (토론토 현지에서 생산된) 〈유피아이 통신〉 기사를 확인한 결과, 1988년 5월 22일 〈토론토 선〉은 익명의 미국 중앙정보국 소식통을 인용, 해당 기사를 낸 듯하다. 이에 따르면, 일본 적군파 간부 출신으로 중앙정보국에 협조하고 있던 이가 보도에 핵심적 역할을 한 것으로 보인다.

서울올림픽을 겨냥한 또 다른 계획들?

호주는 이 정보와 기사가 믿을 만한지 신중할 필요가 있다고 판단한 듯하다. 호주 쪽 정보에 따르면, 북쪽의 어떤 구체적인 계획이 있었다는 것은 알려진 바 없었다(NOT AWARE OF ANY SPECIFIC PLOT HAVING BEEN UNCOVERED). 그래서 이 기사가 정말 맞는지 미국 국무부에 확인해봐야 한다고 되어 있다. 나름대로 검색을 해본 결과, 남쪽에서는 〈동아일보〉와 〈매일경제〉 등이 1988년 5월 23일치 신문 1면에서 위 기사를 인용 보도하였다.

선거와 올림픽

이번에 도착한 문서 가운데 보관/인쇄 상태가 좋지 않아 외무부에 연락을 해 받아낸 자료가 있다(다시 보내온 문서 역시 좋지 않다). 뉴질랜드 비밀문서로 1987년 12월 3일 서울에 있는 뉴질랜드대사관에서 쓰인 듯하다. 이에 따르면 사건에 대한 북 개입이 확인될 경우 몇 가지 중요한 의미가 있게 된다. 무엇보다 올림픽 공동개최 가능성에(THE LIKELIHOOD OF CO-HOSTING THE OLYMPICS) 치명적 타격이 가해진다(50쪽). 그리고 노태우 당시 여당 대통령 후보 선거 운동에 영향을 줄 것으로, 곧 지지율 상승의 가능성이(POSSIBILITY OF INCREASED SUPPORT) 있을 것으로 분석됐다.

대통령선거와 올림픽대회

1988년 2월 19일 문서는 당시 정치적 상황에 대한 "청와대의 관점"이라는 제목을 달고 있다. 이에 따르면, KAL기 사건과 서울올림픽을 고려했을 때 팀 스피리트(TEAM SPIRIT) 훈련은 북쪽의 모험주의에 대한 남쪽의 결연함과 역량을 보여줄 수 있는 기회였다(411쪽).

올림픽이 언급된 자료가 또 있다. 1988년 2월 24일 문서는 모스크바에서 있었던 조지 슐츠 미국 국무부 장관과 에두아드 셰바르드나제 소련 외무부 장관 사이의 대화를 기록한다. 소련은 올림픽에 참가하지 말라는 압력을 직간접적으로 받았던 듯하다. 기록에 따르면 대한항공기 사건을 포함해 북의 테러 문제가 언급되는데 소련은 서울올림픽에 참가할 것이라고 재확인했다(THE SOVIETS REAFFIRMED THEIR INTENTION TO ATTEND THE OLYMPICS)(421쪽).

1988년 2월 13일 문서는 캐나다 몬트리올에서 있었던 공항 안전에 관한 국제회의 내용이다. 당시 미국, 일본, 그리고 북유럽을 대표한 스웨덴 등이 대한항공기 사건 관련 남쪽을 지지하면서 북쪽(NORTH KOREA'S INVOLVEMENT)을 비판했다(382쪽). 북쪽은 회의에 참가하지 않았는데 불가리아와 소련이 북 입장을 대변했다.

이번에 공개된 문서 가운데는 북쪽이 1988년 1월 27일 호주 외무부 장관에게 보낸 편지도 있다. 김영남 당시 외교부장(현 최고인민회의 상임위원장)의 이름으로 된 서한이다. 김영남 부장에 따르면 "남조선당국자들은 … 려객기실종사건이라는것을 조작하고 반목과 대결을 고취"했다(283쪽).

앞의 글에서 '친필지령' 부분을 소개했는데, 1988년 2월 17일 문서에서 이 문제를 다시 살펴볼 수 있다. "민감한 내용을 담고 있다"는 구절로 시작되는 문서는 2011년 일부 공개됐지만 지령 부분이 지워져 있었다. 이번에 공개된 부분은, 친필지령에 대한 확실한 증거가 없다는(THERE IS NO FIRM EVIDENCE) 내용을 담고 있다(403쪽). 이로써 미국뿐 아니라 호주 역시 지령 부분을 받아들이기 어려워했다고 확인된다.

실종 30년을 앞두고

한편, 많은 이들이 1987년 김현희-KAL858기 사건과 1983년 KAL007기 사건을 혼동하곤 한다(박강성주, 『KAL858, 진실에 대한 예의』, 22쪽). KAL007기 사건은 1983년 대한항공기가 소련 전투기에 의해 격추된 일로 알려진다. 그런데 호주 외무부 역시 정보공개 청구를 다루면서 두 사건을 혼동했던 듯싶다. 이번에 도착한 비밀문서 가운데 하나가 이 1983년 사건에 관한 것이다(510쪽).

이것으로 호주 외무부와의 행정심판으로 얻은 비밀문서들을 정리해보았다. 내년이면 사건이 일어난 지 30년이 된다. 115명이 사라진 지 30년이 된다는 말이다. 30년을 앞둔 지금, 실종자들은 어디에서 무슨 생각을 하고 있을까…

6

스웨덴 외무부

최종 판단 유보한 스웨덴

스웨덴 비밀문서[1]

"탕!" 비무장지대에서 울린 총소리. 북쪽 초소에서 남쪽의 군인이 빠져 나온다. 요란하게 울리는 사이렌. 남북/북남 무장군인들이 출동하고, 서로의 총이 불을 뿜는다. 어둠을 가르는 총알은, 김광석의 애절한 노래를 타고 더욱 빨리, 더욱 슬피 날아간다. 누구도 바라지 않은 일. 과연 초소에서 어떤 일이 있었던 것일까? 사건을 조사하기 위해 파견된 이가 있었으니, 소피 장이라는 이름의 장교. 그녀가 파견된 이유는, 중립국감독위원회 스위스 소속이기 때문. 영화 〈공동경비구역 JSA〉의 내용이다. 이처럼 중립국은 남북/북남 관련 사건에서 특별한 역할을 할 수 있다. 영화에서만 가능한 얘기가 아니다. 그런데 중립국 중에서도 더 특별한 위치에 있는 나라가 있으니, 스웨덴이다. 남과 북 모두에 대사관을 두고 있는, 경계를 넘나드는 스웨덴.

이 스웨덴 정부가 김현희-KAL858기 사건 비밀문서를 공개했다. 개인적으로 청구했던 정보공개 요구를 받아들인 것이다(3건의 문서에 대해서는

---

1) 〈통일뉴스〉, 2011년 5월 9일.

비공개 결정이 내려져 이의신청을 했다). 스웨덴 외무부에 정보공개 청구를 했던 이유는 두 가지다. 첫째, 사건 당시 스웨덴은 이른바 '서구' 국가로는 유일하게 북에 대사관을 두고 있었고, 북쪽과 스웨덴 사이에 의견교환이 있었을 것으로 추측했다. 둘째, 이른바 '중립국'으로 알려진 스웨덴이 KAL기 사건에 대해 어떤 생각을 했을지 궁금했기 때문이다. 이번에 공개된 문서는 모두 95쪽 분량으로 스웨덴어와 영어가 섞여 있다. 스웨덴어로 쓰인 부분은 (전문적) 번역이 필요한 상황이기에, 먼저 독해가 가능한 부분을 중심으로 나름대로 정리하려 한다.

스웨덴 외무부를 찾아간 북쪽 대사

1987년 12월 16일 문서에 따르면, 전영진 당시 스웨덴 주재 북쪽 대사 (장성택 국방위원회 부위원장의 매제로 알려진다)가 12월 9일 스웨덴 외무부를 방문했다. 전 대사는 KAL858기 사건이 남쪽의 북쪽을 음해하려는 의도에서 비롯된 것이라 말했고, 스웨덴은 어떻게 생각하냐고 물었다. 핀 베리스트란드 외무부 대사는 지금 단계에서 스웨덴 정부는 아무런 의견도 갖고 있지 않으며 바레인에서 잡힌 여성에 대해 경찰 조사가 진행되고 있으니 무언가 밝혀질 것으로 기대한다고 했다(문서는 스웨덴어로 쓰였으나 중요한 문서로 판단되어 다른 경로를 통해 번역·정리했다).

1988년 1월 18일 문서는 유고슬라비아 관련 내용을 담고 있다. 김평길 당시 유고슬라비아 주재 북쪽 대사(전 광업부장)는 북 요원들이 KAL기를 폭파시켰다는 남쪽 수사결과를 전면 부인했다. 특히 베오그라드에서 폭발물이 전달되었다는 부분 관련, 남쪽이 발표한 이름을 가진 대사관 관계자는 없었으며, 그런 사람은 이전에도 일한 적이 없다고 반박했다. 같은 날인 1988년 1월 18일 한국 정부가 스웨덴 외무부에 편지를 보냈다. 이정빈 스웨덴 주재 한국 대사(전 외교통상부 장관)는 미국 국무부 기자회견 자료를 첨부하면서, 한국이 유엔과 국제민간항공기구를 통해 사건을 다룰 예정이라며 협조를 요청했다. 아울러 2월 25일에 있을 노태우 대통령 취임식 관련 편지도 첨부했다.

1988년 1월 22일 문서는 평양에 있는 스웨덴대사관에서 스웨덴어로 쓰였다(임시 번역). 북쪽은 남쪽이 발표한 수사결과를 받아들이지 않고 있다는 내용이다. 그리고 어느 북쪽 현지 언론도 '직접 지령'에 관한 부분을 언급하지 않고 있다고 분위기를 전했다. 또한 국제라디오방송으로 전해지는 소식들에는 틀린 부분이 있다고 지적한다. 예를 들어, 〈미국의 소리〉는 오스트리아가 사건으로 평양에 있는 대사관을 닫기로 결정했다고 했는데 사실이 아니라고 한다. 문서는 북쪽의 스웨덴대사관이 썼다는 점에서 중요하다고 생각되며 전체적인 번역이 빨리 이루어져야 할 것 같다. 1988년 1월 26일에는 스웨덴의 북쪽대사관이 연락을 해왔다. 영어로 쓰인 문서는 남쪽의 수사발표에 대한 조선중앙통신사 성명과 미국의 제재조치 발표에 대한 외무성 대변인 성명을 담고 있다.

최종 판단 유보하며 테러 행위 비난

1988년 1월 29일 스웨덴 정부는 사건 관련 입장을 발표한다. 스웨덴은 한국 수사결과에 대해 깊이 우려한다고(deeply concerned) 말한다. 그리고 이러한 테러행위는 국제적 비난을 받아 마땅하며, 사건이 되도록 빨리 항공기구에서 다뤄져야 한다고 밝힌다. 끝으로 스웨덴은 사건이 한반도 또는 다른 지역에서 폭력을 부추기는 구실로 이용돼서는 안 된다는 것이 가장 중요하다고 강조한다. 1988년 2월 5일 문서는 항공기구 회의에서 스웨덴 대표가 할 연설에 관한 것이다. 2월 9일부터 열리게 될 회의에서 스웨덴 대표는, 회원국 가 중 한 곳(북쪽)이 받고 있는 혐의에 대해 최종 판단을 할 입장이 아니라는 (Without being in a position to make a final judgement) 점을 강조하면서도, 야만적 행위 자체는 국제적 비난을 받아 마땅하다는 연설을 준비했다.

1988년 2월 2일에는 스웨덴의 북쪽대사관이 스웨덴어로 쓴 편지를 외무부에 보내왔는데 적절한 번역이 필요할 듯하다. 1988년 2월 4일에는 박근 유엔 주재 한국 대사(현 한미우호협회 명예회장)가 유엔 주재 스웨덴 대사에게 편지를 보냈다. 박 대사는 편지에서 KAL기 사건이 북의 테러라고 분명히 한다. 그리고 전 세계가 북 테러에 분노하고 있다며, 스웨덴 정부도 평화를 사랑하는 나라들의(peace-loving nations) 비난 행렬에 동참해줄 것을 요청했다.

분단의 비극을 증명해준 KAL858

스웨덴 비밀문서는 이제까지 공개된 미국-영국의 문서와 크게 다른 점이 있다. 바로 북쪽 목소리가 직접 들어있다는 점이다. 이는 앞에서도 말했지만, 스웨덴이 가지고 있던 특별한 위치 때문이다. 스웨덴은 북쪽과 1973년 외교관계를 맺은 뒤 1975년부터 2001년까지 평양에 대사관을 두고 있던 유일한 서구 국가였다(스웨덴대사관 누리집 참고. 현재는 영국과 독일을 비롯한 여러 유럽 국가들이 대사관을 두고 있다). 이 때문에 스웨덴 문서는 중요한 의미를 지닐 수 있다.

(스웨덴어 번역이 완전히 이루어지지 않았지만) 전체적인 느낌을 말하자면, 북쪽과 남쪽이 스웨덴을 두고 지지를 얻기 위해 경쟁을 했다. 스웨덴의 '중립국'이라는 위치가 반영된 것이라 생각된다. 동시에 이는 분단이 얼마나 소모적이고 남북/북남 서로에게 해가 되는지 말해준다. 〈공동경비구역 JSA〉가 그려내고 있듯이 말이다. KAL858기 사건은 분단이 어떤 형태로든 풀려야 한다고 증명해준 비극이었다.

제2부

KAL858,
그 밖의 비밀문서

1

안기부 무지개 공작 문건

무지개 공작과 '국정원 정신'[1]

"너무 아픈 사랑은 사랑이 아니었음을"… 가수 김광석은 그렇게 노래했다. 과거청산에 관심이 많은 나는 이렇게 생각한다. '너무 늦은 정의도 정의인 걸까?' 이명박 정부 때 중단된 과거청산을 새로 이어가기 위한 노력이 빛을 못 보고 있다. 정부 계획대로라면 진실화해위원회를 되살리기 위한 법안이 2017년까지 통과되어야 했다. 하지만 2년이 되어가는 지금, 국회는 자기 할 일을 하지 않는다. 광주 5·18 진상규명을 위한 조사위원회의 경우, 법이 통과됐는데도 출범하지 못한다. 진상규명을 못마땅해하는 정치세력이 여러 형태로 방해하기 때문이다. 시간이 갈수록 정의를 회복하는 일은 어려워질 수밖에 없다. 이미 늦었지만, 더 늦어지고 있다. 하지만 아무리 늦은 정의라도, 전혀 '없는' 정의보다는 낫지 않을까?

대법원 판결에 따른 문건 공개

'무지개 공작' 문건 공개를 둘러싼 소송이 대법원에서 〈통일뉴스〉 김치

---

1) 〈통일뉴스〉, 2019년 10월 3일.

관 기자의 승소로 끝났다. 무지개 공작은 1987년 당시 안기부가 KAL858기 사건을 "대선사업 환경을 유리하게 조성"하는 데 활용하는 것을 핵심으로 한다. 판결이 있기까지 짧게는 2년, 길게는 12년이 걸렸다. '기자 정신'의 승리라 할 만하다. 늦은 승리지만, 값진 승리다. 전면공개는 아니지만, 비공개보다는 훨씬 낫다. 32년이 지나도록 해명되지 않은 문제들, 그 답을 찾으려는 실종자 가족들과 지지자들의 노력. 대법원 판결은 이 과정에서 나온 소중한 결실이다. 사건의 진실이 무엇이냐를 떠나, 정의는 조금씩 회복되고 있다.

그런데 이 과정에서 나타난 국정원의 모습은 아쉬움을 자아낸다. 몇 개월 전, 국정원은 서울고등법원이 1심을 뒤집고 문건의 추가 공개 판결을 내렸을 때 항소했다. 담당 변호사가 말했듯, 외교부가 사건 문서를 상당 부분 공개했는데도 말이다. 이를 떠나, 그동안 가려졌던 공작 내용 자체는 그다지 새로운 것은 아닌 듯하다. 이번에 공개된 부분은 "'하치야 신이치[김승일]'와 '하치야 마유미[김현희]'의 체포경위 및 체포 전 행적에 관한 정보, 이들이 북한과 연계된 인물이라고 추정할 수 있는 근거로서 일본에 거주하는 실존 인물 '하치야 신이치'의 진술 및 관련 인물에 관한 신상정보"를 비롯, "국제기구 및 북한 동맹국들에 대한 협조 요청 방안" 등이다.

대부분 이미 알려진 내용

나는 이 사항들이 2심 판결문을 통해 처음 드러났을 때부터, 이 부분들은 그동안 여러 경로를 통해 어느 정도 알려진 내용일 것이라고 조심스레 추측했다. 근거는 세 가지였다. 올해 3월 말에 공개된 외교부 문서, 사건을 재조사했던 국정원 발전위원회의 보고서, 그리고 개인적인 정보공개 청구로 열람했던 진실화해위원회 자료다. 실제로 대법원 판결로 공개된 기록은 이 추측에서 크게 벗어나지 않았다.

무엇보다 김현희 일행과 북 연계의 근거 역할을 한 일본인 부분은, 외교부 문건에 많이 나와 있다. 일본 주재 한국대사관이 쓴 문서에는, 일 공안 당국이 하치야 신이치(하찌야 신이찌)는 물론 마유미를 취조한 내용이 있다 (2016070039, 141-143쪽). '문서상으로만 본다면', 안기부가 이를 1987년 12월 2일 전에 일본 당국으로부터 전달받았거나, 12월 2일 외무부(현 외교부)를 통해 전달받았을 가능성이 있다. 또한 일본 언론이 하치야 신이치를 인터뷰하기도 했는데 이 내용도 외교부 문서에 있다(132-133쪽). 해외 홍보와 관련된 국제기구 및 북 동맹국들 협조 사안 역시 외교부 자료에 일부 포함된 내용이다. 이와 관련 당시 외무부와 안기부 사이에 긴밀한 협조가 있었을 것으로 추정된다. 외무부는 "국제기구를 통한 대북 규탄위한 특별 대책반"을 만들기도 했다(2016070043, 128쪽).

김현희 일행의 체포 경위 및 이전 행적에 대해서는, 국정원 발전위원회 보고서에서 내용을 짐작할 수 있었다(『과거와 대화 미래의 성찰 (III)』, 239-253쪽). 당시 안기부는 "사건 발생 前[전], '북한인 추정 인물이 비엔나, 베오그라드, 바그다드, 아부다비 등을 돌아다닌다'는 첩보"를 입수했다(239쪽). 이를 바탕으로 11월 30일에 김현희 일행의 일정을 바로 알 수 있었고, 빠른 체포가 가능했다 한다. 아울러 내가 확인한 진실화해위원회 자료를 보더라도, "첩보 수준에서 유럽을 암약하는 부녀로 위장한 북한인이 있다는 정보가" 미리 수집됐고, 체포 과정에서 안기부 쿠웨이트 파견관이 초기에 핵심 역할을 한 것으로 보인다(DA0799647, 43쪽, 48쪽). 궁금한 점은, 이 '첩보'의 출처와 입수 시기, 항공편 등의 구체적 정보 포함 여부로 지금은 알기가 쉽지 않다.

국정원, 달라진 게 없는가

무지개 공작을 기획하고 추진한 당사자가 아닌 이상, 이 문건에 대해 섣불리 말하기는 어려울 것이다. 게다가 판결에 따르면, 국정원은 "본부 상황반에 관한 정보 … 타국 정보기관과의 협력 내용, 안기부 파견 직원 이름"
등은 끝까지 공개하지 않아도 된다. 그렇더라도 국정원이 공개를 꺼려했던
부분들이 어느 정도 알려졌던 내용이고, 이는 국정원이 시민의 알 권리를
존중해오지 않았다고 일러준다. 먼저 감추고 보자는 것이다. 놀라운 일은
아니다. 정보기관의 속성상 그렇기도 하지만, 군사정권 때 만들어져 공익과
시민의 권리를 심각하게 억눌러왔던 전력이 있어서다.

　최근 문재인 정부에서도 국정원이 '프락치'를 활용해 민간인 사찰을 해
왔다고 밝혀졌다. 국정원이 말로는 개혁을 내세우지만, 달라진 게 없다는
평가가 나올 수밖에 없다. 우리는 달라지지 않는다… (너무 냉소적 표현일
수 있지만) 이것이 '국정원 정신'인가? 무지개 공작 문제도 이런 흐름을 보
여주는 듯해 안타깝다. 국정원은 이 문건을 빨리 공개했어야 했다. 나아가
공개하지 않기로 한 부분 역시 (직원들 개인정보는 빼더라도) 나중에 전향적
으로 공개하는 모습을 보여주었으면 한다. (너무 순진한 바람일 수 있지만)
국정원이 달라질 수 있기를 빈다.

2

외교부 공개 문서

또 뒷북을 친 언론

외교문서 공개와 씁쓸한 보도[1]

"넌 이길 수 있을 때만 싸우나?" 영화 〈안시성〉에 나오는 말이다. 결과가 아니라 과정이 중요하다는, 이기는 것이 아니라 최선을 다하는 것이 중요하다는 뜻 아닐까. 꽤 오랫동안 김현희-KAL858기 사건을 고민해왔는데, 요즘 이 말을 곱씹게 된다.

2019년 3월 31일, 외교부가 "국민의 알 권리 신장과 외교행정의 투명성 제고를 위하여" 30년 넘은 문서들을 공개했다. 1987년 KAL858기 사건 문서도 포함돼 있다. 그리고 대다수 언론은 당시 전두환 정부가 대통령선거에 앞서 김현희를 압송하려 했다는 데 초점을 맞춰 기사를 냈다. 언론이 '과거사'로 일컬어지는 사건을 다뤄주는 것만으로 연구자인 내게는 고마운 일이다. 특히 이번처럼 정부 수사결과에 가려 가볍게 취급됐던 부분이 다뤄질 때 더욱 그렇다.

---

1) 〈통일뉴스〉, 2019년 4월 2일.

고맙지만 안타까운 보도

문제는, 누군가 이미 다뤘던 부분을 언론이 세상에 처음으로 알리는 것처럼 보도할 때다. 이번에 외교부가 공개한 문서들은 내가 2016년 정보공개 청구로 국가기록원에서 열람한 자료다. 나는 진실화해위원회의 KAL858기 사건 재조사 기록을 살펴봤고, 주요 내용을 2016년 11월부터 두 달 동안 〈통일뉴스〉에 연재했다. 그때 외무부 문서도 적지 않게 다뤘다. 대표적인 것이 김현희 대선 전 압송 부분이다.

그런데 거의 모든 언론은 2년도 훨씬 전에 다뤄진 내용을 처음인 것처럼 크게 보도했다. 그때는 전혀 주목하지 않다가 이번에 외교부가 문서를 공개했다 하니 기사를 쏟아냈다. 고맙지만 안타까운 일이다(한편으로는 이해가 되기도 한다. 예를 들어, 외교부처럼 내가 기자들에게 문서를 나눠주거나 보도자료를 돌렸다면 상황이 달랐을 수도 있다. 기자들도 바쁠 것이다. 몇몇 성실한 언론을 빼고, 직접 챙겨주지 않으면 누가 관심을 갖겠는가).

더 솔직히 말하면, 정말 씁쓸하다. 2012년에도 비슷한 일이 있었다. 미국 국무부가 사건 관련 문서들을 공개했는데, 언론은 기다렸다는 듯 기사를 내기에 바빴다. 하지만 그 문서들은 KAL858기 대책위에서 정보공개 청구로 이미 얻어낸 자료였다. 그리고 이를 건네받은 내가 핵심 내용을 정리해 2009년 12월, 몇 차례에 걸쳐 〈통일뉴스〉에 실었다. 그때도 다른 모든 언론은 조용했다. 그런데 미국이 문서를 공개했다 하니 언론이 갑자기 부지런해졌다. 비밀문서가 세상에 처음 나온 듯 떠들썩했다. 평소에도 그렇게 부지런했으면 얼마나 좋았을까.

잊혀질 만한 사건, 시원하게 해명되지 않은 사건을 다뤄주는 언론에 다시 한번 고마운 마음이다. 뒷북이라도 쳐줘서 감사하다. 그럼에도 2012년의 언론과 2019년의 언론, 과연 얼마나 달라졌는지 묻고 싶다. 평소에도 부지런한 언론을 기대한다. KAL858기 사건뿐만 아니라, 잊혀가지만 사회적 논의가 필요한 여러 고통에 꾸준히 관심을 가져주었으면 한다(이미 그렇게 하고 있는 언론도 있다).

뒤늦게 부지런해지는 언론

이번 일을 계기로 나 자신도 돌아본다. 뒤늦게 부지런해지는 언론이 씁쓸하지만, 그럴수록 〈안시성〉을 떠올리며 스스로에게 묻는다. "넌 누가 알아줄 때만 쓰나?"… KAL858기 사건 관련해 어떤 결과가 있을지 모르지만, 나는 묵묵히, 끝까지 가려 한다.

"확증은 아직 … 북괴의 테러"

외교부 문서 (1)[2]

"왜냐하면 어제보다는 많이 알고 있기 때문입니다." 중요한 선거를 앞두고 끔찍한 사건이 일어난다. 범인을 잡기 위한 노력이 치열하게 이어진다. 그러나 쉽지 않다. 실수와 잘못이 뒤따른다. 시선이 곱지 않다. 그리고 날아온 질문. "내가 왜 자네들에게 사건을 계속 맡겨야 하나?" 그러자 위와 같은 답이 돌아온다. 어제보다는 더 알게 되었기 때문이라고… 덴마크 드라마 〈포브뤼델슨〉에 나오는 대사. 범죄드라마 분야의 새 길을 열었다고 평가되는 이 작품은 많은 것을 생각하게 한다. 해명되지 않은 무언가를 밝히는 일은 간단치 않다. 하지만 (실수를 포함한) 여러 가지 노력이 쌓이는 동안 우리는 조금씩, 더 알게 된다. 굴곡이 있겠지만 이 앎은 결국 우리를 의미 있는 길로 안내하지 않을까?

---

2) 연재는 10회에 걸쳐 이루어졌습니다. 〈통일뉴스〉, 2019년 6월 19일–8월 30일.

외교부의 문서 공개

2019년 3월 31일, 외교부가 KAL858기 사건 관련 문서를 공개했다. 기본적으로 30년이 지난 문서를 공개한다는 원칙에 따른 것이다. 그런데 다른 글에서 말했듯, 이 자료들은 내가 2016년 정보공개 청구로 국가기록원에서 이미 열람했다. 그리고 주요부분을 정리하여 〈통일뉴스〉에 연재한 바 있다. 이번에 외교부가 공개한 문서를 (다시) 볼 기회를 얻었는데 이전에 미처 다루지 않았거나 놓친 부분을 중심으로 정리해보려 한다(문서는 띄어쓰기 등을 포함해 원문 그대로 옮기는 것을 원칙으로 함). 왜냐하면 이런 노력이 우리로 하여금 '어제'보다 사건을 더 알게 한다고 믿기 때문이다.

1987년 12월 4일 아침, 최광수 당시 외무부 장관(박정희 대통령 의전수석 역임)은 제임스 릴리 한국 주재 미국 대사와 면담을 갖는다. 최광수 장관은 사건에 대해 "아직 확증은 없으나 북한의 소행일 가능성이 많다고" 언급한다. 그리고 "[전두환] 대통령께서도 분명하지는 않지만 북한의 짓으로 보인다고" 말했다는 점을 덧붙인다(2016070040, 84쪽). 이를 포함해 면담에서 논의된 내용에는 사건이 북과 관련 있을 것이라는 점이 강조된다. 여기에는 북의 테러로 발표된 1986년 김포공항 사건과 1983년 버마 랑군 사건이 직간접적인 예로 등장한다.

"확증은 없으나 북한의 소행일 가능성"

이처럼 정부 입장에서 KAL858기 사건이 북의 테러라는 인식은 처음부터 강했고, 미국 정부도 여기에 함께했다. 닷새 뒤인 12월 9일 문서도 이를 뒷받침한다. 김경원 당시 미국 주재 한국 대사(전두환 대통령 초대 비서실장)는 개스턴 시거 미국 국무부 동아시아·태평양 차관보와 점심을 같이 하며, 사건이 "북괴소행이 틀림없다고 설명"했다. 그리고 "한국이 … 올림픽 개최를통해 국제적 지위가 현격히 높아질 전망에 대한 북괴의 초조감이 만행을 부채질했을 것으로 본다고 강조"한다(2016070045, 124쪽). 그렇다면 시거 차관보의 반응은 어땠는가. "확증은 아직 밝혀지지 않았지만 재난이 북괴의 테러에 의한 것이라고 생각하며 북괴이외의 어느 국가나 단체가 그와같은 소행을저질를수 있겠느냐고 반문하였음"(125쪽).

이규호 당시 일본 주재 한국 대사(부임 직전 전두환 대통령 비서실장)가 쓴 1987년 12월 4일 문서는 일본 언론의 보도내용을 담고 있다. 주목되는 부분 가운데 하나는 일본 적군파 관련 내용이다. 적군파 요원들은 작전을 실행할 때 "항상 독극물을 가지고 다녔다는 점에서" KAL기 사건의 용의자들과 비슷하다는 것이다(2016070040, 93쪽). 하지만 하치야 신이치(김승일)의 나이가 너무 많다는 점 등을 바탕으로 이들을 적군파로 보기는 어렵다 했다. 개인적으로 독극물 부분이 주목된다. 당시 안기부는 (자살을 위한) 독극물 휴대를 사건과 북쪽의 관련성을 보여주는 핵심 고리 가운데 하나로 내세웠다. 독극물로 자살하는 것은 북 공작원들의 전형적 수법이라는 것이다. 하지만 일본 언론에 따르면 꼭 그렇지만도 않은 듯싶다.

"KAL기 추락 사건 원인 규명(북한 공작원에 의한 폭파로 간주되는 이유)"라는 제목의 문서는 1987년 12월 10일 정도 쓰인 듯하다. 이제까지 알려진 수사발표와 크게 다르지 않지만, 특별히 관심이 가는 대목이 있다. 왜 하필 KAL858기였는가 하는 부분이다. "KAL 노선중 탑승객 대부분이 한국인인 중동 노선기를 폭파시킴으로써 세계 여론의 비난을 감소시키려는 의도"(2016070041, 162쪽). 물론 분석이 맞을 수도 있지만 이해가 안 되는 면이 있다. 탑승객 국적을 떠나, 항공기 폭파로 인명을 대량살상하는 것 자체가 세계 여론의 커다란 비난을 불러오기 때문이다. 또한 국제 행사인 올림픽을 겨냥한 테러라고 했을 때는 오히려 외국인 탑승객이 많은 비행기가 선택되어야 했지 않냐는 생각도 든다(꼭 그렇게 되었어야 했다는 뜻이 아니라, 해당 분석이 얼마나 말이 되느냐를 고민하는 것이다).

모든 가능성을 열어둔 조사 필요

KAL858기 사건은 수사발표와 두 번의 재조사 시도가 있었음에도 논란이 되고 있다. 문제를 풀기 위해서는 지금이라도 철저하고 전면적인 조사가 필요하지 않을까? 모든 가능성을 열어둔 조사. 어렵겠지만, 기체 잔해 등의 물증을 확보해 핵심 진술과 교차검증하는 그런 조사. 전혀 새로운 이야기는 아니다. 정부는 1987년 12월 1일 다음과 같이 말했다. "사고 원인이 테러분자의 소행인지, 악천후등 기상조건인지, 항공기의 기기고장인지등은 기체가 발견되는대로 조사 규명될 것이다"(2016070039, 103쪽). 문제는 정부가 적극적으로 실천하지 않았다는 점이다.

"근로자들을 목표로" 폭파한 이유?

외교부 문서 (2)

비행기가 사라지고 얼마 되지 않아 정부는 사건이 북의 테러라고 거의 확신했고, 수사결과를 1988년 1월 15일 공개한다. 발표 하루 전, 최광수 당시 외무부 장관은 김현희가 1987년 "12.23. 17:00경 심경 변화를 일으켜 한국말로 범행을 인정하고 자백"했다는 내용을 재외공관장 모두에게 알린다. 이에 따르면 북의 범행 목적은 세 가지였다. "(가) 서울 올림픽 방해 (나) 대통령 선거등 정치 일정 방해 및 (다) (해외 취업 근로자들을 목표로 하여) 근로 계층의 대정부 불신을 선동"(2016070043, 57쪽). 여기에서 그동안 개인적으로 주목하지 않았던 부분을 고민하게 된다. 안기부에 따르면 김현희는 1987년 10월 7일, 올림픽 참가신청 방해를 위해 비행기 폭파 지령을 받는다. 다시 말해, 지령은 올림픽 하나만을 가리킨다. 그러면 대선과 노동자 부분은 어디에서 온 것일까?

"해외진출 근로자들을 희생시킴으로써"

대부분의 언론 보도 및 관련 기록은 수사발표날에 김현희가 세 가지 목적을 말했다고 밝힌다. 그런데 수사발표 전문은 다음과 같다. "개헌·대통령 선거등 정치일정을 둘러싸고 극도록 복잡해진 국내정국을 더욱 혼란시키고 … 해외진출 근로자들을 희생시킴으로써 국내 근로계층 서민의 대정부 불신을 더한층 충동시킬 수 있다는 계산에서 나온 것이 분명하다고 하겠다."

마지막 표현("분명하다고 하겠다")에서도 알 수 있듯, 이는 김현희가 직접 말한 것이 아니라 안기부가 해석을 한 부분이다. 그런데 언론 및 여러 자료들은 왜 이를 김현희가 말했다고 했을까? 이러한 기록들은 안기부가 김현희 '자백'에 두 가지 목적을 부풀려 추가했다는 점을 놓치고 있진 않을까?(자백이 진실이냐 아니냐는 또 다른 문제다) 곧, 안기부의 광범위한 반북선전에 주목할 필요가 있겠다.

근로자 부분의 경우, 중동 지역에서 노동을 하고 돌아오던 분들이 한꺼번에 사라졌다는 것만으로도 가슴 미어질 일이다. 제대로 된 정부라면 무엇보다 수색에 온 힘을 다하고 가족들 챙기는 일에 성의를 다했어야 했다. 하지만 알려진 것처럼, 그런 일은 없었다. 정부는 반북선전에 거의 모든 것을 걸었다. 수사발표와 동시에 외무부는 "국제기구를 통한 북괴만행 규탄"에 적극 나선다. 한국노총 위원장에게 보낸 문서는 다음과 같다. "북괴는 금번 KAL 858기 탑승자의 대다수가 중동근무 아국 근로자인 점에 착안, 이들을 희생시킴으로써 아국 국내근로자 계층의 대정부 불만야기를 획책한 것으로 밝혀졌습니다"(2016090592, 24쪽). 안기부의 부풀려진 해석을 그대로 인용한다. 그러면서 외무부는 한국노총이 국제자유노조연맹(ICFTU)을 비롯 15개의 국제노동단체에 "대북한 규탄성명 발표등 제재조치를 요청하는 전문을" 빨리 보내고 결과를 알려주라 했다.

여러 단체에 보내진 대북규탄 유도 문서

이와 비슷한 문서가 언론(KBS 등), 여성(한국여성단체협의회 등), 항공(한국관광공사 등), 종교(한국침례교회연맹 등) 관련 단체에 보내졌다 (28-34쪽). 아울러 국제기구들이 위치해 있는 해당국 주재 대사관에도 연락이 간다. 사건이 북의 테러라고 발표된 상황에서 외무부로서는 당연한 일을 한 것일지 모른다. 그렇더라도 한국을 대표하는 정부부처가 '비정부' 기구를 대상으로 그렇게까지 할 필요가 있었는지 생각해 볼 일이다. 더군다나 국제기구를 겨냥한 것이지만, 요청을 받은 국내단체에게 정부 발표를 받아들이라고 압력을 행사했다고도 읽힐 수 있다. 이와 별도로 외무부는 1988년 1월 20일 "국제기구를 통한 대북 규탄위한 특별 대책반"을 만들었다. 유엔 안보리 회의 등에서 대북규탄 업무를 효율적으로 수행하기 위해서였다 (2016070043, 128쪽).

수사발표는 김현희 자백을 바탕으로 하고 있고, 이를 통해 KAL858기 사건은 북의 테러라는 공식 입장이 세워진다. 그런데 정부는 자백이 있기도 전 북의 테러라는 결론을 내렸다. 이번에 공개된 문서들은 이를 다시 확인해준다. 예컨대 1987년 12월 14일치 김현희 신병인수 발표문 초안이 그러하다. "우리 정부는 이들이 북한의 지령에 따라 대한항공 858호기를 폭파 했다는 제반 정보와 증거를 바레인 당국에 제공하고 …"(2016070042, 87쪽). 이는 최종 발표문과 영문 발표문("at the instruction of North Korea")에도 고스란히 반영되었다(129쪽, 131쪽).

버마 조사에 대한 특별한 관심

국제민간항공협약에 따르면 사건의 기본 조사는 실종 지점이 버마 지역으로 추정되었기 때문에 버마 당국이 진행하기로 되어 있었다. 버마는 조사 내용을 국제민간항공기구에 알려야 했다. 이와 관련 1987년 12월 17일 한국 정부는 "지금까지 봤을 때, 우리는 이 사고가 [북 공작원이 설치한] 폭발물에 의한 파괴 행위로 일어난 것이라고밖에 생각하지 않습니다(UNTIL NOW, WE ONLY THINK THAT THIS ACCIDENT OCCURS BY SOME EXPLOSIVES SABOTAGE)"라고 한다(2016070043, 28쪽). 그러면서 버마가 조사를 위한 준비작업을 시작했는지 물어보고, 조사를 바라지 않는다면 한국이 나서겠다고 덧붙인다. 바꿔 말하면, 한국은 증거도 없는 상태에서 버마가 사건을 (북의) 테러라고 확인해주기를 강력히 바랐다. 물증을 바탕으로 한 공정한 조사와는 거리가 먼 이야기다.

블랙박스를 찾지 못한 이유

외교부 문서 (3)

1988년 1월 15일, 안기부가 KAL858기 수사결과를 발표하자 북쪽이 바로 반박성명을 낸다. 북은 사건과 "아무런 관련도 없다"는 내용이다(비슷한 맥락의 성명이 1987년 12월부터 1988년 2월까지 여러 차례 있었다. 자세한 내용은 박강성주, 『KAL858, 진실에 대한 예의』, 66-67쪽). 정부는 (내가 알기로) 공식적으로 반응하지 않았지만, 내부적으로 "88.1.15.자 북한 중앙 통신 성명내용에 대한 반박요지" 문건을 만든다. 제44차 유엔 인권위원회 회의가 1988년 2월 1일부터 3월 11일까지 스위스 제네바에서 열렸는데, 정부는 여기에서 대북규탄 작업을 진행하려 했다. 이 과정에서 해당 문건이 제네바 주재 한국대사관으로 보내진다. 작성자는 대부분 수사결과와 정부 공식입장을 자세하게 풀어쓰려 노력했다. 예컨대 "객관적 물적 증거 결핍" 부분에서는 크게 잔해 발견과 비행기록장치(블랙박스. 비행기 뒷부분에 실린 오렌지색 물체로, 비행자료기록장치(FDR)와 조종실음성기록장치

(CVR)로 구성) 문제를 언급하고 있다.

물적 증거 부족 문제

먼저 블랙박스와 관련된 내용은 다음과 같다. "블랙박스는 인도양 심해저에 빠졌기 때문에 회수가 불가능하였음(1983년 소련의 KAL기 격추사건시에도 훨씬 근해에서 격추되었음에도 불구하고 찾지 못하였음)"(2017070040, 92쪽). 바닷속 깊은 곳이라 찾지 못했다는 이야기다. 그러나 버마(미얀마) 사고조사위원회에 따르면, 실종 지점으로 추정되는 지역의 수심은 40미터-50미터 정도로 그다지 깊지 않다. 또한 KAL858기 잔해로 추정되는 물체들을 건져 올린 버마 어부들 및 실종자 가족회에 따르면, 해당 지점의 깊이는 30미터-50미터 정도라고 한다. 1983년에 일어난 KAL007기 사건의 경우, 당시 소련이 알리지 않았을 뿐 블랙박스는 수심 170미터 정도에서 건져졌다(그리고 누군가에 의해 변조된 것으로 추정되는 이 물체가 1992년 한국에 전달된다). 하지만 깊이의 문제를 떠나 중요한 것은, 그때 정부수색단이 닷새 만에 철수계획을 세우고 공식적으로 열흘밖에 수색하지 않았다는 점이다. 블랙박스 탐지기조차 갖추지 않은 상태였다.

다음으로 잔해와 관련해 정부는 "KAL기 사건 폭파를 확인해주는 사고 비행기 잔해(구명정, 구급약품, 질소통등 총 13종)를 제시"했다고 말한다(91쪽). 여기에서 구명정(구명뗏목)은 KAL858기 사건을 둘러싼 대표적 의혹들 가운데 하나로 알려져 있다. 겉은 멀쩡한데 안에 있는 수동펌프는 부서진 채로 발견되었기 때문이다. 폭파 흔적이 없을뿐더러 내장품만 깨진 상태여서 구명뗏목이 KAL기의 것인가 하는 의문이 일었다. 2005년부터 2007년까지 사건을 재조사했던 국정원 발전위원회도 이를 주목했다. 대한항공의 장비탑재기록을 봤을 때 "구명보트(S/N 6046373)와 구명보트 내 질소탱크(S/N 16702P, 4183D8)"는 KAL858기의 것이 맞다고 한다(『과거와 대화 미래의 성찰 (III)』, 441쪽). 이 구명멧목은 비행기에 실렸던 8개 중 하나로 일등석 윗부분에 있었고, 질소통에는 대한항공 관리번호(KAL-NO, L-25 / S-25)가 찍혀있다 한다(443쪽).

안기부가 임의로 추정했던 폭약

제네바 주재 한국대사관에는 "북한 동조세력의 허위주장에 대한 반박 요지" 문건도 보내졌다. "이진규 조총련 제1부의장의 기자회견", "일본의 친북 언론", "동구권 국가(미측 제보)" 등 모두 세 부분으로 이루어졌고 폭약 관련 내용이 주목된다. 김현희 일행이 설치했다는 폭탄이 비행기를 구조신호 보낼 틈도 없이 파괴할 수 있느냐는 지적에 대한 답이다. "아측의 폭파실험 결과, 350g의 콤포지션 C4 폭발물(사건에 사용된것과 동량, 동종의 폭발물)은 5㎜ 두께의 강판을 종잇장처럼 구겨버릴 위력이 있고 10㎜ 두께의 강판에도 커다란 구멍을 낼 수 있음이 입증됨"(2017070040, 96쪽). 그러나 이미 알려진 것처럼, 김현희는 폭약의 종류와 양을 직접 말하지 않았다. 안기부가 추정한 것인데, 이를 마치 김현희가 자백한 것처럼 발표했을 뿐이다 (『과거와 대화 미래의 성찰 (III)』, 470쪽). 따라서 정부의 반박은 설득력이 처음부터 없었다.

한편 한국이 유엔 인권위원회에서 사건을 논의하려는 계획에 대해 우방국을 포함한 많은 국가들이 의문을 표시했다. 예를 들어 영국은 "인권위에서는 각국 내부의 인권문제만을 토의하는 것이 관례였다고 하면서 대외적인 테러행위에 대한 토의의 길을 열어준다면 여타 테러문제도 제기되어 서방측"이 바라지 않는 정치적 문제가 제기될 것을 우려했다(2017070040, 77쪽). 서독 (독일)의 경우, 사건을 "인권위에서 거론함이 적절치 못하다는 견해가 EC[현 유럽연합] 회원국간에 지배적이며, 또한 확고하다고 판단"했다(121쪽). 일본도 북쪽이 "발언 또는 답변권 행사를 통하여 일본을 신랄하게 공격하고 특히

재일한국인 처우등 일본내 인권문제를 악의적으로 거론할 것이 예상되는바
… 답변권 행사를 통하여 해명하지 않을수 없으므로 험악한 논전이 벌어지는
것은 바람직하지 않다는" 등의 이유로 부정적이었다(2017070041, 7쪽).

무리하게 추진된 유엔 인권위 논의

하지만 외무부는 계획을 적극 추진했고, 1988년 3월 3일 이상옥 제네
바 주재 한국 대사가 유엔 인권위원회에서 대북규탄 연설을 하게 된다. 북
쪽의 반박은 3월 7일에 있었고, 한국의 재반박은 3월 10일에 이어졌다(미
국, 콜롬비아, 일본도 한국을 지지한 것으로 나온다). 유엔 인권위원회 차원
의 성명이나 결의안은 없었다. 애초 정부의 "주요 목표는 대북한 규탄 발언
이며 결의안 상정등은 고려치" 않았다고 한다(2017070040, 40-41쪽). 이
는 우방국들 반대와 인권위원회 관례를 봤을 때 다소 무리하게 추진됐다고
할 수 있다. KAL858기 사건 관련 "북괴 만행을 전 세계에 규탄하여 북괴를
위축시키고 … 대선사업 환경을 유리하게 조성"하기 위해 추진된 정부의 무
지개 공작이 떠오른다.

김현희 유엔 안보리 증인 출석?

외교부 문서 (4)

한국 정부는 KAL858기 관련 대북규탄 활동을 국내외에서 적극 펼쳤
다. 국제무대를 기준으로 정부가 가장 신경 썼던 것은 유엔 안보리 논의다.
1987년 12월 외무부 국제연합과가 쓴 "KAL 858기 폭파사건의 유엔 제기
문제" 문건에서 그 계획과 고민을 엿볼 수 있다. 기본적인 문제는 그때 한국
이 유엔 회원국이 아니었다는 점에서 비롯된다(남북/북남은 1991년 9월 17

일 유엔에 동시 가입한다). 다시 말해 '비회원국'으로서 유엔에 KAL기 사건을 가져갈 수 있느냐는 물음이다. 정부는 유엔 헌장 제35조에서 근거를 찾는다. "유엔 비회원국이 분쟁의 당사자일 경우 분쟁의 평화적 해결 원칙을 수락할 경우" 비회원국도 "안보리 주의를 환기시킬 수 있다." 그래서 정부는 "KAL기 폭파 사건도 동 사건이 북한의 소행으로 이루어졌다고 주장할 경우 안보리 토의대상이 된다고" 판단한다(2017060056, 19쪽). 곧, 사건이 북의 테러로 밝혀져야만 유엔 논의가 가능했다.

자백 있기 전에 밝혀진 북 테러범

그러면 어떻게 밝힐 것인가? 열쇠는 김현희에게 있었다. 외무부는 "북한에 의한 테러가 있었음을 증명하여야 하는 문제가 토의의 쟁점이 될 것인바 마유미[김현희] 여인의 안보리에서의 증언문제가 대두될 것"이라고 봤다 (20쪽). 이는 정부가 그때 제시할 수 있는 유일한 증거가 김현희였다고 일러준다. 문서 작성 시기가 주목된다. 앞뒤 문서들을 봤을 때 문건은 1987년 12월 9일–15일 사이 쓰였다고 추정되는데, 김현희는 음독자살을 시도한 뒤 바레인에 있었거나 서울에 막 압송된 때였다. 아울러 "마유미"라는 용어를 본다면, 문건은 김현희라는 이름으로 자백이 시작됐던 1987년 12월 23일 전에 쓰였다고 하겠다. 유일한 증거라고 할 수 있는 김현희마저 자백을 안 하고 있던 때, 정부는 그가 폭파범이라고 확신했다.

이러한 믿음 아래 외무부는 "마유미 여인이 안보리에서 "북한의 지령에 따른 공작"이었음을 폭로하도록 유도할 수 있을 경우에만 안보리 제기의 실익이 있다고" 분석했다. "안보리 토의와 관련 민간인이 증언을" 했던 예로서 1984년 남아프리카공화국 문제로 데스몬드 투투 주교가 증인으로 나왔다고 덧붙였다. 그만큼 김현희 출석을 진지하게 검토했다는 뜻이다. 또한 외무부는 "미국과 협조, 동 여인이 북한과의 관계를 단절시키고(defect) 미국에 영주할 수 있도록 하면서 자발적인 발언을 하도록" 한다는 계획도 세웠다. 곧, KAL858기 사건 유엔 논의는 김현희 출석을 전제로 계획되었고, 이는 미국 이주까지 고려할 정도로 구체적 수준에서 추진되었다. 특히 미국 영주 문제는 정부가 안보리 논의를 얼마나 중요하게 여겼는지 상징적으로 보여주는 대목이다.

실익 없을 것 알고도 추진한 유엔 논의?

그런데 결과적으로 1988년 2월 유엔 논의가 있었지만 김현희는 보이지 않았다. 이유는 지금까지 살펴본 문서를 통해서는 알기 어렵다. 출석 문제는 위에서 말한 문건 하나에만 언급되어 있을 뿐, 다른 수많은 문서에서 내용을 찾아보기란 쉽지 않다. 혹시 정부는 김현희가 수사발표 때 생중계로 증언을 했기 때문에 충분하다고 생각했던 것일까? 아니면 논의가 열렸던 미국 현지로 가는 문제가 풀리지 않아서였을까? 그것도 아니면 김현희가 증인으로 나가라는 요청을 거부했던 것은 아닐까? 어찌 됐든 김현희는 유엔 안보리에서 증언하지 않았고, 이는 외무부가 세웠던 계획과 크게 어긋나는 것이었다. 해당 문건의 표현을 빌리자면, 정부는 '실익이 없을' 것을 알면서도 유엔 논의를 추진했다.

일본에서 잡힌 공작원과 김현희 속옷에 대한 의문

한편 유엔 주재 한국 대표부가 1987년 12월 9일에 낸 소식지가 주목된다. KAL기 사건 용의자들이 북 공작원이라는 내용인데, 출처는 일본에서 온 보고다(Reports reaching Seoul from Japan). 이에 따르면 김현희 일행 소지품들 가운데 일부가 일본에서 잡힌 북 공작원 물품들과 같다는 것을 경찰이 알아냈다. 예컨대 자살에 사용된 것으로 알려진 독극물 담배 필터 부분이 1973년 "Mizuyama incident[미즈야마 사건]"으로 체포된 공작원 김동일(Kim Dong Il)의 것과 비슷한 방식으로 준비되었다 한다(2017060056, 16쪽). 그리고 김현희의 아래 속옷에 있던 비밀주머니가(a secret pocket was attached to the underpants) 김동일의 외투에 있던 비밀주머니와 아주 똑같은 방식으로 부착되었다. 이 부분들은 (적어도 내가 알기로) 그동안 거의 알려지지 않았던 것들이다. 일본에서 잡힌 '북 공작원 김동일'이 그렇거니와 김현희 속옷(팬티)에 비밀주머니가 딸려 있었다는 것은 비교적 새로운 이야기라 하겠다. 정부 입장에서는 북의 연관성을 보여주는 중요한 부분이었을 텐데 수사결과에 반영이 안 된 점이 의문으로 남는다.

총선 의식한 정부의 대북규탄

외교부 문서 (5)

한국의 우방국을 중심으로 많은 나라들이 KAL858기 사건 관련 (북쪽을 지칭하거나 그러지 않는 형태로) 규탄성명을 발표한다. 대북제재 조치가 발표되기도 했는데, 정부로서는 만족스럽지 못할 때도 있었다. 일본의 경우가 대표적이다. 1988년 1월 18일 박쌍용 당시 외무부 차관은 오타 히로시 한국 주재 일본 대사대리를 만나 오부치 게이조 관방장관의 논평이 "북한을 분명하게 지칭하였더라면 더욱 좋았을 것"이라고 한다(2017060070, 7쪽). 이규호 일본 주재 대사는 1988년 1월 25일 문서에서 "일측 조치내용에는 아국정부가 요청한 일.북 경제교류제한 및 조총련을 기지로 한 대아국 파괴활동에 대한 규제조치가 포함되지 않은것은 유감이라고 말하고" 일본이 이러한 조치를 취해줄 것을 요청했다고 보고한다(2017070040, 24쪽). 또한 박쌍용 차관은 오타 일본 대사대리를 다시 만난 자리에서 관방장관이 담화를 통해 "조치를 "당분간" 취한다고 하고 또한 구두 보충설명에서 "올림픽 종료시 수정을 검토한다"고 하는것은 금번조치가 올림픽 종료시까지만 유효하다는 의미인지"라고 물으며, 대북제재가 오래 갔으면 하는 바람을 내비쳤다(2017060070, 29쪽).

정부 기대에 못 미쳤던 우방국의 대북규탄

신정섭 서독(독일) 주재 대사의 경우, 주재국 외무성 관계자를 만나 "성명 내용중 "연방 정부가 조사결과를 평가할 입장에 있지 않으나 동 조사결과가 사실이라면"이라는 문구 및 보복조치 자제를 종용하는 문구등 우리 기대에 어긋나는 점이 있"다고 했다(2017060071, 36쪽). 미국은 제재조치의 하나로 북을 테러지원국으로 지정한다. 아울러 한국 요청에 따라 유엔 주재 북한대표부 감축문제를 검토하기도 했는데, 미국은 "사건과 유엔 북한 대표부 활동과의 직접 관련증거가 없으며 동대표부 직원수가 9명에 불과"한 점 등을 이유로 "감축시도가 어려울것으로 판단"했다(2017060069, 4-5쪽). 정부는 캐나다에 특히 불만이 있었던 듯한데 "성명문 발표의 지연 및 발표문 문구 내용에서도, 아국정부내에서 크게 실망하고있음을" 알렸다(2017060073, 96쪽). 대북제재를 취하지 않은 것 관련, 캐나다는 북과 "아무런 실질관계가 없기때문에 별다른 조치를 강구할 수없는 입장"이라고 설명했다(97쪽). 한편 캐나다가 수사관을 서울에 보내 1988년 2월 1일 김현희를 면담케 했는데, 지금까지 잘 알려지지 않은 부분이다(96쪽). 캐나다 외무부 관계자는 수사관 보고 등을 바탕으로 한국 "수사발표내용이 전반적으로 사실"에 가깝다고 알게 됐다 한다.

이처럼 정부 입장에서는 외국의 대북규탄 관련해 아쉬움이 있었다. 하지만 전반적으로 정부는 1988년 1월 28일 기준, "우방국가, 국제기구 세계언론의 대북규탄은 이미 만족할만한 성과"를 거두었다고 평가했다(2017060056, 123쪽). 그럼에도 국제무대에서의 규탄 활동은 계속되는데,

앞선 글에서도 지적했듯 가장 중요하게 여겼던 것은 유엔 안보리였다. 외무부 국제기구조약국이 1988년 1월 24일에 쓴 "KAL기 폭파사건 유엔 안보리 대책(안)"에 따르면, 네 가지 방식이 검토되고 있었다. "(1) 장관 성명문 발표 및 안보리 문서로 배포 (2) 안보리 의장 명의 성명 (3) 안보리 소집 및 토의 (4) 안보리 결의안 제출"(87쪽).

조심스러웠던 유엔 안보리 문제

박근 당시 유엔 주재 대사는 이 가운데 안보리 의장 성명 방식을 건의해 왔다. 아래와 같은 문제들을 고려한 결과였다.

> "[유엔 주재] 미국대사가 사건으로 안보리 토의 제기(결의안 여부 불문)를 원치 않고 있음. … 친북한 국가들은 북한을 공개적으로 비호하고 사건 조작 운운하는 북한 입장 지지 예상. 안보리 토의 또는 결의안 채택 시도시 아측에 불리한 기록(결의안 부결 사실 포함)이 남게되므로, 아국이 국제무대에서 이미 향유하고 있는 유리한 입장이 약화될 우려"(108쪽).

곧, 결의안 제출은 물론이고 유엔에 사건을 제기하는 것 자체부터 쉽지 않았다. 개인적인 생각이지만, 수사결과가 누구도 부정할 수 없을 만큼 꼼꼼했어도 과연 그러했을까? 실제로 유엔 주재 잠비아 대사는 안보리 문제 관련 박근 대사와의 면담에서 "안보리에 제기하려면 국제적으로 인정을 받을 수 있는 증거를 제시해야 한다고 보며 국제적으로 인정한 수사결과가 나오면 이를 근거로 제기(CLAIM) 할수 있을 것으로 생각함. 83년 칼기 격추시에는 최소한 소련에 의한 격추사실에는 이론이 없어 안보리 토의가 가능했으나 금번 경우에는 토의의 기초가 없다고" 말했다(2017060072, 165쪽).

(대통령선거와) 총선을 의식했던 대북규탄

정부는 유엔 문제를 조심스럽게 고민할 수밖에 없었고, 결국 유엔 주재 대사는 "안보리 토의 및 의장 성명대신" 가장 낮은 단계라 할 수 있는 안보리 문서 배포 방식이 좋겠다고 말한다. "ICAO[국제민간항공기구]에서 중립적인 국제조사를 시행토록" 할 것도 건의한다(2017060056, 140쪽). 그런데 최광수 외무부 장관은 1988년 1월 28일 허버트 오쿤 유엔 주재 미국 차석대사에게 다음과 같이 토로하기도 했다. "솔직히 이야기하여 정부의 총선계획 등에 비추어 만일의 경우 아국이 안보리 소집 요청을 하였다가 의제 채택이 되지않은 경우라도 발생한다면 우리 외교의 실패로 인식되어 국내문제화될 가능성에 대비하지 않을 수 없음"(118쪽). 이 대목은 그동안 내 자신이 크게 고민하지 않았던 부분을 살펴보게 한다. 13대 총선이 1988년 4월 26일에 있었는데, 정부는 대북규탄 효과의 하나로 이 선거를 주목했던 듯싶다. 정부가 사건을 대통령선거에 이용하는 것을 핵심으로 하는 '무지개 공작' 추진기간은 1988년 5월 31일까지였고, 이는 총선시기도 포함한다. 정부가 대선은 물론 총선에도 사건을 활용하려 했다는 해석이 가능하지 않을까.

회의 의제로 "적당치가 않다"

외교부 문서 (6)

전 세계를 대상으로 펼쳐진 KAL858기 대북규탄 작업에는 1988년 2월 9일부터 24일까지 열린 '항공법에 관한 국제회의'도 포함됐다. 이 회의는 유엔 아래에 있는 전문기구로 캐나다 몬트리올에 본부를 둔 국제민간항공기구가 주최했다. 노재원 당시 캐나다 주재 대사(전두환 신군부의 국가보위비상대책위원회 외무위원장 역임)는 1988년 1월 19일 이곳을 방문한다. 그런데 항공기구 사무총장은 면담에서 "회의 의제가 이미 국제공항 안전으로 한정되어 있으므로, 의정서 심의과정에서 동건[KAL기 사건]을 제기하는 것은 적절치 않"다고 말한다. 다만 회의가 시작될 때 기조연설에서 발언하는 것은 괜찮다는 의견을 덧붙인다(34137, 45쪽). 노재원 대사는 항공기구 미국 대표도 접촉하지만, 원칙적으로는 "이미 의제가 확정되어 표제건을 제기하기에는 적당치가 않다는 의견을" 듣게 된다(56쪽). 이와 같은 부정적 입장에는 항공법 회의 의장을 맡게 될 캐나다 외무부 법률과장도 함께했다. "KAL 폭파사건이 금번 회의 주요의제와는 다소 별개의 성격일것임에 비추어, 회의진행 자체에 DAMAGE[피해]를 초래할 우려가있다"는 말이다(131쪽).

국제민간항공기구에서의 논의

의제가 이미 정해진 회의에, 그것도 대북규탄이라는 정치적 성격이 짙은 항목을 보태려는 한국의 태도는 우방국은 물론 회의 주최측을 곤란에 빠뜨렸다. 고민을 거듭하던 항공기구는 아사드 코타이트 당시 이사회 의장이 몬트리올 주재 총영사와의 면담을 요청하게 된다. 코타이트 의장은 "회의목적과 무관한 구체적인 CASE[사례]를 인용하는 것을 삼가함으로서 아국이 회의진행에 최대한 협조하여 줄것을 간곡히 당부"했다(165쪽). 한국 쪽은 회의를 방해할 의도는 없으며, 사건이 회의 의제와도 관련이 있다고 말한다. 하지만 항공기구는 회의 목적을 다시 설명하면서 KAL858기와 같은 사례를 언급하는 것은 "바람직하지 않음을 재강조"한다.

회의에 참여할 정부 대표는 박쌍용 외무부 차관(이후 노태우 정부 초대 유엔 대사)이었는데, 회의를 앞두고 항공기구와 면담 자리를 가졌다. 박 차관은 회의 관계자들에게 정부 입장을 지지해줄 것을 요청했지만 항공기구는 여전히 조심스러워했다. 코타이트 의장은 "금번회의의 법적, 기술적 성격에 유의 동 사건 언급을 6-7분내로 하여 줄 것을" 부탁했다. 캐나다 외무부 법률과장 역시 "한국측이 회의 성격을 감안, 회의가 원만히 진행되도록 협조하여 줄 것을" 다시 한번 요청한다(213쪽). 그러나 회의를 정치적 기회로 여겼던 정부는 "북한을 규탄하는 구절이 포함될수밖에 없다는 입장을 분명히" 한다(234쪽).

정부의 무리한 접근 방식

1988년 2월 9일 회의가 시작되었는데, 첫날에는 북쪽이 참석하지 않았다. 그리고 항공기구 의장은 한국을 끝까지 설득하려 했다. 박쌍용 차관이 연설을 시작하기 직전, "대표단 좌석에 와서 … 가급적 북한을 지칭하지말 것과 지칭이 불가피하면 자극 적인 표현이되지않을것을 간곡히" 요청했다 (244-245쪽). 회의 주최측이 정부의 태도를 얼마나 우려했는지 알 수 있는 대목이다. 우려는 현실로 나타난다. "연설도중 불가리아 및 소련[현 러시아] 대표가 각각 북한의 불참에 언급하고 수석대표의 연설이 의제와 직접 관계 없는 내용이라는 의사 규칙 발언을" 했다. 회의 의장은 한국이 "의제에 관련된 발언을 하여주기 바란다고 말"한다. 그리고 "쏘련대표는 … [한국] 발언 내용이 ICAO 회의의 전통과 관행에 어긋났다고 말하고, 북한대표의 불참임을 고려할때 아국대표의 발언이 객관성을 갖추지 못한것이라고" 지적한다. 아울러 이 대표는 "사건에 대한 조사 절차와 결과가 일방적이고 증거를 확립하지 못하였으며, 미리 결론을 내리고 있었다는 인상을 준다는 취지로 발언"한다(248쪽).

2월 11일에는 의장직을 맡은 캐나다 외무부 법률과장이 대표단을 찾아와 북쪽의 제안을 전달했다. 회의록에서 "대한항공기 관련 부분의 삭제에 동의하면" 북이 발언하지 않겠다고 했다는 것이다. 하지만 한국은 "절대로 동의할수 없음을 분명히" 한다(274쪽). 결국 북은 다음 날 연설을 한다. 한국은 중간에 북 "발언내용이 의제와 무관한 정치선전이므로 발언을 중지시켜 줄 것을 요청"하고, 의장은 (한국에게 그랬던 것처럼) 북에 의제와 관련된 발언만 하라고 한다. 문제는 계속되고, 칠레를 비롯한 몇몇 국가가 항의

한다. 그리고 북이 1986년 김포공항 사건이 남쪽의 조작이라고 하기에 이르자 마이크가 꺼진다. 이에 북은 KAL858기 "사건내용이 밝혀져야 하며 이를 위하여 ICAO 회원국의 협조를 요청"하는 내용으로 연설을 마친다(279-280쪽). 한국은 곧바로 발언권을 얻어 반박한다. 하지만 불가리아가 의제에서 벗어난 발언에 이의를 제기하고, 관련 회의는 마무리된다(34255, 52쪽).

정치적 대결로 얼룩진 회의

이처럼 '항공법에 관한 국제회의'는 항공기구가 우려했던 것처럼 남북/북남의 대결로 얼룩졌다. 정부의 생각은 달랐다. "대북 규탄효과를 제고"했다며 만족해했다(15쪽). 그리고 노재원 대사에 따르면, (조직 차원에서 부정적 입장을 견지했던 분위기와는 달리) 항공기구 법률국장은 남쪽이 "성공적"이었다는 말을 했다고도 한다(34137, 282쪽). 한편 정부는 1988년 3월 1일-2일에 열린 항공기구 이사회 회의에도 참관국으로 참석해 사건을 제기하려 했고, 이를 관철시킨다. 코타이트 의장은 "사건의 제기가 정치정[정치적] 요소를 포함하고 있다고 판단하고" 처음에는 계획에 부정적이었다(54쪽).

정부의 해외 언론 길들이기

외교부 문서 (7)

흔히 언론은 공정하고 객관적인 보도를 생명으로 한다고 얘기된다. 물론 (공정성과 객관성 개념 자체에 대한 논의를 떠나) 이 원칙이 얼마나 지켜지고 있는지에 대해서는 고민이 필요하다. 예컨대 KAL858기 사건 관련 국내 언론이 '받아쓰기'를 했다는 것은 잘 알려져 있다. 적극적인 취재나 검증 없이 정부 자료를 거의 그대로 베껴 쓰는 일이 많았다. 그렇다면 해외 언론은 어땠을까? 외교부 문서에 따르면 '일부' 해외 언론 역시 받아쓰기 수준에서 벗어나지 못했다. 더 정확히 말하면, 한국대사관과의 밀접한 관계 속에 정부가 바라는 기사나 논평을 써냈다. 핀란드 일간지 〈Länsi-Suomi〉는 1988년 1월 28일 편집국장 글에서 "북한의 테러행위를 신랄히 비난했"다. 그런데 이것은 한국대사관의 "협조요청에 의한것"이었고, 편집국장은 대사관이 "88언론인 방한초청 대상자로" 추천한 사람이었다(2016070062, 194쪽). 북쪽을 비난해서 잘못됐다는 것이 아니다. 문제는 그가 스스로 글을 썼다기보다, 이해관계에 따라 대사관이 바랐던 논조의 글을 써냈다는 것이다.

해외 언론 상대로 대북규탄 유도

덴마크 주요 일간지 〈Jyllands-Posten〉은 1988년 1월 24일 "북괴 김정일을 국제테러 원흉으로 상세히 해설,비판한 대형 해설 기사를" 실었는데, "KAL기 폭발사건 관련 북괴규탄 홍보의 일환으로 유도"된 것이었다(118쪽). 홍콩 주재 총영사는 "주요언론에 사설게재 협조요청 및 협조제공" 활동을 했고, 이는 1988년 1월 18일 〈South China Morning Post〉와 〈The Asian Wall Street Journal〉의 사설로 이어진다(2016070068, 10쪽). 말레이시아의 〈Malay Mail〉은 1988년 1월 24일 기사에서 KAL기 사건은 "김정일의 지령에 의한것이라고" 밝혔는데, 편집국장이 대사관의 "요청으로 직접 집필"했다(78쪽).

포르투갈의 〈Capital〉은 북한대사관을 닫아야 한다고 촉구했고, 이 역시 한국대사관의 "홍보활동 결과"의 하나라 할 수 있다(2016070062, 197쪽). 코스타리카 〈La Prensa Libre〉의 경우 대사관 요청에 따라 1988년 1월 18일 "한국 비행기 실종은 테러 행위에 기인"이라는 제목으로 정부 자료를 "전문 게재"했다(2016070058, 90쪽). 어느 "친한 언론인"은 코스타리카 최대 유력지 〈La Nación〉에 1988년 1월 30일 대북규탄 논평 기사를 냈는데, 마찬가지로 대사관 활동의 결과였다(2017050042, 19쪽). 베네수엘라 최대 일간지 〈El Universal〉은 1988년 1월 20일, 한국대사관이 전달한 수사결과 및 정부 성명을 "거의 수정없이 전면 게재"했다(2016070058, 161쪽). 파라과이 주요 일간지 〈La Tarde〉는 1988년 1월 20일 "북괴 테러를 규탄하는 사설"을 실었는데, 대사관이 "북괴규탄기사를 게재토록 노력하여 온" 결과였다(167쪽). 과테말라의 〈El Gráfico〉는 1988년 1월 21일 사설 및 논평란에 대사관이 제공한 "수사내용 및 설명자료에따라" 글을 실었다(173쪽). 페루 주재 대사는 최대 일간지 〈Expreso〉의 "부주필을 접촉 … 2-3일내 북괴 규탄사설 게재"를 약속받기도 했다(174쪽).

세네갈 주재 대사관은 〈Le Soleil〉에 대북규탄 "기사 유도를 위해 약1주일동안 각종자료"를 건넸고, 편집국장은 1988년 1월 25일 논평을 쓰게 된다(2016070066, 114쪽). 트리니다드 토바고의 〈Trinidad Guardian〉은 1988년 2월 13일 대북규탄 사설을 실었는데, 신문사 사장 겸 주필이 쓴 것으로 대사관의 "사전조정에의한" 글이었다(2017050042, 93쪽).

한편 (대사관 정보가 맞다면) 북쪽도 해외 언론에 영향력을 행사했던 듯하다. 예컨대 파키스탄의 국영 언론 〈Pakistan Times〉는 최웅 당시 파키스탄 주재 대사(전두환 신군부의 사조직 '하나회' 출신) 기자회견 내용을 1월 24일 "스포츠면"에 실었다. 기자회견은 1월 18일에 있었는데, 대사관에 따르면 북쪽이 편집장과 조판공을 "매수"해서 그날 저녁 인쇄 직전 기사가 빠졌다. 그리고 다음 날 다른 기자가 기사를 썼지만 이 역시 지워져 며칠 뒤에야 기사가 실렸다고 한다(2016070069, 153쪽).

국경없는 언론 통제

한국대사관들은 주재국 언론을 통한 대북규탄 활동에 힘을 기울였고, 정부 입장이 반영되지 않았을 때는 적극 나섰다. 독일의 〈Frankfurter

Rundschau〉는 1988년 1월 16일 수사발표에 의문을 제기하는 사설을 실었다. 그러자 독일 주재 대사관은 신문사에 "귀지에 대한 신뢰도에 의문을 제기하는 기사로서 완전히 주관적인 인상에의한 근거없는 보도이며 … 응분의 시정조치를 바란다는 요지의 항의서한"을 보냈다(2016070062, 186쪽).

캐나다 〈The Globe and Mail〉의 경우 동경 특파원이 한국을 방문하고 취재한 기사를 1987년 12월 4일 실었는데, 조총련이 북 관련성을 부인하는 내용 등도 포함됐다. 그러자 노재원 캐나다 주재 대사(전두환 신군부의 국가보위비상대책위원회 외무위원장 역임)는 "금번사건이 북괴에 의하여 자행된 사실에 의구심을 나타낼지도 모르게 보도되어 있으므로" 정부가 적절히 대처할 필요가 있다고 말한다. 그리고 이 신문사와 "기자에 대한 제재방안등에 대하여는" 나중에 건의를 하겠다고 보고한다(2016070058, 16쪽). 대사관은 신문사에 공보관 이름으로 항의서한을 보내는데, 해당 기자에 "제재"를 가하겠다는 생각 자체가 지나치지 않았나 싶다.[3] 전두환 정권의 언론통제에 국경은 없었다.

교민 상대 대북규탄 유도

외교부 문서 (8)

지금도 그렇지만 1980년대 한국인들은 세계 곳곳에서 살고 있었다. 정부는 이 교민들을 KAL858기 대북규탄 활동에 적극 동원했다. 1988년 1월 14일 외무부 국제기구조약국은 "대한항공 858기 폭파사건 대책 보고" 문건을 만든다. 여기에는 "미.일 등 지역에서 교민들에 의한 자발적 북한 규탄 데

---

3) 저는 문서 내용을 토마스 월컴 기자에게 전자우편으로 알렸고, 다음과 같은 답장을 받았습니다(2019년 7월 31일). "그 누구에게도 제재를 받은 기억이 없습니다(I don't recall). 저는 일본에서 한국으로 취재를 하러 계속 갔으니까요."

모 등 유도" 계획이 적혀 있다(34137, 43쪽). 이 작업은 1987년 12월 2일부터 안기부 주도로 진행된 '무지개 공작'과 흐름을 같이 한다고 하겠다. 무지개 공작 내용 가운데 하나는 "탑승 희생자의 유가족을 포함한 국민 각계의 대북 규탄 집회, 성명 및 논설 등 수단 총동원, 북괴 규탄 분위기 확산"이다.

집회 경비 전액 지원하기도

먼저 파키스탄 사례가 주목된다. 김동진 당시 카라치 총영사는 수사발표 직후인 1월 17일 "한인회 간부전원을 관저에" 불러 "북괴의 반민족적, 비인도적 만행을 상세 설명하고, 북괴 규탄집회개최를 유도, 동임원들은 흔쾌히 한인회주관으로 개최키로" 했다(2016070069, 111쪽). 집회는 1월 19일에 열렸는데 파키스탄 정부의 "제3국 비방금지 지침을 고려"해 총영사관 직원은 참석하지 않았다. 다시 말해, 총영사는 원칙적으로 해외공관이 특정 국가 규탄행사를 열 수 없다고 알면서도 집회를 유도했다. 참고로 교민들은 총영사관에서 "제작, 제공한 허리띠"와 손팻말 등을 사용했고, 이를 포함 "장소 임차료및 행사개최부대경비는 전액 당관에서 지원"했다.

미국 로스앤젤레스 총영사관도 규탄대회 유도에 함께한 듯하다. 1월 31일 궐기대회가 있었는데 반공협회가 주관한 행사였다. 500명 정도가 참여했고, "평통[민주평화통일자문회의 또는 민주평통], 한인회, 재향군인회, 노인회등 교민단체 및 KAL 지사 협조"로 이뤄졌다. 총영사관은 "교민사회의 긍정적 움직임을 계속 고취시킴으로서 불순세력에 대처하는 한편, 평소 교민사회 전면에 나서기 꺼려하던 일반 교민사회 및 건실한 교민지도자의 영향력 제고 기회로 적극 활용"하고자 했다(2016070057, 146쪽). 미국 호놀룰루에서는 교포 방송국(KBFD TV)이 "교민들의 북괴 규탄궐기대회를 촉구"했는데, 총영사관 "홍보활동 결과"의 하나였다(13쪽). 이에 1월 24일 호놀룰루 청사 앞에서 규탄대회가 열렸고 58개 교민단체가 참여했다(2016080012, 13쪽).

"규탄궐기 대회를 유도"

정부가 수사결과를 발표한 1988년 1월 15일, 이정빈 당시 스웨덴 주재 대사(이후 김대중 정부 외교통상부 장관)는 저녁에 민주평통 위원들 및 한인회장단과 모임이 있었다. 그는 "교민들로하여금 적당한 기회를 이용, 당지 주재 북괴공관앞에서 ⋯ 평화적인 시위를 자연스럽게 유도함으로서 북괴 테러 집단에 대한 교민및 주재국인들의 인식을 제고시킬계획"이라고 했다(2016070061, 27쪽). 유도 계획은 성공했는데, 1월 24일 스톡홀름에 있는 왕립도서관 앞에서 교민 100명 정도가 규탄대회를 열었다. 교민들은 북한대사관 앞으로 자리를 옮겨 50분 동안 구호를 외치는 식으로 대회를 마무리했다. 스웨덴 북한대사관 앞에서의 항의시위는 이것이 첫 사례였다 한다(2016070062, 89쪽).

박선호 아랍에미레이트 주재 대사 역시 "한인회장, 평통자문위원, 업체 및 교민대표와 금번사건에 대한 간담회를 개최 한인회 주최하의 대북괴 규탄궐기 대회를 유도"했다(2016070065, 28쪽). 이에 따라 "한인회 간부들은 ⋯ 영자 및 아랍어 일간지에 광고형식으로 북괴 만행규탄 및 사망자에 대한 조의를 표명하는 기사를 게재"하기로 했다. 그리고 1월 17일 두바이 경남건설 현장에서 열린 규탄대회에서 교민들은 "자유 민주주의를 수호하는 자랑스런 대한민국 국민으로서 자유와 평화를 사랑하는 전 세계 인류와 더불어 잔악무도한 북한괴뢰집단의 만행을 온 인류의 이름으로 응징할 것을 다짐한다"(2016070065, 114쪽). 김태지 인도 주재 대사도 뉴델리의 한인 유지들을 관저로 초청, "북괴의 만행 전모 및 북괴의 저의를 설명, 해외 거주 교민들에 대한 경각심을 고취시"켰다(2016070069, 109쪽). 이 계획 역시 성공했는데 "교민회는 북괴의 만행에 경악과 울분을 표하고, 북괴를 규탄하는 성명을 본국 정부에 전달키로" 결정했다.

목사 기도회도 포함

독일 프랑크푸르트에서도 규탄대회가 있었고, 이 역시 총영사관이 교민들을 "유도"한 것이었다(2016070061, 128쪽). 대회는 1월 20일 프랑크푸르트 중앙역 광장에서 열렸는데, 식순에는 순복음교회 목사의 기도회도 있었다(2016070062, 8쪽). 이복형 당시 아르헨티나 주재 대사도 수사발표에 맞춰 "교민회장등 각 단체장 초청, 북한규탄 성명발표 유도"에 힘을 쏟았다(2016070058, 71쪽). 그리하여 1월 21일 약 200명이 참석한 가운데 교민회관에서 규탄대회가 열린다(99쪽). 태국도 마찬가지다. 김좌수 태국 주재 대사는 "교민회가 자발적인 북괴규탄 대규모 궐기대회를 1.18.북한 통상대표부 앞에서 갖도록 조치"했다고 보고한다(2016070068, 191쪽). 홍콩 총영사도 한인회를 상대로 "북한만행 규탄결의 지도" 활동을 했다(10쪽).

궐기대회는 아니지만 캐나다 토론토 총영사관의 경우, "평통지역 협의회 승공문화협회 등 관련단체에 북괴만행 규탄 성명 게재 유도" 작업을 진행했다(2016070058, 19쪽). 김동호 당시 카메룬 주재 대사는 "교민들에게 금번 사건을 상세히 설명하고, 대북 경각심을 일층 고양시키기 위해" 외무부에서 만든 "칼기 폭파사건 진상 발표 및 김현희 기자회견 비데오 테입을 회람하여 시청"하게 했다(2017050067, 16쪽). 이 밖에 공관에서 직접 유도했는지 분명히 확인되지는 않지만, 미국 뉴욕, 일본 오사카와 후쿠오카 및 시모노세키, 캐나다, 스위스, 브라질, 노르웨이 등 수많은 곳에서 규탄대회가 열렸다. 대부분의 경우 한인회, 민주평통, 반공주의 단체 등이 앞장선 것으로 보인다.

대북규탄을 위한 선전도구

교민들 가운데는 정말 스스로의 의지에 따라 규탄대회에 나오셨던 분들도 계실 것이다. 하지만 이를 떠나 핵심은, 전두환 정부에게 교민은 대북규탄을 위한 선전도구로 가치가 있었다는 것이다. 그랬기에 (때로 경비를 전액 지원하면서까지) 궐기대회를 유도하기 위한 노력이 전개됐고, 공관장들은 각 대회를 '실적'으로 보고하는 분위기가 있었다고 생각한다. 참고로 외무부는 "KAL기 사건 관련 북괴규탄 교민행사"라는 특별 문건을 적어도 6회까지 별도로 꾸준히 써갔다.

버마 아웅산 사건과 증거 문제

외교부 문서 (9)

정보공개 청구로 외교부 문서를 포함한 KAL858기 자료를 봤을 때도 느꼈지만, 올해 공개된 비슷한 자료를 다시 보며 분명해진 부분이 있다. 1983년 아웅산 사건과 1987년 대한항공기 사건에는 깊은 연관이 있다는 것이다(아웅산 사건은 북쪽이 전두환 대통령 암살을 목표로 버마(미얀마) 아웅산 묘역에 폭탄을 설치해 1983년 10월 9일 고위 관료와 수행원 등이 죽었다고 알려진 사건. 전 대통령은 행사에 늦게 도착해 목숨을 건졌다고 한다). 수사발표에 따르면 김현희 일행은 바레인에서 음독자살을 시도했는데, 현지에 급파됐던 안기부 요원이 3명 있었다. 이들은 "랑군[버마의 수도 양곤] 사건때 수사를 담당한 전문가"였다(2016070040, 124쪽). 1987년 12월 초에 쓰인 듯한 "KAL기 추락 사건 원인 규명(북한 공작원에 의한 폭파로 간주되는 이유)" 문건을 봐도 그렇다. KAL기 사건이 북의 테러로 여겨지는 첫 번째 이유는 "자살기도"다. 곧, "북한은 자신들의 범행이 발각되는 경우" 자살을 시도하는데, "랑군 암살 폭발 사건시에도 진모, 강민철 두 범인이 체포되었을 때도 수류탄으로 자폭 기도"를 했다 한다(2016070041, 161쪽).

1983년 아웅산 사건과의 연관성

김현희와 동행했던 김승일의 위조여권도 마찬가지다. 위 문건에 따르면, 여권 위조에 "미야모토 아끼라(한국명 : 이경우)"가 관여했는데 그는 일본에서 활동하던 북 "간첩망의 중요 인물"이었다. 그런데 "랑군 암살 폭발 사건에 관련이 된 것으로 알려졌"다고 한다(163쪽). 1987년 12월 18일 외무부가 재외공관장들에게 보낸 "KAL기 폭파사건 관련 대주재국 홍보 지침"도 주목된다. 정부로서는 세계에 북을 "국제 테러리스트 집단"으로 인식시키는 것이 중요했는데, "버마 랑군 아웅산 사건" 등의 사례를 들어 KAL기 사건을 홍보하라는 것이다(2016070045, 260-261쪽). 그래서였을까. 예컨대 남홍우 당시 가나 주재 대사는 KAL기 사건 기자회견을 열고, 회견에 "이어 북괴만행 현장을 보여주는 랑군사태에 관한 영화(도발과 만행의 현장)을 상영"했다(2016070066, 75쪽). 이처럼 초기에 KAL858기 사건을 북과 연결시키는 역할을 한 것 가운데 하나가 아웅산 사건이다.

여러 가지 해석이 있을 수 있는데, 개인적으로는 '증거' 문제가 핵심이라고 생각한다. 큰 틀에서 이는 KAL기 사건 자체의 증거가 부족한 상황에서 정부가 과거 사건을 통한 정황증거, 또는 심증 확보에 주력했다고 일러준다. 다시 말해, '북이 어떤 집단이냐? 과거 아웅산 사건을 저지른 테러 집단이다. 그러니 KAL기 사건도 틀림없이 북이 했다'는 논리가 나온 것이다(물론 아웅산 사건이 북의 테러라고 했을 때 가능한 이야기다. 참고로 이 사건이 남쪽의 자작극이라는 의견도 있다. 자세한 내용은 강진욱, 『1983 버마』). KAL858기 사건의 속성상 물증을 찾기가 쉽지 않았을 것이다. 그렇더라도 북에 대한 혐의를 입증하기 위해서는 김현희 '자백' 외 확실한 증거가 있어야 했다. '물증'의 중요성은 자료의 여러 곳에서 언급된다.

"물적 증거가 있었다면"

예를 들어 수사발표가 있었던 1988년 1월 15일, 말레이시아는 대북규탄 성명을 발표해달라는 요청을 받고 수사결과가 "범인의 자백만에 의한것인지 여타 물증이 있는지를 문의"했다(2016070068, 67쪽). 캐나다 역시 요청을 받았는데 발표에 시간이 걸리는 것과 관련, "조사 내용이 대부분 범인 김현희의 자백에 근거하고 있어, 동 사실을 법률적면에서 정부성명문으로 연결시키는데 다소 기술적 어려움"이 있다고 말한다(2016070058, 15쪽). 그 뒤 성명을 발표한 캐나다는 사건이 북의 "국가테러 행위라는 인식에있어서는 … 모든 관계자들이 의심하지아니하였으나, 이번 사건과 북괴 정부를 직결 시킬수있는 물적 증거가 있었다면" 더 강력한 성명과 행동도 고려할 수 있었을 것이라고 덧붙인다(22쪽). 북이 개입했다고 믿지만 물증이 없다는 이야기다.

1988년 2월 25일 문서를 보면, 유종하 벨기에 주재 대사는 유럽의회의 대북규탄 결의안 추진을 위해 노력했는데, 20명 정도의 의원과 접촉한 결과 "북한을 결정적으로 규탄하는데는 확정적 증거가 다소 부족하다는 견해"가 있었다(2016070063, 147쪽). 또한 같은 달 유럽공동체(현 유럽연합) 의장국은 서독이 맡고 있었는데, 박근 유엔 주재 대사에 따르면 유엔의 서독 대사가 "자백을 한 여인(김현희)외에 어떤 다른 증거를 갖고있는지" 물어왔다(2017060073, 12쪽).

몇몇 해외 언론도 예외는 아니었다. 일본 후쿠오카의 〈니시니혼신문〉은 1988년 1월 17일 사설에서 "물증이 없기는 하나 한국측 발표전체가 신뢰할 만"하다고 밝힌다(2016070059, 105쪽). 수사발표를 믿는 입장에서도 물증이 없다는 점을 지적한 것이다. 증거 부족의 문제는 결국 여러 가지 의혹 제기로 이어진다. 태국의 영문 일간지 〈The Nation〉은 1988년 1월 16일 사설에서 김현희가 언급한 김정일 친필지령과 관련, 일개 "공작원은 누구에게서 지령이 왔는지 알 필요가 없다"면서 의문을 제기한다. 또한 "김정일이 비행기 폭파로 서울올림픽을 방해할 수 있을 것이라고 생각했다는 점이 믿기 어렵다"고도 했다(2017070084, 103쪽). 그럼에도 신문은 사건이 "북의 공작(A NORTH KOREAN PLOT)이라는 점에는 의심의 여지가 없다"고 밝힌다(104쪽). 수사발표가 맞지만 해명되지 않은 점들이 있다는 뜻이다.

"더욱 철저하고 독립적인 조사"

그러니 수사발표를 받아들이지 못하는 입장에서는 어땠겠는가. 1988년 2월 2일 북은 국제조종사연맹이 보내온 편지에 다음과 같이 답한다. "사건이 일어나자마자 남한측은 ICAO[국제민간항공기구] 규정과 절차에 따른 사고 원인 규명과 사고기 잔해 및 항공 기록기기 등 사고조사에 필요한 증거 수집을 하기에 앞서 사고책임을 우리측에 돌렸음"(2016090591, 61쪽). 미국에서 활동하던 스탠리 폴크너 변호사도 1988년 1월 29일, 김현희 자백에 의혹을 제기하며 "더욱 철저한 조사 … 독립적인 조사(a more thorough investigation … an independent investigation)"가 필요하다고 유엔 서독 대표부에 편지를 보낸다(2017060071, 66-67쪽). 수사발표를 받아들이는 입장에서도 그랬지만, 결국 확실한 증거가 있느냐가 문제였다.

그 가족이 실신한 이유

외교부 문서 (10)

"KAL機[기] 실종事故[사고] 報告[보고]"(2016070046, 2쪽). 1987년 11월 29일-30일에 쓰인 것으로 추정되는 외무부 청와대 보고서 제목이다. "실종"이라는 말이 주목된다. 정확한 장소, 원인, 생존자 여부 등을 모르지만 비행기가 사라진 것만은 분명한 상황. 이를 잘 표현하고 있는 말이 실종이라 하겠다. 외무부가 청와대에 올린 보고서는 최소한 12월 10일까지 "KAL기 실종사고 보고"라는 제목을 유지한 듯하다(29쪽). 하지만 1988년 1월 15일 수사발표 전후로 보고서 제목은 다음과 같이 바뀐다. "KAL기 폭파사건 …"(105쪽). "실종사고"가 "폭파사건"이 된 것이다. 왜 그랬을까? 답은 김현희에 있다. 대통령선거 하루 전인 12월 15일 김현희가 테러 '혐의자'로 바레인에서 서울로 압송되고, 12월 23일 '폭파범'이라고 자백을 시작하여, 1월 15일 기자회견을 한다. 정부가 실종사고를 폭파사건으로 확정할 수 있게 해준 증거, 바로 김현희다.

김현희 자백, "가장 중요하고 구체적인 증거"

이런 맥락에서 보면, 정부의 수사는 김현희 압송을 계기로 사실상 끝났다고 할 수 있다. 1987년 12월 14일 "신병인수에 관한 발표문 (안)"에서 "정부는 "하찌야 마유미[김현희]"와 … "하찌야 신이찌[김승일]"가 북한의 지령에 따라 대한항공기를 폭파했다는 제반 증거를 바레인 당국에 제공"했다고 밝혔다(2016070042, 87쪽). 사건이 북의 테러라는 증거를 (김현희 자백을 받아내기도 전에) 이미 확보했다는 것이다. 어찌 됐든 정부는 "북한간첩들은 철저한 사전교육을 받았기 때문에 사실을 쉽사리 자백하지 않는다"는 등의 말로 바레인을 설득해 김현희를 데려오고(2016070045, 136쪽), 철저한 교육을 받았다는 김현희는 8일 만에 자백한다. 정부의 심증이 확증으로 굳어지는 순간이다. 이처럼 김현희와 그 자백은, 미국 하원 청문회에서도 언급됐듯, "가장 중요하고 구체적인 증거(The most important and detailed evidence)"라고 하겠다(2016070057, 176쪽).

하지만 김현희 자백을 모두가 받아들인 것은 아니다. 일본 언론들은 "테러목적이 일반 상식적으로 납득할수 없다는점, 공항에서 폭발물 검색을 무사히 통과했다는 점, … 공작원이 8일이라는 빠른시간내에 전향할수 있는가 하는점, 한국의 국내정치 타이밍과 사건의 진전이 잘맞아 들어가고 있다는 의문점을 지적"했다(2016070059, 112쪽). 당시 유고슬라비아 대통령은 "사고의 중대성에 비추어 한국측이 사고항공기의 잔해 탐색 작업을 계속하지 않고 있다는 사실" 등이 이상하다고도 했다(2016080004, 18쪽). 그랬기에 나이지리아 유력 일간지 〈더 가디언〉은 "유엔과 같은 국제기구가 개입하여 독자적인 조사를 하거나 한국측 조사결과를 입증할수 없음을 개탄"했다(2016070066, 131쪽). 실제로 유엔 아래에 있는 국제민간항공기구는 1988년 1월 "한국정부의 통보내용을 신용하기 때문에 … 별도로 ICAO 관계관을 파견할것을 고려하지않고 있다고" 밝혔다(34137, 44쪽).

유엔과 버마도 제대로 조사 하지 않아

버마는 1988년 2월 16일 항공기구에 사고 관련 예비 보고서를 보냈는데, 이에 따르면 사고 원인은 "[김현희와 김승일이 설치한] 콤포지션 C4와 PLX 액체폭약의 폭발(explosion)"이었다(2017060058, 69쪽). 그런데 알려진 바와 같이, 폭약 부분은 안기부가 임의로 추정한 것이다(국가정보원, 『과거와 대화 미래의 성찰 (III)』, 470쪽). 다시 말해, 버마 당국이 안기부의 설명을 그대로 받아 유엔 기구에 보고했다는 뜻이다. 제대로 된 조사는 한국에서는 물론, 유엔과 버마에서도 찾아보기 어려웠다.

그래도 정부는 심증과 자백을 바탕으로 한 공식 입장을 크게 홍보하며 북을 압박했다. 예를 들어, 미국에 "미.북한 외교관 접촉 지침 완화 조치의 철회" 등 강력한 대북 제재조치를 요청한다(2016070057, 9쪽). 미국은 조지 슐츠 당시 국무부 장관의 표현대로, (형식적인 발언일 수 있지만) "전[두환] 대통령에 대해 훌륭한 정치 지도자로서 높은 존경심을 갖고 있"었고 (2017060069, 85쪽), 북을 테러지원국으로 지정한다. 이러한 우방국 지지 등을 바탕으로 정부는 북을 몰아세웠다. 그 자체가 잘못됐다기보다, 사건이 북의 테러라고 '확신'하는 쪽에서는 할 수 있는 일이었다고 생각한다. 그런데 지나친 면이 있었다. 항공기와 관련 없는 국제기구에도 규탄에 함께해줄 것을 요청했다. 해양 정책을 담당하는 국제해사기구, 교육 문제 등을 담당하는 유네스코, 종교 단체인 세계가톨릭여성연합회 등이다. 이 기구들은 각각 "어디까지나 선박에 국한되는 것"(2016070061, 48쪽), "그같은성명을 발표한 선례가 없고"(105쪽), "종교단체로서 정치성을 띤 규탄성명을 대외적으로 발표하기는 곤란함"(2016070062, 42쪽) 등의 표현을 써가며 난처함을 드러냈다.

실종자 가족들을 비롯해 상식을 지닌 국제사회 구성원들이 바랐던 것은, 꼼꼼한 수색과 철저한 조사라 하겠다. 그런 부분에 외교력이 집중되어야 했다. 아쉽게도 정부의 초점은 다른 곳에 있었던 듯싶다. 바로, 대북규탄이다. 예컨대 오스트리아 주재 대사(전두환 신군부의 사조직 '하나회' 출신)는 "북괴 주체사상 비판 저서를 출판한바 있는 비엔나대 … 교수부부를 오찬에 초청"해 언론을 통한 북 비판에 나서주라고 요청한다(2016070064, 46쪽). 이탈리아 주재 대사의 경우, 규탄 기사를 써준 최대 주간지 기자와 관련, "협조 유대가 깊은 친한인사인바 필요시 활용을 위한 지원비용" 조치를 건의한다(2017070086, 171쪽).

정부 입장에 어긋나면 색깔론 공격

반대로 정부 입장에 의문을 제기하는 논조에 대해서는 매서웠다. 캐나다 토론토 주재 총영사는 문제의 기사 관련된 독자편지에서, "공산주의자들과 친공산주의자들(COMMUNISTIS AND THEIR SYMPATHIZERS)을 제외한 모두가 북의 국가 테러행위의 악명을 인식하고 있다"며 "북 공산주의자들이 해당 기사에 대해 기뻐했으리라 확신한다"고 했다(2016070058, 25쪽). 미국 주재관의 경우, 브루스 커밍스 시카고대학교 교수가 〈로스앤젤레스 타임스〉에 실은 글에 대해 "북괴가 KAL기 사건을 규탄하는 국제여론이 비등하자 친북학자인 BRUCE CUMINGS를 동원, 동 기고문을 기고케한 것으로" 판단하고 대책을 고민했다(148쪽).[4] 전형적인 색깔론 공격이다. 스

---

4) 저는 문서 내용을 브루스 커밍스 교수에게 전자우편으로 알렸고, 다음과 같은 답장을

리랑카 자유당 기관지가 한국 대사의 기자회견을 비난한 "친북단체" 성명을 실은 것 관련해서는, 자유당 공천이 예정되어 있던 인물에게 "친북단체 성명 게재는 신중을 가하도록하는 당내여론을 조용히 유도토록 종용"하기도 했다(2017070086, 68쪽).

색깔론과는 좀 다른 맥락에서, 당시 한국 언론이 김현희 미모를 부각시키며 선정적인 보도를 했다고 알려진다. 해외 언론도 마찬가지다. 덴마크 유력 일간지 〈Jyllands-Posten〉은 "미인 김현희"라는 표현을 썼고 (2017070084, 184쪽), 볼리비아 신문 〈El Diario〉도 "아름다운 여인"이라는 말을 제목에 포함시켰다(2017070086, 164쪽). 오스트리아 최대 일간지 〈Kronen Zeitung〉은 김현희를 "예쁘고 해를 끼치지 않을듯한" 공작원으로 그렸다(2016070064, 48쪽).

지금도 재조사 요구하는 실종자 가족들

이것으로 10차례에 걸쳐 외교부가 공개한 문서를 나름대로 살펴봤다.[5] 이 자료들은 2016년 정보공개 청구로 열람했던 진실화해위원회 기록에 포함됐었는데, 그때는 시간과 장소의 제약으로 불편한 점이 많았다. 이번에는 좀 여유롭게 볼 수 있었고, 그렇더라도 잘못 해석한 부분이 있을 수 있다. 정리한 내용이 더 있지만 여기서 마칠까 한다. 연재에 관심을 가져주신 모든 분들께 깊이 감사드린다. 아울러 시민의 알 권리를 위해 문서를 공개한 외교부의 노력에 박수를 보낸다(국정원은 이를 본받아야 하지 않을까. 구체적으

받았습니다(2019년 9월 4일). "한국 외교관들이 이러한 매카시즘 전술(McCarthyite tactics)을 믿었던 듯해 놀랍습니다. … 그때 미국 연방수사국(FBI) 요원들이 학교 연구실로 찾아왔습니다. 한국 영사관의 어떤 이가 저를 북쪽 간첩이라고 했다는 것입니다. 저는 학교 변호사에게 연락했고, 이 담당자는 국무부에 연락을 했습니다. 그리고 영사관 관리는 미국에서 추방되었고요. 안기부 요원이었다고 하더군요."

5) 2019년 공개된 외교부 문서들은 다음 자료집에서도 볼 수 있습니다. 한국학술정보 엮음, 『대한항공(KAL) 858기 폭파사건: 외교문서 비밀해제 1-25』, 한국학술정보, 2019.

로는 '무지개 공작' 문건을 전면적 또는 충분한 수준에서 공개해야 한다).

1987년 12월 8일, KAL858기 승무원 가족들과 대한항공사가 면담을 했다. 가족들은 "사고이후 아직까지 위치파악도 못하고 있느냐? … 수색을 과학적으로 해라. … 사고 원인에 대해 아직도 정확히 모르고 있다"며 울분을 토해냈다(2016070041, 85-86쪽). 며칠 뒤 가족들은 김포공항에서 시위를 벌인다. 그 가운데 1명이 "실신"해서 병원으로 후송되는데, 바로 차옥정 전 KAL858기 가족회장이다(2016070042, 82쪽). 차옥정 전 회장을 비롯한 많은 실종자 가족들이, 지금도 사건의 재조사를 요구하고 있다. 32년이 되는 올해도 시위를 한다. 가족들이 또 실신하도록 내버려둔다면, 이를 어찌 정의로운 사회라 할 수 있을까.

교통부의 무책임한 조사 결론

외교부 문서 2차 (1)[6]

"내가 알잖아요, 내가." 다른 사람들은 모를 테니 그냥 지나치자는 말에 이렇게 답한다. 나는 나를 속일 수 없다고. 그래서 이 일을 해야겠다고… 영화 〈감기〉에 나오는 말이다. 2013년에 나온 영화는 지금 계속되고 있는 감염병 사태 관련해 외국에도 몇 번 소개되었다. 내가 보기에 탈식민(미국-한국, 서울-지방) 관점 등 많은 것을 생각하게 해주는 작품이다. 좀 다른 이야기지만, 작년과 마찬가지로 외교부가 30년이 지난 문서들을 공개했는데 KAL858기 자료도 포함됐다. 무엇보다 규정에 따라 문서를 공개한 외교부에 박수를 보낸다. 그리고 이 연재는 4월부터 하기로 했지만, 감염병 사태 관련 상황으로 일정을 갑자기 늦추게 되었다. 불편한 상황에서도 글을 어서

---

6) 연재는 9회에 걸쳐 이루어졌습니다. 〈통일뉴스〉, 2020년 6월 3일-7월 12일.

써야 한다는 마음을 속일 수 없었다. 그러면서 '갑작스레 찾아온 불확실함'에 대해 생각했다. 감염병 사태도 그렇지만, KAL기 사건도 그렇지 않냐고. 33년 전 갑자기 사라진, 그리고 지금껏 불확실함이 이어지고 있는.

외교부 KAL 관련 2,000쪽 정도 공개

3월 31일 공개된 외교부 KAL858 문서는 2,000쪽 정도로, 일부는 2016년 개인적으로 정보공개를 청구해 열람했던 진실화해위원회 기록에 포함됐었다. 그때는 위원회가 직접 만든 자료가 우선이라는 생각을 했고, 외교부 등이 보내온 자료는 충분히 검토하지 못한 면이 있었다. 시간 제한, 그리고 특별히 대단한 내용은 아니라는 판단 등도 작용했다. 어찌 됐든 이번에 공개된 문서를 몇 차례에 걸쳐 살펴보려 한다.

가장 주목되는 자료 가운데 하나는 당시 교통부(현 국토교통부)가 쓴 사고 조사보고서다. 보고서는 1987년 12월에 쓰였는데, 정확한 날짜는 내용상 12월 23일-31일 사이로 추측된다. 시점이 중요한데, 안기부(현 국정원) 수사보고서 1988년 1월 및 버마 조사보고서 1988년 2월에 앞선 것이다. 인도 조사보고서 작성 일자도 1987년 12월 23일로 빠른 편이지만, 보고서 자체를 놓고 보면 교통부 자료가 훨씬 중요하다. 다시 말해 교통부 보고서는 시기와 내용 측면에서 특별히 관심이 요구된다(참고로 바레인 수사보고서는 주로 폭파범으로 지목된 김현희 관련 내용으로 작성 일자는 1987년 12월 31일로 알려진다).

교통부, 폭파 검사 없이 폭파로 추정 결론

교통부는 보고서에서 비행기가 "폭발물에 의해 공중폭파되면서 추락한 것으로 추정"한다고 결론 낸다(2016070060, 31쪽). 근거는 "수거잔해 물품에 대한 1차 상태 확인 검사결과 및 유력한 용의자 … 확보 등 실종사건의 주변 정황"이다. 그런데 기체가 폭파되었다고 말하려면, 폭파와 관련된 검사를 해봐야 하는 것이 상식이다. 교통부는 이러한 검증 없이 다음과 같이 말한다. "구명보트에 내장되어 있던 … 수동펌푸는 완전파손되었으며 … 기타 내장품들도 상당부분 파손된 것으로 보아 … 또한 구명보트의 위치는 전방 객실상부에 장비된 것으로서 … 바다위에서 발견된 점등으로 미루어 … 공중 폭발된 것으로 추정됨"(29쪽).

폭파와 관련된 검사가 중요한 이유는, 특히 구명뗏목 위치가 (수사결과에 따랐을 때) 폭탄이 설치됐던 곳과 비교적 가깝기 때문이기도 하다. 김현희 일행의 좌석은 7B와 7C로 기체 앞쪽인 "전방 객실"과 아주 멀지는 않았다. 따라서 위의 결론을 내기 위해서는 폭파 관련 검사가 있어야 했고, 그러한 검사를 할 수 없었다면 "추정"은 하되 결론에 적시하지 않는 것이 책임 있는 자세였다고 생각한다. 하지만 교통부는 그 추정을 결론에 넣었고, 나아가 이 사건은 "테러에 의한 폭발 가능성이 높은 것으로 현재 관계수사 당국에서 … 원인이 규명될 것"이라고 덧붙였다(32쪽).

결국 교통부는 실종 직후부터 사건을 북의 테러로 규정지었던 안기부와 청와대 입장을 그대로 따랐던 것이다. 교통부가 압력을 받아 그랬는지, 스스로의 판단에 따라 그랬는지는 모를 일이다. 핵심은, 결론의 내용을 떠나 보고서가 과연 책임 있는 조사를 바탕으로 쓰였느냐는 기본 원칙의 문제다. 2018년 11월 29일 방송된 JTBC 〈이규연의 스포트라이트〉는 현 국토부 관계자의 말을 다음과 같이 전했다. "안기부가 워낙에 이걸 가지고 테러라고 규정을 해버리고, 국정원에서 직접 조사라든가 그런 걸 다하다 보니까 사실은 그 당시 국토부에서는 전혀 이걸 개입을 못 했던 것이죠."

실종 전에 있었던 엔진 개조작업

그리고 잘 알려졌듯, KAL858기는 실종되기 전 미국에서 수리를 받았다. 기간은 1987년 10월 13일부터 11월 10일까지 4주였다. 참고로 사건을 재조사했던 국정원 발전위원회는 수리 마지막 일자를 단순한 실수인지 모르겠으나 11월 8일이라고 했다(『과거와 대화 미래의 성찰 (III)』, 448쪽). 수리 작업은 당시 캘리포니아주의 산타바바라에 있던 관련 업체가 맡았고 (TRACOR CO.), 목적은 엔진에 소음경감장치를 다는 것이었다. 아울러 "엔진 4기에 대한 전반적인 성능시험결과 정상"으로 나왔다(2016070060, 26쪽). 이 가운데 오른쪽 날개 안쪽에 있던 3번 엔진은 미국에서 수리 받기 직전 교체된 듯한데, 영문보고서에 따르면 장착 시기(Date installed)는 10월 3일이다(13쪽). 나머지 엔진들은 그해 1월과 7월에 장착됐다.

해당 미국 업체는 텍사스에 본부를 두고 있었고 1985년 정부와의 계약 관련된 범죄 혐의로 수사를 받기도 했다. 그 뒤 재정적 어려움으로 1986년 다른 회사에 인수되는 등 우여곡절을 겪었다(Diana J. Kleiner, "Tracor"). 업체의 이름 및 관련 내용은 〈월간조선〉 2002년 1월호를 통해 처음 알려진 듯하다. 당시 기사는 안기부 수사 관련자와 국정원 현직 관계자의 말을 인용했다. 한편 수리 장소는 산타바바라 공항 동북쪽에 자리했던 업체의 공장으로 보인다(United States General Accounting Office, "Aircraft Maintenance", p. 23; Bill Hough, "Santa Barbara in the early 1980s").

교통부의 정보 누락과 최종 교신 문제

외교부 문서 2차 (2)

이미 알려진 대로 KAL858기는 기체 고장으로 동체착륙을 한 적이 있다. 교통부 조사보고서에 따르면 KAL기는 "앞바퀴 결함으로 2차에 걸쳐 김포공항에 비상착륙"을 했다(2016070060, 26쪽). 기체 앞 착륙장치(Nose

Landing Gear, NLG)가 고장나서 앞바퀴 없이 내렸다. 첫 번째 사고는 1977년 9월 13일, 두 번째 사고는 1987년 9월 2일에 있었다. 특히 두 번째 사고는 실종되기 몇 달 전에 일어났고, 그 뒤인 9월 7일부터 28일까지 동체 앞 부분에 대한 수리작업이 있었다.

교통부, 버마에 자료 건네며 정보 누락

또한 앞선 글에서도 밝혔지만 KAL858기는 미국에서 10월 13일부터 11월 10일까지 엔진 관련 수리를 받았다. 실종에 앞서 이루어진 중요한 작업이라 할 수 있다. 그런데 이유는 모르겠지만, 교통부는 버마 사고조사위원회가 요청한 비행기 관련 자료에서 이를 언급하고 있지 않다(34-80쪽). 4주에 걸쳐 이루어졌던 개조작업 내용을 넣지 않은 것이다. 그래서인지 버마가 국제민간항공기구에 제출한 보고서에 엔진 수리 사항이 빠져 있다(2016090027, 78-98쪽). 교통부는 1977년 사고에 대해서도 버마에 알리지 않았는데 이는 버마 보고서에 추가되어 있다.

사건에서 논란이 되는 부분 가운데 하나는 최종 교신지점 문제인 것으로 안다. 이를 얼마 전 다시 살펴볼 계기가 있었는데, 아무튼 교통부 보고서에 따르면 KAL858기의 최종 위치 보고는 "버마 랑군 관제기관"을 통해 "URDIS"에서 이루어졌다(2016070060, 25쪽). 시점은 1987년 11월 29일 14:01, 공식 발표에 따르면 비행기는 몇 분 뒤인 14:05에 폭파된다. KAL기는 당시 "R-68" 항로를 지나고 있었는데, 마지막 교신내용은 비행기가 다음 위치 보고 지점인 "TAVOY"를 14:22에 통과 예정이라는 것이었다. 따라서 교통부는 KAL기가 "우르디스 타보이 중간의 바다위에 추락한 것으로" 봤다(31쪽). 그런데 교신지점 관련해 분명하지 않은 면이 있다.

최종 교신지점 문제

버마 보고서는 KAL858기가 URDIS 이전 지점인 TOLIS를 13:31(원문은 UTC 국제표준시간을 사용, 이는 한국시간보다 9시간 늦은 04:31)에 통과했다고 하는데, 당시 교신을 하며 URDIS를 13:59에 통과할 것이라고 알려왔다. 하지만 통보가 없자 랑군 관제소는 14:00(국제표준시간 05:00)에 연락을 했고, KAL기는 14:01에 URDIS를 통과할 예정이라고(estimated URDIS at 0501 UTC) 답변했다(2016090027, 79쪽). 곧, KAL기는 14:01에 URDIS를 지난 것이 아니라, 그 시점에 지나게 될 것이라고 알려 왔다. 엄격히 말하면, 최종 교신 당시 KAL기는 URDIS를 통과하지 않은 상태였다(다만 버마 보고서는 전체적 맥락에서 비행기가 결국 URDIS를 통과했다고 봤다).

그리고 교통부 영문 보고서는 국문 보고서와 달리 최종 위치 통보 시점을 13:31로 표기하기도 했다. 영문 보고서 첫 부분은 국문 보고서와 같이 14:01(원문은 버마시간을 사용, 이는 한국시간보다 2시간 30분 늦은 11:31)로 표기했다(2016070060, 6쪽). 나머지 부분이 주목되는데, 이 시간이 몇 차례에 걸쳐 13:31(버마시간 11:01)로 되어 있다(8쪽 위, 8쪽 밑, 10쪽, 17쪽). 단순한 실수인지 모르겠으나, 13:31은 URDIS가 아닌 TOLIS 위치 통보 시점이다. 이를 "최종" 교신지점이 TOLIS에서 URDIS로 "조작"됐을 가능성과 연결시켜 보는 견해가 있다(서현우, 『KAL 858기 폭파사건 종합 분석 보고서』, 180-184쪽).

사건을 재조사했던 국정원 발전위원회도 이 문제를 다뤘는데, 최종 교신지점이 URDIS라고 판단했다. 그런데 위원회가 버마 보고서를 잘못 인용한 듯한 부분이 있다. 먼저 위원회는 KAL기가 URDIS를 통과할 예정이라고 "교신한 시간은 기재돼 있지 않음"이라고 했다(『과거와 대화 미래의 성찰 (III)』, 482쪽). 그러나 위에 나왔듯, 버마 보고서에는 랑군 관제소가 KAL기에 연락을 한 시간이(At 0500 UTC the controller at Rangoon ACC …

initiated a call) 기록되어 있다(2016090027, 79쪽).

국정원 발전위의 실수?

물론 위원회의 단순한 실수일 수 있다(위원회는 "05:00(Z)에도 보고가 오지 않아 … 호출하여 교신을 했다"고 481쪽에 적고 있다). 아니면 영어 문장을 어떻게 해석하느냐의 차이일 수도 있다. 문제는, 위원회가 이를 바탕으로 다음과 같이 말한다는 점이다. "KAL858기는 Urdis를 통과하고 난 뒤인 05:02(Z)에 '05:01(Z) Urdis항공을 지났을 것이다(estimate)'… 했을 것으로 판단됨." 이에 따르면 비행기는 URDIS를 국제표준시간 05:01에 통과하고, 05:02에 교신을 했다. 그렇지만 이는 원문에 교신 시간이 05:00로 명시되어 있는 점, 곧 통과 전에 교신이 이루어졌기 때문에 이해가 안 되는 부분이다. 나는 조심스럽지만, 혹시 위원회 입장에서 KAL기가 URDIS를 지났다고 강조하기 위해 무리를 한 것은 아닌지 궁금해진다.

아울러 버마 자료에는 최종 교신 예정 시간이 실제로는 2분 늦었다고 (late by two minutes) 되어 있는데(2016090027, 85쪽), 위원회는 "3분 늦게 교신했다(late by three minutes)"로 원문을 바꿔 인용한다. 그리고 이를 바탕으로 "최종 교신시간은 예정 교신시간 04:59에서 3분이 지난 05:02(Z)으로 판단"했다(『과거와 대화 미래의 성찰 (III)』, 483쪽). 이는 위에서 말했듯, 최종 교신 시간을 05:02로 맞추기 위해 그렇게 인용한 것은 아닌지 물음을 갖게 한다. 곧, 원문대로 하면 "2분"이 늦은 "05:01"이 되는데, 이렇게 되면 URDIS를 05:01에 통과하고 "05:02"에 교신했다는 위원회 판단은 정당성을 잃는다. 물론 나의 해석이 틀릴 수 있고, 이 문제는 고민이 더 필요한 사안이라 하겠다.

구조 신호 없었던 KAL858

한편 실종 당시 KAL858기가 구조 신호를 보내지 않았다고 알려진다. 교통부 보고서는 "비상 호출신호"가 없었다며 이를 확인해준다(2016070060, 25쪽). 버마 보고서에도 비상위치 송신기(emergency locator beacon)에서 아무런 신호가 나오지 않았다고 되어 있다(2016090027, 84쪽). 이 송신기는 (나중에 발견되었다는) 구명뗏목이 보관되어 있던 비행기 앞문 근처 사물함 윗쪽에 있었다(2016070060, 43쪽, 75쪽).

올해 초 대구MBC가 KAL858기 추정 동체를 발견했는데, 물체가 비교적 온전하게 보존되어 있는 상태다. 특히 왼쪽 날개에 엔진이 붙어 있는 채로 발견된 것과 관련, 방송사는 "착륙 시도하는 쪽으로 생각할 수밖에 없는 것"이라는 항공전문가의 말을 전했다(〈대구MBC 보도특집〉, 2020년 5월 8일). 나 역시 엔진이 붙어 있는 상태를 보고 놀랐고, 항공전문가는 아니지만 적어도 추락 당시 (또는 폭발이 있었다면 그 순간) 충격이 크지 않았겠다는 생각을 했다. 개인적으로 궁금한 것은, 그렇다면 추락이 있기 전까지 (또는 그 직후) 왜 KAL기에서 비상 신호가 없었느냐는 점이다. 모쪼록 추정 동체 확인 등을 통해 이러한 의문들이 빨리 풀렸으면 한다.

실종자분들 이름과 나의 고백

외교부 문서 2차 (3)

부끄러운 마음으로 글을 쓴다. 나는 18년 동안 연구자로 KAL858기 사건에 대해 고민해왔지만 아직도 모르는 것이 많다. 특히 이번 글을 준비하며 절실히 느꼈다. 나는 실종자분들의 이름도 제대로 알고 있지 못했다. 부분적으로 알고 있었지만, 모든 분들의 이름을 하나하나 읽어 보며 고민했던 적은 없다. 그러면서도 글을 써왔다는 것이 부끄럽다.

탑승자 명단과 실종자 명단 차이

1987년 11월 29일에 사라진 KAL858기에는 모두 115명이 타고 있었다고 알려진다. 이번에 공개된 외교부 자료에는 승객/승무원 명단도 포함됐고, 두 가지 형태로 있다. 버마 사고조사위원회에 제출된 명단과 안기부 수사결과 자료로 첨부된 명단이다. 먼저 버마에 건네진 자료의 출처는 사실상 대한항공(KOREAN AIR, KOREAN AIRLINES)으로 이라크 바그다드에서 서울까지 가는 승객(84명), 바그다드에서 아랍에미리트연합 아부다비까지 가는 이들, 그리고 아부다비에서 새로 시작된 비행의 승객/승무원(31명) 명단으로 이루어졌다(예정된 항로는 바그다드-아부다비-방콕-서울). 곧, 사건 당시 탑승자 명단이다. 두 번째 자료는 안기부가 "수사결과 보조자료"로 만든 "희생자 명단"으로, 공식 실종자 명단이라 할 수 있다.

그런데 이 탑승자 명단과 실종자 명단이 꼭 같다고 말하기 어렵다. 여러 가지 사례가 있지만 대표적 예를 들면, 탑승자 명단의 "KANG YEUN SHIK[강연식]"이라는 이름이(2016070060, 56쪽) 실종자 명단에는 "홍연식"으로 나온다(2017040099, 143쪽). 이분은, 역시 실종되신 강석재(KANG SUK JAE) 바그다드 주재 총영사의 동반자로, 실제 이름은 "홍연식"이 맞다고 알려진다. 또한 탑승자 명단에는 "PARK SUN MAN[박선만]"이라는 분이 있지만(2016070060, 56쪽) 실종자 명단에는 "박신만"으로 되어 있다(2017040099, 143쪽). 탑승자 명단의 "KIM HYUNG[김형]"이라는 분은(2016070060, 58쪽) 실종자 명단에서 "김영"으로 나온다(2017040099, 77쪽). 이처럼 명단의 이름들은 영어 표기, 또는 '알 수 없는 사정'으로 차이가 날 수 있어 조심스럽게 봐야 한다.

실종자 명단에 없는 실종자

명단에서 새롭게 논란이 되고 있는 이름이 있는데 "LEE KYOUN[이교운]"이다(2016070060, 56쪽). 바그다드에서 서울까지 가려던 승객들 가운데 한 분으로, 대부분의 사람들과 달리 소속기관이 아닌 "INDIVIDUAL[개인]" 항목에 있다. 논란의 핵심은, 이 사람이 비행기를 탔지만 실종자 명단에는 없다는 것이다(〈대구MBC 뉴스데스크〉, 2019년 11월 27일). 중대한 문제제기라고 생각한다.

그런데 이 인물의 이름, 나이, 직업이 안기부 실종자 명단에 51번째로 기록되어 있다. "이교운, 43, 육성물산대표"(2017040099, 144쪽). 그리고 똑같은 내용으로 이 인물은 1989년 사건 관련 판결문에 91번째로 나온다. 하지만 사건을 둘러싼 전반적 논란을 고려할 때, 안기부 문서와 같은 정부자료는 주의해서 볼 필요가 있다. 공식 자료가 맞냐 틀리냐를 떠나, 또 다른 자료들이 있다면 교차검증하는 일이 중요하다는 말이다. 이는 KAL기 사건에만 적용되는 것이 아니다(다만 '어떤 자료가 가장 믿을 만한가'에 대해서는 고민이 따로 필요하다). 그래서 몇 가지 명단들을 비교해봤는데, 출처에 따라 실종자들 이름이 조금씩 다르게 표기되어 있다. 결국 나는 버마에 건네진 115명의 이름을 직접 옮겨 적으며 명단을 만들었고, 살펴볼 수 있는 자료들을 최대한 비교하려 노력했다. 그러면서 했던 고민을 함께 나누고자 한다.

"이교운"과 관련된 보도를 보면, 근거로 나오는 실종자 명단이 있다. 그런데 이 명단 열째 줄에 있는 "이종변"과 "이종섭"은 같은 사람일 가능성이 많다. 왜냐하면 "이종변"은 처음부터 탑승자 명단에 없었기 때문이다(2016070060, 56-59쪽). 이와 가장 비슷한 이름은 "LEE JONG SUB[이종섭]"이다. 또한 공교롭게도 이분들이 맡았던 일이 "타이어"로 똑같이 되어 있다. 아울러 보도의 근거가 된 명단은 큰 틀에서 과거 KAL858기 대책위가 정리한 것으로 추측되는데, 거기에는 나이도 같이 나와 있다. "이종변(타이어 35) … 이종섭(타이어 35)." 그래서 조심스럽게 생각하건대, "이종변" 자리에 다른 이름이 올 수 있고, 이는 "이교운"일 가능성이 있다.

만약 그렇다면, 왜 이런 문제가 생겼을까? 내가 보기에 이는 구조적 문제로, 앞서 지적했던 영어 표기, '알 수 없는 사정' 또는 수많은 실종자 이름을 옮겨 적는 과정에서 나온 실수, 실제로 확인해줄 수 있는 가족/친척들의 부재 등이 이유가 되지 않을까 한다.

서로 다른 명단들

물론 위 사항은 어디까지나 추론이고, 틀릴 수 있다. 나아가 당시 신문 자료를 보면, 〈경향신문〉의 경우(1987년 11월 30일, 6쪽) "송병민" 자리에 다른 사람이 와야 한다고 생각한다. 왜냐하면 이 이름은 "宋京敏[송경민]"과 같을 가능성이 많기 때문이다. 탑승자 원 자료에 "SONG KYUNG MIN[송경민]"은 있지만 "송병민"은 없다. 따라서 이 이름 대신 "이교운"이 올 수 있지 않나 싶다. 〈동아일보〉 명단의 경우(1987년 11월 30일, 10쪽) "金[김]창환" 자리에 다른 사람이 와야 되지 않을까 한다. 왜냐하면 탑승자 원 자료에 "KIM CHANG HAN[김창한]"이라는 이름이 있지만, 실제로는 타지 않았다는 뜻으로 줄이 그어져 있기 때문이다. 그래서 "김창환" 대신 다른 이름이 올 수 있고, 이 역시 "이교운"이 아닐까 한다. 비슷한 맥락에서 〈조선일보〉 명단에서는(1987년 12월 1일, 10쪽) "金[김]창완" 자리에 다른 사람이 필요하고, 그렇다면 혹시 "이교운"이 올 수 있지 않을까 싶다("김창완"은 공교롭게도 KAL858기 대책위의 명단에도 나온 적이 있다). 덧붙여서, 위에서 지적한 이름들의 공통점은 대부분의 나머지 이름과 달리 회사, 업무, 나이, 주소 없이 이름만 나왔다는 것이다.

지금 논란이 되고 있는 이름은 (탑승자 원 자료를 바탕으로 했을) 신문 명단마다 조금씩 달리 되어 있다. "이균"(〈경향신문〉 호외, 1987년 11월 30일, 2쪽), "이균"(〈조선일보〉 호외, 1987년 11월 30일, 1쪽), "李[이]규운"(〈동아일보〉 호외 2, 1987년 11월 30일, 1쪽), "이교은"(〈매일경제〉, 1987년 11월 30일, 11쪽). 아울러 1987년 11월 30일 〈MBC 뉴스데스크〉가 알린 명단에도 "이균"으로 표시된 이름이 있다. 이처럼 표기가 다른 것은, 앞서 밝혔듯 원 자료가 영어/로마자, 곧 "LEE KYOUN"로 되어 있기 때문에 이를 한글로 옮기는 과정에서 빚어진 일이 아닐까? 자료만을 보면 실제 이름이 "이교운"으로 표기되지 않을 수 있다는 뜻이다.

한편 대구MBC에서 취재를 담당한 분에 따르면, 이 인물은 "외교 전문이나 이런 데를 보면 … 홍콩 교포고, 그리고 무역업에 종사하고 식당을 한 걸로" 되어 있다(MBC 〈김종배의 시선집중〉, 2020년 5월 25일). 이 전문은 외교부가 작년 공개한 자료의 일부로 추측되는데, 바그다드에서 보내진 문서에는 "여행자(홍콩 거주교민)"으로만 나와 있다(2016070039, 13쪽). 다음과 같이 기록된 문서도 있다. "홍콩 거주교민은 … 바빌론 호텔에 투숙 하였으며 … 이외 아국인과 접촉 사실은 상금 확인된바 없음"(27쪽). 그런데 그 다음 부분이 모두 지워져 있어, 작년에 보면서 이상하다고 생각했다(보도에 사용된 전문은 다른 형태의 것일 수도 있겠다).

사건이 끝나지 않은 또 다른 이유

예전부터 실종자 명단을 둘러싼 논란이 있어 왔다. 내가 보기에 '정확한' 명단은 아직 없는 듯하다. 그동안 가족회와 교류가 없었던 가족분들의 도움(물론 실종자분들 가운데 가족/친척이 없는 경우가 있을 수 있음), 명단과 관련된 자료들에 대한 재검토 등이 이어지면 좋겠다. 참고로 2005년부터 2007년까지 사건을 재조사했던 국정원 발전위원회도 문제를 살펴봤다. 이에 따르면, 가족들이 "보상금을 합의한" 자료가 대한항공과 국정원에 있다

(『과거와 대화 미래의 성찰 (III)』, 231-232쪽). 이 자료들 역시 다른 문서들과 비교하면 이름을 정확히 아는 데 도움이 되겠다.

실종자 명단에 대해 논의가 더 필요한 부분이 있지만, 분량상 여기에서 마칠까 한다. 나는 글을 쓰면서 어느 가족분께 연락을 드렸다. 사건의 위령탑은 공식발표를 바탕으로 세워졌는데, 현재 서울 양재동 '시민의 숲'에 있다. 그런데 여기에도 실종자 이름이 잘못 적혀 있다 한다. 통탄스러운 일이다. 동시에 나 자신을 돌아본다. 이 글을 쓰기 전까지 실종자분들 이름을 하나하나 확인한 적이 없었다. 누군가는 이 사건이 끝난 것이라 한다. 하지만 적어도 나는, 실종자분들의 이름마저 '정확히' 모른다. 어디선가 지켜보고 계실 그분들은 뭐라고 하실까…

실종 전에 내린 분들과 수수께끼

외교부 문서 2차 (4)

예정대로라면 KAL858기는 이라크 바그다드를 출발, 아랍에미리트연합 아부다비, 태국 방콕을 거쳐 서울에 도착해야 했다. 하지만 비행기는 1987년 11월 29일 아부다비에서 방콕으로 가다 사라진다. 이 글에서는 실종이 있기 전 아부다비에서 내린 분들, 또는 그 명단에 대한 고민을 나누고자 한다. 교통부가 버마 사고조사위원회에 건넨 명단은 대한항공이 출처인 듯하고, 표면상 15명이 아부다비에서 내렸다(2016070060, 57쪽). 여기에는 폭파범으로 알려진 김현희(MAYUMI)와 김승일(SHINICHI)도 포함됐다. 공식발표에 따르면 이들은 하치야 마유미, 하치야 신이치라는 일본인으로 '위장'했다.

앞선 글에서도 밝혔듯, 실종자 명단 문제와 더불어 아부다비 관련된 논란은 예전부터 있었다. 명단 자체도 외교부가 문서를 공개하기 훨씬 전에 KAL858기 대책위가 얻어냈다. 지금은 존재하지 않는 대책위는 명단을 바탕으로 2004년 기자회견을 열기도 했다. 이번에 공개된 아부다비까지 갔던 승객은, '이름' 표기로만 판단하건대 대부분 아랍 계열의 사람들로 보인다 (이들은 작년에 공개된 외교부 문서에도 나와 있다). 이 이름들은 명단 왼쪽에 있고, 동그라미로 표시되어 있다.

아부다비에서 내린 이들은 누구인가?

KAL858기 사건에서 가장 논란이 되는 문제 가운데 하나가 이 부분이다. 일본의 한 주간지에 따르면, 안기부 요원 2명과 서울까지 가려던 외무부 관계 "고관" 11명도 아부다비에서 내렸다고 한다(〈週刊新潮[주간신조]〉, 1987년 12월 17일). 이는 비행기가 폭파될 것을 미리 알고 이들이 내렸을 것이라는 의혹을 불러왔다. 북쪽 역시 유엔 안보리 회의에서 김현희 일행, 교체 승무원 외 11명의 외무부 관리들이(11 officials of the Foreign Ministry) 아부다비에서 내렸다고 했다(UNSC, "S/PV. 2791", p.42). KAL858기 대책위도 초기에 비슷한 차원의 문제를 제기했다. 이러한 의혹은 승객들 국적을 모르는 상황, '예약자'와 '탑승자' 차이가 정확히 알려지지 않은 상황 등과 맞물려 나온 듯하다.

먼저 버마에 건네진 자료만을 보면, 국적은 나오지 않았지만 실제 탑승자와 예약자 차이는 드러난다고 할 수 있다. 위에서 말했듯, 동그라미 표시가 있는 이들은 탑승자로 보인다. 그런데 이 표시를 빼고 보면, 승객 수가 26명이 될 수도 있다. 왜냐하면 "FIRST CLASS[일등석] (3) … ECONOMY CLASS[일반석] (22 + [특수 기호])"라는 필기구로 쓴 숫자가 있기 때문이다. 여기에서 특수 기호는 "INF[Infant의 줄임말로 추정]" 표시와 관련이 있고, 이는 아기 또는 유아를 뜻하는 것으로 보인다. 국정원 발전위원회 보고서도 이 해석을 뒷받침한다(『과거와 대화 미래의 성찰 (III)』, 227쪽). 그런데 숫자 자체에 문제가 있다. 예약자 가운데 표기상 일등석의 남성(MR.) ABDUL GHAFFAR는 일반석의 남성 ABDUL GHAFFAR와 같은 사람일 수 있기 때문이다. 다시 말해 한 사람이 두 번 계산됐다.

그리고 당시 대한항공 아부다비 지점에서 보내진 전문도 관심을 끈다. 승객들 이름이 기록되었는데 모두 27명으로(TTL 27) 나와 있다(서현우, 『KAL 858기 폭파사건 종합 분석 보고서』, 245쪽). 이와는 별도로 "하기자: 27名[명]" 그리고 "예약명단으로 실제 탑승은 15명이하기"라고 필기구로 쓰인 부분들 역시 보인다. 그런데 내가 보기에 숫자 27도 잘못 계산된 것이다. 왜냐하면 "NAWWAR / AHMED ABIDALIMSTR"은 "NAWWAR / INF"와 같은 사람이기 때문이다. "INF"는 앞서 말했듯 유아/아기를 뜻하는데, 이 사람은 1985년생으로 당시 만2세로 알려진다(『과거와 대화 미래의 성찰 (III)』, 577쪽). 실제로 버마에 건네진 명단에서 31번줄을 보면, 필기구로 쓰인 뒤 줄이 그어진 이름이 나오는데 좀 흐릿하지만 NAWWAR라는 것을 알 수 있다. 승객을 확인하던 이가 중복된 이름을 알아차렸다는 뜻이다. 아울러 이 자료에도 앞서 지적한 ABDUL로 이름이 시작되는 남성이 두 번 나오고, 여기에서는 성이 "GHAFFAR"와 "CHAFFAR"로 달리 나온다.

아부다비 관련 의혹을 제대로 풀기 위해 필요한 것 가운데 하나는, 문제를 처음 제기했던 이의 진술이라 생각한다. 이 사람은 과거 KAL858기 대책위의 기자회견에 따르면, 야하라 준이치(矢原純一) 당시 아랍에미리트연합 주재 일본 서기관인 듯하다. 앞서 언급된 〈주간신조〉 기사의 정보원이다. 참고로 검증이 되었는지 모르겠지만 대책위는 2004년 3월 16일, 승객들이 바그다드 출발 당시 "160여 석 자리에 … 가득 찼다는 느낌이 들"었다는 박은미 승무원의 말을 공개한 적도 있다.

수수께끼 같은 명단 오른쪽 부분

개인적으로 주목하는 부분은 명단의 '오른쪽'과 관련 있다. 앞서 말했듯 이름들이 나와 있는 부분은 명단의 왼쪽이다. 그런데 오른쪽 부분에 이름은 없지만 동그라미 표시가 있다. 동그라미는 모두 15개로(나머지 1개는 무효를 뜻하는 X 표시가 옆에 있음), 크기와 위치 등을 고려할 때 '서울' 도착 승객을 확인한 이가 표시했을 가능성이 많다. 또한 서울 도착 명단을 보면 아부다비 명단의 '오른쪽', 곧 동그라미 옆에 이름이 있었을 가능성을 '조심스레' 추측할 수 있다. 더욱이 명단 번호 21을 기준으로 종이가 반으로 접어졌었다고 알 수 있고, 접힌 부분은 공교롭게도 마지막 동그라미 바로 아랫면이다. 게다가 오른쪽과 왼쪽의 중간에는 명단이 세로로도 접혔던 흔적이 있다. 실제로 그렇게 접어 보면, 아부다비 쪽 동그라미들이 서울 명단 오른쪽 근처의 또 다른 동그라미들과 부분적으로 겹친다.

이러한 관찰을 바탕으로 '추측'하건대, 실제 탑승자를 확인했던 이는 적어도 명단 오른쪽 부분을 확인할 때는 종이를 (세로 또는 가로로) 접었고, 확인이 끝나자 이를 다시 펴서 필기구로 "FR: NIL, EY: 13/01/01, BAG: 21 pc/240K"라고 적었을 가능성이 있다(이 필기 밑에도 동그라미가 2개 있지만, '크기'와 '위치'를 보면 나머지 표시들과 좀 다르다). 핵심은, 이름인지 무엇인지 확실치 않지만, 오른쪽 동그마리 표시들 옆에 무언가 있었지 않나 싶다.

위와 같은 해석이 틀릴 수도 있는데, 반으로 접힌 부분은 아부다비 도착 명단이 아닌, 그 앞쪽 서울 명단을 중심으로 생겼을 수 있기 때문이다. 서울 쪽의 경우 번호 19를 기준으로 접혔는데, 나눠진 부분은 정우개발 소속 승객의 마지막 이름 아래다. 세로로 접힌 부분 역시 서울 쪽 명단의 동그라미가 아부다비 쪽에 흔적을 남겼을 수 있다. 곧, 종이는 처음부터 아부다비 명단 오른쪽이 아닌 서울 명단 확인 과정에서 접혔을 가능성이 있다(아니면 확인을 하던 이가 편의상 종이를 그냥 접었을 수도 있겠다). 또 다른 이유는,

아부다비 명단 오른쪽을 자세히 보면, 이름 또는 그 무엇이 (동그라미만 빼고) 아무 흔적 없이 지워졌다고 하기 어렵기 때문이다. 그래서 내가 틀릴 수 있지만, 그렇더라도 여기에 왜 동그라미 표시가 있는지는 기존 아부다비 관련 논란을 고려할 때 수수께끼라 하겠다.

명단 '원본' 확인해야

이 수수께끼를 풀기 위해서는 무엇보다 명단의 '원본'을 살펴보는 것이 필요하지 않을까. 지난 글에서 "탑승자 원 자료"라는 표현을 썼지만, 엄격히 말하면 외교부가 공개한 자료는 모두가 '사본'이라 할 수 있다. 따라서 지금까지 논의한 문제를 좀 더 확실히 풀기 위해서는, (가능할지 모르겠지만) 당시 명단 '원본'을 확인해야 한다고 믿는다. 더불어 승객들 이름을 직접 확인하고 동그라미를 쳤던 사람의 진술이 필요할 듯싶다.

어찌 됐든 외교부 문서에 따르면 아부다비에서 내린 이들은 15명이고, 김현희 일행만 특별했다. 유시야 당시 아랍에미리트연합 주재 대사대리는 작년 공개된 문서에서 "15명에 대해 검토하였으나 일본인 2명외에 용의점 희박한 것으로 판단"했다(2016070040, 38쪽).

사건을 재조사했던 국정원 발전위원회도 이 문제를 살펴봤고, 조금 지워진 형태의 외무부 문서를 첨부했다(『과거와 대화 미래의 성찰 (III)』, 577쪽). 여기에는 국적, 생일, 여권번호, 직업 등이 자세히 나와 있다. 그런데 개인적으로 이를 본 기억이 없어 자료를 다시 살펴봤지만, 이러한 내용의 문서는 찾지 못했다. 외교부가 이 문서를 공개 목록에서 (개인정보 포함을 이유로) 뺐을 수 있다. 결론적으로 위원회는 아부다비에서 내린 승객 논란은 근거가 없다고 판단했다(228쪽, 235쪽). 이에 대해 위원회가 "의혹을 해명하지 못함"이라는 견해가 있다(서현우, 『KAL 858기 폭파사건 종합 분석 보고서』, 247쪽).

한편 탑승자 명단을 기준으로 실제 내린 것으로 확인된 15명은, 3

명 이름에 '조금' 차이가 있지만, 작년 공개된 외교부의 또 다른 문서 (2016070039, 81쪽), 2004년 5월 22일 〈KBS 스페셜〉에 나온 "대한항공 작성 탑승객 기록" 및 "국정원 답변"과 거의 같다. 방송이 보여준 명단들에는 국적도 부분적으로 나와 있고, 적어도 '문서상' 한국인은 없다. 참고로 국정원 발전위원회는 김현희 일행을 제외한 이들의 국적이 이라크인 7명, 팔레스타인인 3명, 미국인 2명, 서독인 1명이라고 밝혔다(『과거와 대화 미래의 성찰 (III)』, 225쪽). 앞서 언급한 위원회 첨부 문서의 경우, 탑승자 명단과 비교했을 때 4명의 이름 표기가 다르다. 차이가 비교적 큰 경우도 있는데, 명단의 PAN ALBAYATI는 첨부 문서에 BAN ALLAEDIN SABRI로, FAYYZA ABDUL HUSSAIN은 FAIZA (ALI) ABDEL HUSSEIN으로 나와 있다.

또 다시 나타난 이름 표기의 차이

이름 차이와 관련해서는, 실종자 명단 글에서도 지적했지만 '알 수 없는 사정', 이름을 옮겨 적는 과정에서 나온 실수 등 여러 가지 가능성을 생각해볼 수 있다. 지금으로서는 정확한 이유를 알기 어렵다. 하지만 승객 이름과 같은 기본 정보부터 확실치 않다는 점에서, KAL858기 사건은 논란이 있을 수밖에 없다. 실종자 얘기를 좀 더 덧붙이면, 당시 교체승무원 가운데 한 분이셨던 김형 DC10기 기장의 이름은 1988년 안기부 명단, 1989년 사건 판결문, 그리고 1990년 위령탑에도 '김영'으로 나와 있다. 안기부 명단의 경우 사건이 있고 바로 뒤에 정리됐기 때문에 그럴 수 있겠다. 그러나 1년이 지나고 2년이 지난 뒤에도 잘못된 이름이 사용됐다는 것은 문제라고 생각한다. 누군가는 '이름이 조금 잘못 적힌 것이 뭐가 문제냐'고 물을 수 있다. 하지만 지금도 이어지고 있는 논란들과 여러 가지 혼란스러운 정보를 생각한다면, 잘못 적힌 이름은 그렇게 가벼운 사안이 아니다. 실종자의 몸은 물론, 이름마저 사라져 버린 것이기 때문이다. 특히 가족의 입장에서는 어떻겠는가.

이름이 중요한 이유

국정원 발전위원회는 실종자 조사 부분에서 이렇게 말했다. "대한항공의 보상 처리 문건을 보면 희생자 115명의 신원이 확인되며, 同[동] 명단은 판결문의 명단과 일치함"(『과거와 대화 미래의 성찰 (III)』, 228쪽). 위에서 지적했듯, 김형 기장의 경우 "판결문"에도 이름이 잘못 나와 있다. 또한 탑승자 명단의 "KIM BYUNG NO[김병노, 안기부 명단 김병로]"는 판결문에 "김병호"로 되어 있다. 그렇다면 "신원이 확인"됐다는 말은 어디까지 믿어야 할까?

물론 아부다비와 관련된 문제는 좀 다른 맥락이 있다. 하지만 이 역시 기본 정보가 명확하지 않고 국정원 재조사 뒤에도 논란이 된다는 점에서 고민이 더 필요한 사안이라 하겠다.

발견된 잔해들과 신빙성 문제

외교부 문서 2차 (5)

비행기가 사라지면 최종교신 지점을 중심으로 수색 작업이 빨리, 그리고 성실히 이루어져야 한다. 그래야 (만약 있다면) 탑승자, 잔해, 블랙박스 등을 찾을 수 있고, 사고 원인을 되도록 정확히 알아낼 수 있기 때문이다. KAL858기 사건의 경우 널리 알려졌듯, 수색이 제대로 이루어지지 않았고 탑승자는 물론 블랙박스도 발견되지 않았다. 다만 공식 발표에 따르면 몇 가지 잔해가 나왔다.

교통부 조사보고서도 이를 언급하고 있는데, 대표적인 것이 1987년 12월 13일 "버마[미얀마] 해상 화물선(DAGON 1호)"가 발견한 25인승 구명

펫목이다(2016070060, 29쪽). 교통부는 제조번호 6046373의 이 물체가 KAL기 것이라 했고, 근거는 "정비 기록문서"와 질소통 2개에 적힌 "대한항공 관리번호"였다. 참고로 서울지방검찰청의 "대한항공 858기 폭파사건 수사결과"에 따르면, 교통부가 아닌 "버마정부에서 피폭 KAL기 잔해임을 확인"했다(172쪽). 다시 말해 누가 확인한 것인지 모호한 면이 있다. 아무튼 발견 장소는 "버마 연안인 타보이-모울만 사이의 예강하구 서남방 25마일 지점"이다(29쪽). 버마 임시 조사보고서에도 이와 관련된 내용이 있다. 단, 발견 장소(북위 14°51'[14도51분], 동경 97°16')는 예강 서남방 약 30마일(about thirty miles) 지점으로 교통부 보고서와 차이가 있다(2016090027, 42쪽). 참고로 교통부 '영문' 보고서에도 장소(북위 13°45', 동경 97°26')가 버마 보고서와 다르게 나와 있다(2016070060, 16쪽).

버마 화물선이 발견한 구명뗏목과 그 논란

이 구명뗏목은 정말로 KAL858기 것인지 논란을 불러 왔다. 여러 가지 이유가 있는데, 먼저 겉은 이상이 없지만 내부부품인 수동펌프만 깨진 상태로 발견되었기 때문이다. 또한 당시 〈연합통신〉은 버마 내무부가 "감식한결과 공기압축펌프의 고무손잡이 부분이 … 불에 탄 흔적이 역력했다고" 했는데(〈조선일보〉, 1987년 12월 16일, 11쪽 인용 보도), 국립과학수사연구소(국과수)에 따르면 그런 흔적이나 폭발의 증거는 없었다. 그리고 구명뗏목이 발견된 지점에 대해서도 해류의 방향 등을 고려할 때 조작된 것이 아닌가 하는 의문이 있었다. 사건을 재조사했던 국정원 발전위원회는 결론적으로 구명뗏목이 KAL기 것이라고 판단했다(『과거와 대화 미래의 성찰 (III)』, 445쪽).

버마 최종 보고서에는 1988년 1월 버마 해군이 찾았다는 잔해들 사진도 있다. 이들은 1월 2일에 발견된 좌석 구조물의 일부, 1월 1일과 9일에 발견된 화장실 구조물 일부와 구토봉지다(2016090027, 97-98쪽). 당시 버마 주재 한국대사관에서 쓰인 문서에는 관련된 사항이 자세히 나와 있다. 1988년 2월 23일 버마 "국방성 정보국은 … KAL기 잔해 5점을 안다만해 COCO ISLANDS 주변에서 주재국 해군이 수거하였다고" 알려왔다(45쪽). 이들은 "기체내부벽 나무파편, 1점, 1.1[발견 일시] … 의자방석, 1점, 1.2 … 식사운반대 나무파편, 1점, 1.8 … 구토봉지 대나무파편, 1점, 1.9 … 프라스틱 약품 케이스(사진필름통 크기), 1점, 1.9"로, 발견 장소는 구명뗏목 지점과 약 430킬로미터 차이가 나는 듯하다(북위 14°08', 동경 93°23'을 기준, '구글 어스'로 측정).

섬 안에서 발견된 KAL기 잔해?

이 가운데 "3점은 사고 KAL기 잔해로 확인"되었는데(51쪽), 근거는 나와 있지 않다. 또한 이들에 대해 폭파 관련 화학검사가 이루어졌는지도 알 수 없다. 어찌 됐든 잔해로 확인된 3점은 앞서 말한 버마 보고서에 사진이 실리게 된다. 그런데 검찰은 사건 수사결과에서 잔해로 확인되지 않은 "식사받침대"까지 포함해 "4점"을 버마 해군이 발견한 증거물로 발표했다(2016070060, 173쪽). 이 물체가 나중에 잔해로 확인되었을 가능성도 있겠지만, 외교부 문서에 따르면 검찰의 증거목록은 잘못됐다. 이를 떠나 이상한 점은, 물체들이 발견된 시점이 1월 초인데 버마가 대사관에 알려온 시점은 2월 23일이라는 것이다. 약 6주가 지나서야 연락을 해왔는데, 왜 그렇게 늦었는지는 문서상 알기 어렵다. 구토봉지가 발견된 곳(북위 14°08', 동경 93°22')은 지도상 바다가 아닌 섬 안이라는 점도 쉽게 이해되지 않는다. 물론 문서에서 위치 표기가 실수로 잘못되었을 가능성이 있다. 또한 동경 위치가 초(")까지 정확하게 보고되지 않았기 때문일 수도 있다(대략 동경 93°22'13" 뒤로는 바다로 표시됨).

이번 외교부 자료에 나와 있지는 않지만 1990년에도 잔해가 발견되었다고 알려진다. 그 유명한 '올림픽' 표식이 새겨져 있는 물체다. 이는 태국

어선이 1990년 2월 18일 발견하여 3월 한국 언론에 알려지게 된다. 국정원 발전위원회에 따르면 발견 장소는 북위 14°30′, 동경 95°30′으로, "FLAP(보조날개), Center Tank, 엔진 덮개, 연료 튜브 등의 조각들과 백양표 T셔츠, 스페인 상표의 넥타이, 이탈리아 상표의 바지 등이 들어있는 루이비통 옷가방이 함께 발견되었다"고 한다(『과거와 대화 미래의 성찰 (III)』, 461쪽). 같은 해 3월 5일에도 태국 어부가 "엔진 덮개, KAL이라 기입된 박스와 서랍 등"을 북위 13°30′, 동경 98°00′ 지점에서 발견했는데, 어부가 고물상에 팔았던 것으로 경찰이 인수해 보관했었다 한다. 위 잔해들은 몇 달 뒤인 5월 22일 서울에서 공개된다.

올림픽 표식이 있는 잔해 논란

이 가운데 특히 올림픽 표식이 있는 물체 역시 논란을 피해가지 못했다. 예컨대 언론에 공개될 당시 두 조각으로 나누어져 있었는데, 어떻게 조각난 잔해가 같은 장소에서 발견될 수 있는지 의혹이 일었다. 무엇보다 국과수 감정 결과 폭발 흔적이 없다고 나온 뒤 잔해가 폐기된 것도 논란을 일으켰다. 국정원 발전위원회는 결론적으로 이 물체 역시 KAL기 것이라 판단했다.

정리하면, KAL858기 잔해라고 알려진 물체들은 지금까지 크게 세 차례에 걸쳐 발견됐다. 시기는 1987년 12월, 1988년 1월, 그리고 1990년 2월-3월이다. 덧붙여서 이들과 관련해 크고 작은 논란이 있어 왔다는 점도 지적되어야 한다. 국정원 발전위원회에 따르면, 한국에 들어오지는 않았지만 어선에 의해 "알루미늄 합금 금속판 수 개와 … 날개"가 1989년 9월 30일과 10월 6일 발견되었다는 보고도 있다(462쪽). 만약 KAL기 잔해였다면 정부가 왜 한국으로 들여오도록 노력하지 않았을까 궁금해진다.

한편 〈MBC 뉴스데스크〉는 2020년 1월 23일, 대구MBC 특별취재단이 올해 초 버마 해역에서 KAL858기 추정 동체를 발견했다고 보도했다. 이에 따르면 기체의 왼쪽 날개를 비롯해 꼬리 부분까지, 적어도 동체 왼쪽 부분이 거의 보존되어 있는 상태다. 아직 KAL기 잔해로 '확인'되지 않았지만, 검증 결과에 따라 파장이 예상된다. 이와 관련 국정원 발전위원회 보고서에 있는 그림 자료가 주목된다(607쪽). 1990년에 발견된 잔해들 부위를 기체 모형에 표시한 것으로 대한항공 자료를 바탕으로 했다(421쪽). 그런데 발견된 올림픽 표식 잔해는 "왼쪽 후방 동체"다. 이는 MBC 보도 내용과 배치되는데, 올해 온전한 상태로 발견된 추정 동체가 왼쪽 부분이기 때문이다.

잔해 관련된 또 다른 논란 가능성

만약 이 물체가 KAL기의 것으로 '확인'되면, 1990년에 발견된 왼쪽 잔해는 진위 여부 관련해 논란에 휩싸일 수 있다. 아울러 MBC 화면상 기체 '오른쪽' 올림픽 표식 부분도 보존되었을 가능성이 조금 있고, 이 역시 확인 여부에 따라 논란이 일 것으로 보인다.

지금까지 살펴본 잔해 문제와 직접 연관되지는 않지만 몇 가지 더 언급하려 한다. 교통부가 버마 당국에 건넨 자료에 따르면, KAL858기 화물칸에는 화재 감지기(FIRE DETECTION)나 화재 진압기구가 설치되어 있지 않았다(2016070060, 41쪽). 그리고 지금도 그렇지만, 당시 외교화물로 분류된 물품들은 보통 검색을 받지 않았다고 알려지는데 바그다드에서 10kg, 아부다비에서 34kg이 실린 상태였다(53쪽, 60쪽). 바그다드 관련 외교물품(MAIL)은 바그다드 주재 한국총영사관에서 서울 외무부로 배달 예정이었다. 아부다비 외교물품(POUCH, BAG)의 경우 두 가지로, 아랍에미리트연합 외무부와 오만 외무부에서 각각 한국 주재 대사관으로 배달 예정이었다. 이와는 별도로 아부다비에서 60kg의 화물이 실렸는데, 아부다비 관광회사가 "전남 무안군 현경면 용정리"로 보낸 것이었다(62쪽).

한국 외무부가 숨기려 했던 일

KAL858기 사건에 대한 수사/조사는 한국 당국, 구체적으로는 안기부 (현 국정원)가 주도했다. 더불어 국제규범에 따른 조사도 있었는데, 이는 버마(미얀마)가 맡았다. 왜냐하면 비행기가 버마 관할 구역에서 사라졌기 때문이다. 버마는 '국제민간항공에 관한 협약'에 따라 사고 발생국(the State of Occurrence)으로서 조사를 일차적으로 책임졌다. 협약 부속서 13은 항공 사건/사고 조사에 관한 내용으로, 제5장 4절에 따르면 조사 과정에 독립성(independence)이 지켜져야 한다(ICAO, "Aircraft Accident and Incident Investigation"). 이 글에서는 버마 조사와 관련된 사항을 살펴보려 한다.

버마 보고서는 '버마'가 냈는가?

먼저 그 내용과는 별개로, 버마 조사보고서가 국제민간항공기구에 보내진 형식이 주목된다. 버마가 KAL기 잔해를 찾았다고 알려진 무렵, 외무부 (현 외교부)는 1988년 3월 17일 버마 주재 대사관에 "긴급"히 연락을 한다. "ICAO[국제민간항공기구] 칼기사건 토의와 관련, 다수 우방이사국 대표들은 버마정부가 858기 잔해 수거사실을 독자적으로 ICAO에 보고하는 것이 공중폭파를 증명하는데 필수적임을 강조"했다는 내용이다(2016090027, 63쪽). 따라서 외무부는 "보고서가 ICAO에 DHL[국제특송] 편으로 송부되었는지 확인하고, 송부 안되었을 경우, 가능한 모든 수단을 동원 3.21전 필착토록" 하라고 지시한다. 여기에서 "가능한 모든 수단을 동원"하라는 문구에 줄이 그어져 있는데, 삭제를 뜻하는 듯하다. 이 표현이 일러주듯, 한국 정부는 버마 보고서 제출 과정에 적극 개입했다.

이 개입 과정은 1988년 3월 18일 노재원 캐나다 주재 대사(전두환 신군부의 국가보위비상대책위원회 외무위원장 역임)가 쓴 문서에 구체적으로 나와 있다. 요약하면, 버마 주재 한국대사관 직원이 보고서를 받아 태국으로 가면, 이를 태국 주재 대사관이 캐나다에 보낸다. 캐나다 '한국'대사관은 이 보고서를 캐나다 주재 '버마'대사관에 보내고, 그러면 버마가 몬트리올에 있는 항공기구에 제출한다는 내용이다(69쪽). 버마 정부가 "독자적으로" 해야 할 일을 한국이 대신 했다 해도 지나친 말이 아니다. 그래서였을까. 문서는 아래와 같이 끝난다. "송달과정은 버마조사 보고서의 제출과정에 아국이 개입되었다는 사실을 대외에 알리지 않기위하여 취하는 조치임을 참고 바람."

다음 날에 쓰인 외무부 문서도 이를 강조한다. "보고서 제출 과정에 아국이 개입되었다는 사실이 대외에 알려지지 않도록 하기 위한 조치임을 유념바람"(70쪽). 이처럼 한국은 무리한 행위라는 것을 알았음에도 버마 보고서 제출에 끼어들었다. 이는 알려져서는 안 될 비밀이었다. 캐나다 주재 대사는 또 다른 문서에서 다음과 같이 말한다. "북한의 왜곡선전을 사전에 방지한다는 의미에서도 아측의 동 보고서 수령 사실이 누설되지 않도록 보안에 각별 유의하여 주시기 바람"(74쪽).

이와 같은 예외적 조치는 한국이 버마에 보고서를 "DHL 등 가장 긴급한 방법으로 ICAO에 전달해줄것을 요청했던바, 버마측은 동발송을 민항국장명의로 하되 발송방법은 아측에 일임하여" 이루어지게 된다(73쪽). 겉으로는 버마가 한국에 "일임"한 것이었지만, 실제로는 (위, 아래 문서들이 보여주듯) 한국이 버마를 계속 압박한 결과라 하겠다. 결국 보고서는 3월 25일 항공기구 논의 마지막 날 극적으로 제출된다.

버마 보고서는 '버마'가 썼는가?

그러면 보고서 '작성' 과정은 어땠는지 살펴보자. 작년에 공개된 외교부 자료를 검토하며 나는 버마가 한국의 설명을 그대로 받아 보고서를 썼다고 지적했다. 올해 공개된 자료 역시 이를 확인해준다. 1988년 2월 9일 버마는 예비 조사보고서를 마련한다. 당시 버마 주재 대사에 따르면, 한국 "조사팀과의 회의결과, 본부[외무부]제공 각종 증거자료및 사진을 참고하여 당관과의 긴밀한 협의" 아래 쓰였다(32쪽). 항공기구 협약에 따르면, 한국은 사고기 등록국(the State of Registry)으로서 버마가 맡은 조사에 참여할 수 있었고, 위 협의는 형식적으로 정당했다. 문제는, 협의의 수준이다.

버마 주재 대사는 2월 24일 주재국 관계자들과의 면담에서 새로 발견된 잔해 내용과 "KAL기 사고가 북괴 공작원에 의한것임을" 버마가 "ICAO FINAL REPORT[최종 보고서]에" 포함해주기를 요청했다(47쪽). 3월 4일 외무부 본부 역시 버마 한국대사관에 보낸 문서에서 이를 강조한다. "Final report에는 KAL 858기가 공중 폭파되었음을 증명하는 물적증거를 통한 기술이 중요한바 … 이를 뒷받침해주는 사실 … 가급적 상세히 기술해주도록 각별 협조 요청바람"(55쪽). 이에 버마 주재 대사는 3월 8일 버마 당국자들을 만찬에 초청하고, 보고서에서 KAL기 사건이 "공중폭파에의한것임을 충분히 설명해주기를" 요청했다(61쪽). 버마 관계자는 "더 요망 사항있으면 알려달라면서 가능한한 동보고서를 ICAO에 조속제출되도록 노력하겠다고" 답한다.

이와 같은 요청은 엄격히 말해, 앞서 언급한 사고 발생국의 독립적 조사 원칙을 훼손하는 것이었다. 해당 원칙이 명시된 협약 부속서 13은, 제5장에서 사고 원인의 확정(the determination of the causes)과 최종 보고서 완성(the completion of the final report)을 조사 내용에 포함시키고 있다. 동시에 부속서 13은 '2001년'에 보강된 듯한 제6장 3절에서, 한국과 같은 관련국이 최종 보고서 초안에 대해 의견을 제시할 수 있고, 보고서 작성국은 이를 보고서에 넣을 수 있다고(amend the draft Final Report to include the substance of the comments received) 규정한다. 그때 기준으로 무리했던 한국의 행위가 지금은 정당화될 수 있다.

그렇더라도 보고서 내용을 보면 조심스러워질 수밖에 없다. 1988년 2월에 쓰인 버마 최종 보고서는 표지를 포함해 21쪽이다(78-98쪽). 그런데 현지에서 수집된 몇 가지 정보(최종교신 지점, KAL기를 목격한 어부 진술, 잔해)를 빼고 대부분 한국이 제공한 자료를 그대로 옮겨 놓은 듯하다. 특히 버마 당국이 '직접' 조사하지 않았음에도 비행기가 폭탄으로 파괴되었다고 (destroyed by the bomb explosion) 결론 낸 부분이 그렇다(86쪽). 나만 이런 생각을 하는 것은 아니다. 보고서는 KAL858기 대책위가 오래 전에 얻어낸 것이기도 한데, 이를 검토한 이도 비슷한 관찰을 했다(서현우, 『KAL 858기 폭파사건 종합 분석 보고서』, 296쪽).

버마 조사의 구조적 한계

이를 떠나 버마 당국은 2월 앞서 말한 한국의 요청이 있었을 때, "사고 원인을 탑승객에 의한 폭발 사고로 기히 결론을 내려 PRELIMINARY REPORT[예비 보고서]에 기술 하였고 기 수거한 구명정(LIFE RAFT)만으로도 사고 증거물로 충분하다"는 맥락의 답변을 했다(2016090027, 47쪽). 한국 안기부 설명을 예비 보고서에서부터 그대로 받아들였다는 점도 문제지만, 버마가 구명뗏목 하나를 물증으로 충분하다고 여겼던 대목이 놀랍다. 하지만 당시 버마의 '역량'을 고려할 필요가 있다고 본다. 예를 들어 버마 수도 랑군에는 기초적인 항공 통신 장비는 있었지만 포괄적 레이다(radar) 시설은 없었다(83쪽).

이런 맥락에서 교통부 관계자가 "KAL 858 실종기 사고조사" 목적으로 버마와 태국을 다녀온 뒤 쓴 "공무 국외 여행 귀국보고서"가 주목된다. 출장 기간은 1988년 1월 18일부터 일주일로, 대한항공에서도 2명이 함께했다. 보고에 따르면 "랭군[랑군, 양곤] 국제공항은 외국의 항공기가 1대도 없었으며, 공항시설도 1952년 개관이래 그대로 방치되어 있고 랭군 공항에는 이번 KAL기 실종사고 항로를 보조해줄 레이다 항공보안시설도 갖추고 있지못하여 실종된 위치를 찾을 수 없었"다(2016090023, 150쪽). 버마 조사 능력에 한계가 많았다고 일러주는 대목이다.

그리고 교통부는 버마 조사위원회와 두 차례 회의를 가졌다. 첫째 회의는 1988년 1월 21일 버마 랭군 국제공항에서 있었는데, 한국은 버마 당국이 요청한 자료, 교통부가 쓴 영문 보고서 등을 버마에 건넸다(143쪽). 교통부 보고서는 비행기가 폭발물로(by some explosives) 파괴되었다고 추정된다는 결론을 담았다(2016070060, 18쪽). 또 교통부는 정부의 수사발표가 보도된 1988년 1월 16일치 영자신문 〈코리아타임스〉, 〈코리아헤럴드〉도 함께 건넸다. 다시 말해 한국은 정부 발표를 버마가 받아주기를 바랐다.

이는 다음 날에 있었던 모임에서 더욱 분명해진다. 버마 주재 한국대사 관저에서 열린 회의에서 한국은 안기부 수사보고서를 버마에 건넨다. 회의는 버마 주재 대사가 "버마 조사위원들에게 오찬을 베풀어 … 감사인사와 함께 앞으로 ICAO에 보고될 최종 보고서 작성에 아측입장을 설명하"는 자리였다(2016090023, 144쪽). 오찬은 앞서 언급된 3월 "만찬"과는 별도로 마련됐다. 교통부에 따르면 1월의 두 차례 회의 결과, 버마는 한국의 "사고조사 보고서 및 수사결과 보고서를 토대로 곧 국제민간항공기구에 보고될 정식 보고서를 작성하여 제출"하겠다는 의사를 표시했다(146쪽). 버마가 일주일 전인 1월 15일에 발표된 안기부 결과를 보고서에 담겠다고 한 것이다.

한국의 무리한 개입

한국의 수사발표 뒤 이루어진 회의, 여러 가지 면에서 부족했던 조사 역량. 결국 버마는 별다른 선택을 할 수 없었으리라 추측된다. 그렇더라도 한국이 독립적이었어야 할 조사에 영향력을 행사했다는 점은 변하지 않는다.

위에서 살펴봤듯, 한국은 버마 보고서의 '작성'은 물론 '제출' 과정에도 무리하게 개입했다.

나아가 한국은 버마를 특별한 동맹으로 여기고 이 관계를 북쪽과 관련 계속 활용하려 했다. 다시 교통부의 KAL기 출장보고서다. "이나라는 … 지난 [1983년] 아웅산 사건과 이번의 KAL기 폭파사건을 계기로 아국과는 오히려 더욱 돈독한 관계정립의 계기가 되었다고 보며 국제사회에서 북한과 같은 공산테러국가에 대한 응징에 보조를 맞추어 나가게 될것으로 사료됨"(150쪽).

미국 폭탄 전문가에게 보낸 편지

외교부 문서 2차 (7)

이번에 공개된 자료에는 KAL858기 사건에 대해 지금까지 전혀, 또는 거의 알려지지 않은 내용도 있다. 그 가운데 하나가 미국 연방교통안전위원회(National Transportation Safety Board, NTSB)와 관련된 부분이다. 이 위원회는 미국에서 일어나는 교통/항공 사고를 조사하는 기관이지만, 필요하면 해외 조사에도 참여해오고 있다. 당시 대한항공 안전관리실장은 미국에 보낸 편지에서 KAL기 폭파에 대한 폭탄 전문가(bomb specialist)의 견해를 물었다(2016090026, 201쪽). 시점이 주목된다. 편지가 쓰인 때는 1988년 1월 28일로, 1월 15일 안기부 수사발표가 있고 난 뒤다. 정부는 KAL기가 북쪽 테러로 공중 폭발되었다고 수사결과를 확정한 상태였다. 그런데도 대한항공은 '자체적으로' 폭파와 관련된 사항을 확인하려 했다. 왜 그랬는지 궁금하다. 혹시 정부의 발표를 대한항공이 검증하려 했던 것은 아닐까?

대한항공, 뒤늦게 폭파 관련 확인 시도

이 편지는 노재원 당시 캐나다 주재 대사가 에드먼드 스토 국제민간항공기구 이사회 미국 대표를 만났을 때 건네받았다. 미국 대표는 "아국[한국]이 미국의 NTSB와 접촉하고 있다"면서 편지 사본을 캐나다 대사에게 전해주었다(199쪽). 대한항공이 정부와 교감 없이 미국에 연락했다는 뜻이다. 물론 편지는 정부의 직간접적 요청을 받아, 또는 정부와 보이지 않는 협의를 통해 대한항공이 자신의 이름으로 보낸 것일 수 있다. 그러나 문서상으로는 대한항공이 직접 연락한 것으로 나온다. 어떤 경우든, 편지는 안기부 수사발표에 대한 검증이 필요했다고 일러준다.

내용을 구체적으로 보면, 대한항공은 사건의 추정 원인(probable cause)을 "여성 테러범 용의자의 진술에 따른(as per statements made by a suspected female terrorists) 공중에서의 폭탄 폭발"로 명시했다 (201쪽). 어떤 물리적 증거가 아닌 "진술"에 바탕을 둔 폭파라는 대목이 주목된다. 그 다음 부분은 폭발물의 종류를 말하고 있는데, 잘 알려졌듯 "Composition-4" 350g과 "PLX" 700cc로 적혀 있다. 이를 포함 전반적 상황으로 봤을 때 대한항공은 두 가지를 궁금해했다. 짧게 말해 첫째는 그 분량의 폭탄으로 비행기가 어떤 상태에서 추락했는지, 둘째는 추정되는 추락지점이 어디인지였다(202쪽).

미 위원회, 블랙박스 없어 답변 불가능할 수도

1988년 2월 26일 답장에서 미국 연방교통안전위원회는 도움을 받기 위해 편지를 '연방항공청'과 '보잉사'에 전달했다고 밝힌다. 하지만 위원회는 대한항공에 가치 있는 답변(valuable answers)을 주기가 불가능할 수 있다고(may not be possible) 말한다. 왜냐하면 블랙박스, 곧 비행기록장치가 없는 상태에서(without flight recorder) 정확한 폭발 시점과 피해 정도를 모르기 때문이다(200쪽). 또한 날씨 정보도 편지에 없어서였다. 그러면서 위원회는 대한항공이 아마도 정보를 많이 갖고 있지 않을 것이라며, 추정(assumptions)을 바탕으로 일하고 있으리라 생각한다고 덧붙인다.

미국 위원회의 반응은 중요한 점을 몇 가지 일러준다. 먼저 폭파와 관련된 사항을 더 정확히 알려면 "블랙박스"가 있어야 한다는 것이다. 바꿔 말하면, 블랙박스를 발견하지 못한 상태에서는 사고 원인을 확정하기 어렵다. 아울러 위원회가 "추정"이라는 표현을 썼는데, 이는 넓은 맥락에서 대한항공은 물론 한국 정부 모두 실종 원인을 추정할 수밖에 없다는 뜻이다. 블랙박스 같은 확실한 물증이 없었기 때문이다.

실제로 대한항공이 인용한 폭탄의 종류와 양은 수사발표에 나온 내용인데, 이는 "추정"된 것이었다. 안기부는 1988년 1월 15일 "콤퍼지션 C4, 라디오 … 여백에 폭약 350g 장약"하고 "P. L . X … 700cc를 술병에" 담은 폭약으로 KAL기가 폭파됐다고 했다(2017040099, 83쪽). 그러나 2004년 7월 8일 정형근 당시 한나라당 의원은 안기부 KAL기 수사를 지휘했던 당사자로 MBC 〈손석희의 시선집중〉에서 다음과 같이 말한다. "[김현희] 진술을 토대로 추정 단정해서 발표한 것이지 이것이 김현희도 모릅니다. 그게, 얼마를 넣었는지…"

그리고 미국 위원회는 한국 정부의 항공 부서에서 누가 일을 맡고 있는지 알려 달라 했다. 편지에 해당 내용이 없어서였는데, 위에서 지적했듯 대한항공이 위원회에 자체적으로 연락했다는 뜻이다. 그렇다면 편지는 대한항공이 폭탄 관련된 안기부 설명을 확신하지 못했다는 증거일 수 있다. 혹시 편지가 정부와의 논의 뒤에 보내졌다 하더라도, 이는 안기부 발표가 어떤 형태로든 '검증'될 필요가 있었다는 뜻이다.

미국, 김현희 사용 폭탄 "미국에서만 생산"

폭탄 관련 주목되는 문서가 또 있다. 한국은 국제민간항공기구에서 대북 규탄 결의안이 채택되도록 노력하고 있었다. 이 과정에서 보고서가 제출되고, 1988년 3월 16일 한국 관계자는 항공기구 미국 대표와 면담을 한다. 미국 대표는 "미국측만이 아는 사항이며 미국은 물론 이사회에서 이를 제기하지 않을 것"이라며 다음과 같이 말한다. PLX는 "미국 뉴저지주에 소재하는 PISCATAWAY의 LIQUID EXPLOSIVE를 말하는 것으로 생각되나 동 액체폭탄은 미국에서만 생산되고 미국에서만 구득이 가능한 것으로 되어 있음"(2017040102, 37-38쪽). 곧, 김현희가 사용한 폭탄은 미국에서만 얻을 수 있는 미국 무기다. 따라서 이 대표는 한국이 KAL기 관련 항공기구 논의에서 폭탄의 "정확여부 및 공급원등에 대한 설명준비가 필요할 것"이라 했다.

액체폭약에 대한 설명은 2016년 개인적으로 열람했던 진실화해위원회 조사 자료에도 나왔었다. 위원회는 KAL기 사건 재조사 과정에서 옛 동독 정보기관 '슈타지'의 비밀문서를 찾았다. 1988년 5월 11일 슈타지 문서에 따르면 "PLX는 미국에서 생산하는 액체폭약물"이다(DA0799681, 122쪽). 이는 KAL858기 대책위가 2005년에 마련한 토론회 자리에서 폭약 전문가가 밝힌 내용이기도 하다.

또한 위 미국 대표에 따르면, 김현희 일행이 폭탄을 넣었다는 라디오 "PANASONIC MODEL RF-082는 당지 CANADA에 확인한 결과 존재하지 않는 모델"이었다(2017040102, 37쪽). 그런데 이 라디오는 실제 있었고, 지금도 인터넷에서 찾을 수 있다. 문제는 안기부 수사 당시 김현희가 라디오를 SONY 제품이라며 그림까지 그렸는데, 나중에 수사관이 PANASONIC 제품을 보여주자 "이거 맞아요!" 했다는 것이다(국가정보원, 『과거와 대화 미래의 성찰 (III)』, 425-426쪽). 김현희 자신도 폭탄 위장에 사용한 장비가 무엇인지 몰랐다는 말이다. 국정원 발전위원회 역시 사건을 재조사했는데 "라디오의 정확한 종류는 불분명하나, Panasonic RF-082 라디오와 비슷할 것으로 추정"된다고 했다(428쪽).

인도, 대한항공 조언에 따라 수색 중단

한편 지금까지 (거의) 알려지지 않은 내용 가운데 또 하나는 인도 조사 보고서다. 1987년 12월 12일 안다만 해 인도 관할 구역에서 KAL기 잔해가 보였다는 보고가 있었다 한다. 정말 KAL기 잔해라면 사고가 인도 구역에서 난 것으로, 이는 국제규범에 따라 인도가 조사를 해야 한다는 뜻이었다. 그래서 주변 지역을 중심으로 수색을 시작했지만 잔해를 발견하지 못했다. 그러다가 12월 16일 버마 주재 한국대사관에서 연락이 왔는데, KAL기 잔해가 버마 해역에서 발견됐다는 소식이었다. 그러자 현지에 와 있던 조중건 대한항공 사장이 인도가 수색을 그만두도록 조언했다고(advised that we may terminate our search operations) 한다(2016090027, 19쪽). 지금까지 KAL기 잔해는 거의 발견되지 않았는데, 인도가 수색을 계속했다면 어땠을까 아쉬움이 남는다.

인도는 이 수색을 계기로 조사보고서를 쓴 듯하고, 작성 일자는 1987년 12월 23일이다. 덧붙여 인도는 KAL기가 '공식적으로' 알려진 최종교신 지점 URDIS에 앞서 인도-버마 공동 구역인 TOLIS를 지났다는 점에서 관련이 있었다. 또한 탑승자 가운데 1명이 인도 사람(D. Phulwani, 두바이 주재 상사 근무)이기도 했다.

그런데 그때 인도의 이용 가능한 정보(the available information)에 따르면 사고 추정 지점은 버마 해역에서 서쪽으로 50마일-60마일(약 80킬로미터-96킬로미터) 떨어진 국제해역(international waters)이었다. 이 경우 사고 조사는 한국(the Korean authorities)이 맡게 된다(19쪽). 이를 바탕으로 인도 당국은 대한항공 사장에게 인도 관할 구역에서 수집된 정보들이 한국에 건네지리라 시사했다. 결과적으로 버마가 사고 발생국으로 조사했는데, 인도가 말한 "이용 가능한 정보" 관련해 고민이 필요할 것 같다.

관제소 통신 기록이 있었다면

KAL858기는 TOLIS와 교신을 하기까지 정상적으로 비행하고 있었다. 그리고 보고서에는 KAL기와 인도 관제소와의 통신 기록(녹취록)이 첨부되어 있는데, 모든 교신 내용이 나와 있다(24-28쪽). 나는 최근 연재를 하며 버마 관할 구역인 최종교신 지점 관련해 논란이 있다고 지적했다. 이 문제는 인도처럼 버마가 기록을 구체적으로 내줄 수 있었다면 풀릴 수도 있었지 않나 싶다.

참고로 작년 공개된 문서에 따르면, 1987년 12월 4일 대한항공 사장은 버마 당국에게서 "URDIS 지점부터 랑군 TOWER 교신한후부터35분간의 RADIO CONTACT 녹음테이프를" 건네받았다(2016070040, 131쪽). 하지만 대한항공은 국정원 재조사 당시 "해당 녹음테이프를 보관하고 있지 않다고 답변"했다(『과거와 대화 미래의 성찰 (III)』, 510쪽).

결의안 관련된 "절대적인 비밀"

외교부 문서 2차 (8)

이번에 공개된 자료에는 국제민간항공기구에 관한 내용이 많다. 당시 외무부와 안기부는 국제무대에서 KAL858기 사건 대북규탄 작업을 폭넓게 벌였다. 국제연합, 곧 유엔 안보리 논의가 대표적이다. 이에 비해 많이 알려지지는 않았지만 또 다른 유엔 조직인 국제민간항공기구도 사건을 논의했다. 이는 남북/북남의 공개 토론이 또 열렸다는 점에서 중요하다. 항공기구는 1988년 2월 29일부터 3월 31일까지 이사회 회의를 열기로 되어 있었다.

결론적으로 KAL기에 대한 정식 논의는 3월 21일, 23일, 25일 사흘에 걸쳐 이루어진다.

국제민간항공기구 이사회 KAL기 토론

항공기구가 주최한 '항공법에 관한 국제회의'도 따로 열렸는데, 남북/북남은 회의에서 이미 공개적으로 충돌했다(2월 9일과 12일). 이 자료는 외교부가 작년 공개한 문서에 포함돼 있다. 예전에 나는 남북이 사건에 대해 '처음' 토론을 한 것이 유엔 안보리 논의라고 말했다(박강성주, 『KAL858, 진실에 대한 예의』, 146쪽). 틀렸다. 첫 공개 토론은 '항공법에 관한 국제회의'였다. 유엔 논의는 이보다 좀 늦은 2월 16일과 17일에 있었기 때문이다. 어쨌든 이 글에서 다룰 항공기구 '이사회' 회의는 항공법 회의보다 권위가 있다.

이사회 논의는 한국 요청으로 이루어졌는데 문서들은 정부의 외교적 노력이 상당했다고 일러준다. 먼저 항공기구가 1988년 1월 22일 배포한 준비 자료에는 KAL기 사건 소식이 실렸다. 여기에는 남쪽 수사결과와 더불어 북쪽이 이를 부인했다는 내용도 있다(2016090024, 138쪽). 이에 대해 당시 외무부 차관은 "ICAO 소정양식에 기재된 내용만이 … 수록될 경우 범행 준비 및 실행과 범죄 수사과정에 관한 설명이 누락됨으로써 사건전모가 파악될수 없는바, ICAO사무국에 아측 보고내용 전부를 … 수록해 주도록" 다시 협의할 것을 지시한다(141쪽). 정해진 양식 그 이상을 바랐다는 뜻이다.

"격론 끝에 의제 채택"

1988년 2월 29일 항공기구 이사회는 사건을 제123차 회의 의제로 포함시킬 것인가에 대해 토의했다. 33개국이 참여했는데 대다수 국가들은 115명의 희생자가 나온 사건이라는 점에서 의제로 포함돼야 한다는 의견이었다. 미국, 일본을 비롯 영국, 프랑스, 서독, 캐나다, 호주, 베네수엘라, 아르헨티나, 페루 등이 그러했다.

몇몇 참가국은 "제대로 된 기술적 증거의 부족(the lack of proper technical supporting evidence)"을 이유로 반대 입장에 섰는데 (2016090026, 245쪽), 당시 체코슬로바키아(1993년 '체코'와 '슬로바키아'로 나누어짐)가 그랬다. 쿠바도 기술적 정보가 부족하다고(insufficient) 지적했고, 중국의 경우 사고의 원인이 확정되기 전까지는(until the causes … had been determined) 의제로 채택하는 것이 적절치 않다고 했다 (246쪽). 반대의 목소리를 가장 크게 낸 곳은 소련(현 러시아)으로, 기술적 측면을 설명하면서도 북쪽에 대한 근거 없는 정치적 비방을(unfounded political accusation) 지적했다.

노재원 당시 캐나다 주재 대사는 "당초 간단한 사무적 절차에 의하여 KAL기 사건이 추가 의제로 채택될것이라는 대다수의 관측에도 불구하고 … 격론 끝에 의제 채택이 결정되었다는 사실은, 이사회 회원국 절대다수가 KAL기 사건의 문제의 핵심을 충분히 파악"했던 이유 등에 의한 "성과"로 평가했다(57쪽). 그렇지만 내가 보기에 "격론"이 있었다는 것 자체가 남쪽에게는 좋지 않았다. 결과를 폄하해서가 아니라, "간단한 사무적 절차" 이상의 반대가 있었기 때문이다.

북쪽의 "폭파"인가, 남쪽의 "조작"인가

사건 관련 항공기구의 정식 회의는 1988년 3월 21일에 시작된다. 이사국 자격으로 32개국이 참여했고, 참관국 자격으로 3개국(남쪽, 북쪽, 바레인)이 초대됐다. 남쪽은 회의 요청국으로 첫 번째 주요 연설을 한다. 캐나다 주재 대사는 사건이 몬트리올 협약 또는 '민간항공 안전에 대한 불법행위 억제를 위한 협약'을 위반한 것이라고 했다. 동시에 항공기 폭파 사건으로는 드물게 범인이 잡힌(the culprit was caught) 사례라고 강조한다(2017040103, 208쪽). 그러면서 정부의 수사내용을 소개한다. 블랙박스 부분에서는 철저하게 노력했지만(exhaustive efforts) 폭발 지점을 찾는 데 시간이 많이 걸려 어려움이 있었다고 밝힌다(209쪽). 그리고 사건의 가장 끔찍한 부분은 북 공작원들에 의한(perpetrated by North Korean agents) 비열한 폭파라며, 북 책임을 분명히 했다(211쪽). 남쪽은 비행기가 폭탄 폭발로(the bomb explosion) 파괴되었다는 내용의 버마 보고서를 인용하기도 한다(213쪽).

북쪽 연설은 진충국 당시 외무성 대사가 맡았다. 북은 남쪽이 직접 조작한(fabricated) 사건에 대해 물증과 법적 근거 없이 책임을 북에 넘기려 한다며 반박했다(213쪽). 나아가 남쪽의 발언은 시카고 협약, 곧 '국제민간항공에 관한 협약' 부속서 13의 제3장을 어긴 것이라고도 했다. 항공 사고/사건 조사의 목적은 재발 방지에 있지 책임 소재를 가리는 데(apportion blame or liability) 있지 않다는 것이다(214쪽). 그러면서 북은 공식 입장을 구체적으로 설명한다. 비행기를 폭파시킨 이는 안기부 요원으로, 이 사건은 남쪽의 자작극(self-made drama)이라는 이야기다(215쪽). 그리고 남쪽이 사건을 조작한 이유는 대통령선거에서 더 많은 지지를 얻기 위해서였다고(gain more support) 밝힌다(216쪽).

미국은 기본적으로 남쪽을 지지했다. 그러면서 항공기구 회의에 맞게 기술적 측면만(only the technical aspects) 논의하겠다고 밝힌다. 미국은 독립적 조사를 했고 그 결과는 남쪽과 같이 나왔다고(the same conclusion) 강조한다(217쪽). 캐나다도 남쪽을 지지하는 연설을 했는데, 이에 따르면 모든 증거는 북쪽에 대한 혐의가 맞다고(supports the allegation) 일러주었다. 그러면서 증거에 대해 북이 믿을 만한 답변을(a credible response) 할 필요가 있다고 했다(223쪽).

반면 체코슬로바키아는 남쪽 보고서가 객관적인 기술적 조사에 바탕을 두고 있지 않다고 했다. 남쪽이 잔해와 블랙박스 수색에 최선을 다했는지 믿기 어렵다고(hard for me to believe) 말한다(218쪽). 비행기가 사라지자 증거 없이 테러 공격이라는 의심을 확인하는 데만 곧바로 집중했다는(immediately concentrated) 뜻이다(219쪽). 쿠바는 버마 보고서의 문제점을 지적하기도 했는데, 남쪽이 연설 당시 읽지 않은 부분이 있다고 밝힌다. 구명 뗏목이 폭발로 훼손되었다는데 이는 버마가 아닌 남쪽에 의해 검토되었다고(assessed by the Korean Authority) 적힌 부분이다(222쪽).

중립적 성격의 연설들

이처럼 큰 틀에서 남과 북을 지지하는 발언들이 있었지만 비교적 중립적 성격의 연설도 많았다. 남쪽에 위로의 말을 전하고 모든 테러에 반대한다면서, 이런 일이 다시는 없도록 항공기구가 노력해야 한다는 내용이다. 사우디아라비아, 이집트, 인도네시아, 페루, 아르헨티나, 브라질, 스페인, 스웨덴 등 여러 나라들이 해당한다. 세네갈의 경우 남과 북의 이야기에 서로 협의점이 없다고(no agreement) 지적하고, 앞으로 기술적 조사가 진행될 필요가 있다고 시사한다(232쪽). 중국도 양쪽의 진술들이 완전히 다르다고(entirely different) 하면서 사건으로 한반도/조선반도 상황이 악화되지 않기를 바란다고 했다(229쪽).

두 번째 회의는 이틀 뒤인 3월 23일에 열렸다. 이전 회의에 불참했던 케냐를 포함 33개국이 참여했고, 참관국은 그대로였다. 이날은 영국, 미국, 일본 등 8개국이 제안한 결의안 초안과 첫 번째 회의에 대한 의장의 요약문이 주로 논의됐다. 그런데 결의안의 경우 남쪽이 개요를 썼다고 할 수 있다. 1988년 2월 24일 캐나다 주재 대사는 이사회 논의 준비 과정에서 각국 대표들을 몇 명 만났는데, 영국 대표는 다음과 같이 말했다. "아국[남쪽]이 원하는 내용의 결의안 또는 요지를 조속 제시하여 주면 우선 서방 이사국과 협의한후 여타지역 이사국그룹 … 교섭에 이용하겠다고 … 결의안 내용이 아측에 의하여 만들어 졌다는 것은 절대적인 비밀에 부쳐야 됨을 수차 강조"(2016090025, 44-45쪽). 남쪽 역시 3월 2일 문서에서 다음과 같이 말한다. "한국측이 결의안 원안을 제시하였다는 사실은 비밀로 하겠음"(2016090026, 18쪽).

결의안 남쪽 제안 "절대적인 비밀에 부쳐야"

실제로 정부는 "아국안"과 "서방안"의 "결의안 비교표"를 만들며 협의를 이어갔다(136-143쪽). 다시 말해, 8개국 공동 제안 결의안은 사실상 남쪽이 제시한 내용이다. 어쩌면 이는 외교 무대에서 하나의 '관행'일 수 있다. 만약 그렇다면, 영국이 왜 남쪽 제안을 "절대적인 비밀에 부쳐야" 한다고 강조했을까? 아울러 남쪽도 왜 "비밀로 하겠"다고 했던 것일까? 이는 올바르지 못하다는 점을 서로 알았다는 뜻이다. 남쪽의 경우 항공기구 이사국이 아니었을뿐더러, 해당 논의에는 투표권 없이(without the right to vote) 초대됐다(2016090026, 248쪽).

어찌 됐든 당시 논의는 관련 문서들이 늦게 배포되었다는(the late distribution) 문제제기에 따라 참가국들이 다음 회의에서 논의를 이어가기로 한다(2017040103, 241쪽).

항공기구 마지막 회의는 3월 25일에 있었다. 일본은 공동 제안국들을 대신해 결의안 설명에 나서는데, 초안의 "테러리즘(terrorism)" 용어를 "파괴행위(sabotage)"로 바꾸는 등 수정 사항을 제시했다(244쪽). 나머지 제안국들과 스웨덴 등이 지지를 표시한다. 참고로 3월 15일 "서방 우방 11개국 이사국대표는 … 아국[남쪽]이 제시한 결의안을 중심으로" 자체 토의를 했는데, "일부 대표는 SABOTAGE가 ICAO의 언어이며 TERRORISM은 정치적 의미를 내포하고 있기 때문에 바람직하지 않다는 의견"을 냈다(2017040102, 14쪽).

다시 회의로 돌아오자면, 소련, 체코슬로바키아, 탄자니아 등은 제안된 결의안 채택을 반대했다. 이렇게 논의가 진행되던 가운데 의장은 버마의 최종 보고서가 정식 접수되었다고 알린다. 그리고 항공기구 사무총장은 비행기가 "시한폭탄의 폭발로 파괴되었다(destroyed by the explosion of a time-bomb)"는 보고서 결론 부분을 참가국들에게 읽어준다(2017040103, 246쪽).

일반적 내용의 결의안 채택

그 뒤에도 결의안 문구에 대한 토론이 이어졌는데, "타협의 정신으로(in a spirit of compromise)" 결국 더 수정된 결의안이 채택된다. 결의문은 KAL기 사건을 "파괴행위"라고 했지만 누가 어떻게 파괴했는지 말하고 있지 않다. 다만 회의에서 나온 발언들을 바탕으로 항공기구 이사회가 비열한 행위(this despicable act)를 규탄하며, 이러한 불법적 행위들을 막기 위해 회원국들이 노력해야 한다는 등의 문구를 담았다(250쪽). KAL858기 사건 항공기구 이사회 회의는 이 결의안 채택으로 마무리된다. 결의문에 대해 캐나다 대표와 항공기구 사무국은 "결국 북한을 간접적으로 강력히 규탄하는 내용"이라고 평가했다 한다(2017040102, 169쪽).

하지만 남쪽은 결의안에 북쪽을 직접 명시하거나 "한국정부 수사사실 유의" 등의 문구를 넣으려 했다(133쪽). 결과적으로 그렇게 되지 않았고, 이는 예고된 일이었다. 회의가 열리기 두 달 전, 캐나다 주재 대사는 항공기구 의장을 만났는데 의장은 "이사회는 물론 항공법회의도 특정국가를 지칭하여 규탄하는 결의안을 채택할 수는 없다고" 했다. 한마디로 그러한 "전례는 없"었다(2016090023, 47-48쪽). 의장은 회의 도중 결의안과 관련해 강력한 반대가 있다는 점을 인정하고 '선언문'이나 '성명' 형식의 문서를 타협안으로 제시하려 했다. 그러나 남쪽이 "결의안 관철 방침하에 서방이사국을 통해 의장을 설득, 이를 단념"하게 만들었다(2017040102, 133쪽).

정부는 왜 그렇게 무리했을까?

한편 3월 초 문서에도 다음과 같은 기록이 있다. "대부분의 비동맹국가 및 상당수의 우방 서방국 대표들도 의제 채택에는 적극 찬성 이나, 실질 문제 토의시에는 정치적 성격의 발언 및 논란 또는 북괴를 지칭한 결의안 채택에 는 반대한다는 입장을 명백히 표시한바 있음"(2016090026, 57쪽). 결국 남쪽은 논의의 한계를 알았음에도 무리하게 추진한 것이다. 왜 그렇게까지 무리했는지는 곰곰이 생각해볼 일이다.

우방국도 한국 조사 완전히 믿지 않아

외교부 문서 2차 (9)

유엔의 국제민간항공기구는 이사회 논의에서 KAL858기 사건을 다뤘는데 소련 대표는 다음과 같이 지적했다. "대한항공 사장은 사건의 세 가지 가능한 이유가 있다고 했습니다: 나쁜 날씨, 기계적 결함, 또는 파괴행위(bad weather, a mechanical failure, or sabotage). 하지만 우리가 보고 있는 [한국] 문서는 이를 부정하면서 오직 한 가지만 있을 수 있다고 합니다. 바로 파괴행위입니다"(2017040103, 227쪽).

실종 다음 날 "불순세력"의 "폭발물" 사건으로 "확정"

조중건 당시 대한항공 사장은 비행기가 사라진 다음 날, 실제로는 이렇게 말했다. "이상기류냐, 기체의 결함이냐, 혹은 테러에 의한 폭발이냐, 세 가지 중에서 대한항공으로서는 테러에 의한, 88[올림픽]을 앞에 놓은 테러에 의한 폭발로 말미암아 사고가 난 것이 아닌가 … 외부 불순세력에 의해서 폭발물에 의해서 사고가 난 거 이외에는 다르게 추측을 할 수가 없는 것이라고 우리는 확정을 짓고 싶습니다"(〈KBS 9시 뉴스〉, 1987년 11월 30일). 이날은 수색이 시작되던 무렵으로, 잔해가 발견되지 않았을뿐더러 용의자도 지목되지 않았다. 그런데 대한항공은 사건이 "불순세력"의 "폭발물에" 의한 것이라고 추정도 아닌, "확정을" 했다.

그래서였을까. 여러 차례 알려졌듯 정부는 수색을 제대로 하지 않았다. 이번에 공개된 자료 역시 이를 확인해준다. 예컨대 "black box[블랙박스] 회수문제"라는 제목의 문서다. "black box를 찾기위한 장비(Underwater Acoustic Search Kit)는 투입되지 않았음. 동 장비투입을 위해서는 정확한 추락지점을 찾아낸후 미국용역회사(Abiquipo)에 요청하여야 함"(2016090027, 44쪽). 수색에 블랙박스 탐지기조차 사용되지 않았던 것이다. 이유는 위 문구에도 나왔지만, "정확한 추락지점을 찾아"내기 어려워서였다고 한다. 문서에 따르면 "87.12.13. 안다만 해상에서 … 제1차로 잔해물을 발견하였으나 해상조류, 바람 등으로 인하여 정확한 추락지점을 추정할 수 없었"다.

블랙박스 탐지기 "투입되지 않았음"

어떻게 보면 이해될 수도 있지만, 그렇다고 비행기 실종 뒤 보름이 지나도 탐지기가 투입되지 않았다는 것은 문제다(초기 수색이 버마-태국 국경 산악지대에 집중됐다는 점을 고려해도 그렇다). 이 문건이 정확히 언제 쓰였는지 문서상 알 수는 없다. 작성 부서도 나와 있지 않고, 문서 위에 비밀을 뜻하는 "秘[비]"라는 표시가 있을 뿐이다. 참고로 2016년 개인적으로 열람한 진실화해위원회 자료에 따르면, 당시 탐지기 관련해 두 가지 가능성이 있었다. 하나는 경기도에 있던 해양연구소, 또 하나는 미국에 있는 용역 회사의 장비였다(DA0799672, 12쪽). 그런데 이 미국 회사(INT'L DEEP

SEA SURVEY)는 위에 나온 곳과 이름이 다르다.

아무튼 비행기 뒷부분에 블랙박스, 곧 비행자료기록장치(FDR)와 조종실음성기록장치(CVR)가 있었지만 발견되지 않았다. 올해 초 KAL858기 추정 동체가 발견됐다는 보도가 있었는데 기체 뒷부분도 포함되어 있다. 블랙박스도 있을지 주목되며 KAL기 것이 맞는지는 기록장치들의 고유번호(S/N 3818, S/N 327)로도 확인할 수 있을 듯싶다(2016090023, 114-115쪽). 조종실기록장치의 경우 그때 기준으로 보통 마지막 30분 내용이 녹음되는데(요즘은 2시간) KAL기 것도 마찬가지다(115쪽).

미국, 블랙박스 관련 "명확한 설명" 필요

항공 사고 조사에서 블랙박스는 사고 원인을 밝히는 데 굉장히 중요하다. 1988년 2월 유엔 안보리가 사건을 논의했을 때도 이 문제가 나왔다. 정부가 3월로 예정됐던 국제민간항공기구 토론을 준비하는 과정에서도 그랬다. 당시 미국 대표는 국제조종사연맹이 KAL기 블랙박스에 관심을 갖고 있다며, 한국의 "명확한 설명이 있는 것이 바람직함을 암시"했다(2016090024, 178쪽). 사우디아라비아의 경우 다음과 같이 말한다. "한국 측 입장의 취약점으로서 … BLACK BOX 등 주요부분을 발견하지 못한 것을 들수 있는 바, 이를 상대방이 먼저 지적하여 문제를 삼을 경우 아국입장 전체를 악화시키고 신빙성을 삭감시킬 수 있음"(2016090025, 66쪽).

따라서 노재원 당시 캐나다 대사는 항공기구 이사회 논의가 시작되면 블랙박스 등에 대해 정부가 "충분히 수색조사 활동을 하였다는 것을 표명함이 바람직"하다고 외무부에 건의한다(68쪽). 앞선 글에서도 밝혔지만, 한국은 실제 토론 때 블랙박스 수색 관련 "철저한 노력"이 있었다고 밝혔다(2017040103, 209쪽). 하지만 정부는 탐지기조차 갖추지 않고 수색에 나섰다. 이를 알고 있는 상태에서 나온 발언인지 모르겠으나, 체코슬로바키

아는 한국이 잔해와 블랙박스 수색에 최선을 다했는지 "믿기 어렵다" 했다
(218쪽). 탄자니아 역시 블랙박스 관련해 "모든 노력을 다해야 한다(spare
no effort)"고 촉구했다(231쪽).

참고로 미국 대표는 이사회 논의가 시작되기 며칠 전에도 다음과 같이 말
했다. "수심은 300피트[약 90미터]에 불과한데도 불구하고 블랙박스등 주요
잔해가 수거되지 않은 것은 6000피트[약 1800미터] 수심인 아일랜드 인근 해
역에서 추락된 비행기(85년 에어인디아기 사고 지칭)의 주요 잔해가 수거된
것과 대조를 이룸"(2017040102, 37쪽). KAL기 수색에 왜 진전이 없었는지
이해하기 어렵다는 말이다. 동시에 미국은 이에 대한 방어 논리도 한국에 알
려줬다. "훨씬 깊은 수심인 BENGAL해에 기체가 추락한후 2주후 해류에 쓸
려간 잔해가 … 발견되었다고 볼수 있고 또 ANDAMAN 인근 지역을 반도들
이 장악하고 있기 때문에 효과적인 수색을 못한 것으로 설명할 수도 있겠음."

우방국들도 "조사를 완전하게 신뢰하고 있지 않다"

이렇듯 블랙박스 같은 물증이 없었음에도 정부는 사건을 북의 테러로
확정했다. '결과적으로는' 맞을 수도 있겠지만, 신뢰성 관련해 치명적 결함
이 있었다. 물증이 아닌 '자백'을 바탕으로 한 수사발표. 안기부는 "주요언
론사 사회부장단"에게 "보도방향 협조"를 구하고, "조직적인 확대 보도 유
도"에 나서기도 했다(2016070060, 141쪽). 캐나다 주재 대사의 기록이다.
"ICAO[국제민간항공기구] 이사회 대표중 공산측 5개국을 제외한 거의 모든
대표를 면담하는 과정에서 본직은 동 대표들의 심중에는 아국조사를 완전하
게 신뢰하고 있지 않다는 점을 내포하고 있음을 느꼈는바…"(2016090025,
75쪽). 한국에 비판적인 나라들은 빼더라도, 우방국이라 할 수 있는 국가들
도 수사결과를 완전히 받아들이지 않았다는 뜻이다.

그래서 정부에게는 특별한 것이 필요했고, 문서에 따르면 그것은 버

마 보고서였을 수 있다. 외무부는 항공기구 논의가 끝나고 결과를 정리했는데 다음과 같은 기록을 남겼다. "북한동조국은 물론 일부 이사국 대표들이 KAL 858기의 공중 폭파사실에 의문을 제기하고 있어 상기 버마 보고서 ICAO제출은 보고내용의 객관성과 신빙성을 높일수 있는 중요한 자료가 됨"(2017040103, 58쪽). 하지만 최근 글에서도 밝혔듯, 버마 보고서는 작성은 물론 제출 과정에 한국이 깊이 관여했다. 특히 제출 과정에서의 개입은 그 "사실이 누설되지 않도록 보안에 각별 유의"해야 했다(2016090027, 74쪽). 이런 보고서에 대해 과연 "객관성과 신빙성"이 있다고 할 수 있을까?

한편 항공기구 의장은 한국에 치우친 견해를 갖고 있었던 듯하다. 정부 수사발표가 있고 난 뒤인 1988년 1월 19일, 캐나다 대사는 아사드 코타이트 당시 항공기구 의장을 찾아갔다. 이 자리에서 대사는 "과거보다 더 강력하고 효과적인 대북한 국제규탄 및 제재조치가 필요"하다며 협조를 부탁했다(2016090023, 47쪽). 의장은 "개인적으로 북괴의 여사한 만행에 강한 증오를 느끼며 가능한한 모든 방법을 동원하여 대북제재를 하는데 동감이라고" 답한다. 물론 조직 차원에서 특정국가를 규탄하는 결의안은 채택할 수 없다고 덧붙였다. 하지만 다른 곳도 아닌, 항공기구를 이끄는 이가 블랙박스도 없는 결과를 받아들이며 그리 답했다는 것은 문제라고 생각한다.

이러한 입장에 고무되었는지, 남쪽은 항공기구가 KAL기 사건 논의 여부를 '공식' 결정하기 전 캐나다가 북 대표단에 비자를 발급하려는 계획에 항의하기도 했다. 입국비자 발급 예정이 남쪽으로서는 "매우 비우호적 조치"이고, 따라서 "강한 유감을 표시한" 것이다(2016090025, 47쪽). 이에 캐나다는 "북한도 ICAO 회원국인 점, 주재국이 국제기구 호스트 국가로서의 의무등을 이행하여야 한다는 점을 고려하여야 한다고" 했다.

항의는 (다른 맥락에서) 북쪽에서도 나왔다. 항공기구가 KAL기 사건을 의제로 채택하기로 결정했는데, 회의가 끝나고 북 대표단이 남 대표단에게 "다가와서 왜 김현희를 북한첩자로 아국보고서에 기술하였냐고 항의"했다고 한다(2016090026, 14쪽). 남쪽 수사결과를 부인한 것이다. 또한 북쪽은 항공기구 법률국장에게도 "사건조사보고서가 정치적 성격의 내용을 담고 있는데 대하여 항의"했다.

새로 확인된 정부 보고서와 의문점

올해 공개된 자료로 새롭게 확인된 것이 있는데, 정부의 조사보고서가 안기부 수사발표 외 여러 건 있다는 점이다(검찰 수사기록 제외). 가장 먼저 보고서를 쓴 곳은 교통부(현 국토교통부)로, 날짜는 1987년 12월 23일-31일 사이로 추정된다. 그 다음은 안기부 보고서로 1988년 1월 15일 공개된다. 그리고 1월 30일 전에 교통부는 국제민간항공기구에 제출할 보고서를 정해진 양식에 따라 쓴다(영문). 2월 2일 전에는 외무부가 항공기구에 보낼 최종 보고서를 쓰게 된다(영문). 다시 말해 최소한 4건의 정부 보고서가 쓰인 것이다(국문 보고서의 경우 영어 번역본도 있다).

이들은 '사고 발생국'으로 사건을 조사했던 버마의 보고서보다 빨리 쓰였다. 항공기구에 제출된 버마의 예비 및 최종 보고서는 각각 2월 9일 이전, 그리고 2월 28일 이전에 완성된 것으로 나온다. 교통부와 외무부의 항공기구 제출 보고서는 항공기구 요청 및 국제규범에 따라 쓰인 것으로 보인다(2016090023, 81-82쪽).

이 가운데 교통부가 항공기구 양식에 따라 쓴 보고서에는 이상한 점이 적어도 하나 있다. 잔해와 관련되었는데, 구명뗏목과 좌석 구조물 두 가지만 발견됐다고 나온다(117쪽). 1988년 1월 초 버마 해군은 몇 가지 물체를 찾았는데, 최근 글에서도 밝혔듯 좌석 구조물 포함 "3점은 사고 KAL기 잔해로 확인"됐다(2016090027, 51쪽). 따라서 보고서에는 구명뗏목까지 모두 4가지 잔해가 기록되었어야 맞다. 단순한 실수는 아닌 듯한데, 같은 보고서의 또 다른 부분에도 잔해가 두 가지만 발견됐다고 쓰였기 때문이다

(2016090023, 121쪽). 참고로 검찰의 수사결과에도 1월에 발견된 잔해 개수가 다르게 나와 있다(2016070060, 173쪽). 생존자나 시신이 발견되지 않은 상황에서는 '잔해'가 특히 중요하다 할 수 있는데, 왜 이런 차이가 나는지 궁금하다.

이번에 공개된 자료에는 안기부와 검찰 수사결과도 포함됐다. 그런데 두 자료에는 같은 문제를 서로 달리 말하는 부분들이 있다. 예를 들어 김현희 일행이 9시간 뒤에 터질 시한폭탄을 언제 작동시켰는가 하는 점이다. 안기부 자료에 따르면 비행기 "탑승 20분전"으로 이라크 바그다드 시간으로 23시 05분이었다(2017040099, 81쪽, 112쪽). 하지만 검찰 자료에 따르면 탑승이 아닌 비행기 '출발' 약 20분 전이었다(2016070060, 160-161쪽). 비행기 탑승과 출발은 엄연히 다른 개념으로, 사건과 관련된 또 다른 논란을 불러왔다(서현우, 『KAL 858기 폭파사건 종합 분석 보고서』; 국가정보원, 『과거와 대화 미래의 성찰 (III)』). 참고로 김현희 수기에는 탑승 20분 전으로 나왔지만 시간은 "22시 40분쯤"으로 되어 있다(『이제 여자가 되고 싶어요 제1부』, 261쪽).

"분단이 만들어낸 참극"

이것으로 올해 외교부가 공개한 KAL858기 자료를 나름대로 살펴봤다. 이런저런 사정으로 다루지 못한 부분도 있지만, 관심을 가져주신 분들께 진심으로 고맙다고 말씀드린다. 아울러 나의 정리와 해석에 잘못된 점이 있을 수 있고, 혹시라도 이런 부분이 확인되면 바로잡기 위해 노력하려 한다.

이번 자료에 포함된 검찰 기록 가운데 "수사를 마치면서"라는 제목의 마무리 부분이 있다. "이 사건은 민족의 분단이 만들어낸 참극이며, 그 책임은 종국적으로 우리민족에게 귀속되고, 이사건이 가져온 비극의 극복도 우리민족이 감내하여야 할 과제입니다"(2016070060, 180쪽). 나 역시 전반적인 면에서 이 사건은 '분단' 문제와 깊이 관련됐다고 생각한다. 그런데 검찰은 이를 김현희 사면을 암시하는 부분과 연결짓고 있다. "검찰은, 피를 함께한 단일민족으로서 짙은 동포애를 가슴에 안고, "범죄를 미워하되, 범인을 미워하지 말라"는 법언을 되새기며 이사건 수사와 처리에 임하여 왔음을 밝히고, 국민여러분의 깊은 이해 있으시기를 당부드립니다"(181쪽).

수많은 '조작 간첩' 사건으로 죄 없는 이들의 삶을 앗아갔던 검찰의 모습과 대비된다. 그렇게 사면을 받았던 김현희는 재조사 때 면담을 수없이 거부했다. 그리고 적지 않은 실종자 가족들과 시민들이 지금도 사건의 진실규명을 바란다. "분단이 만들어낸 참극"은 오늘도 계속된다.

3
—
검찰 수사기록

KAL858기 검찰 수사기록 검토 의견서[1]

※ 이 글은 책을 이루는 내용 가운데 가장 오래 전에 쓰인 것입니다. 2007년 9월 KAL858기 가족회가 몇 년에 걸친 정보공개 소송으로 검찰 수사기록을 얻어냈습니다. 진실화해위원회가 사건을 재조사하고 있었고, 가족회는 저에게 자료를 건네주었습니다. 검찰 기록을 분석해 정리해주면 이를 위원회에 전달하겠다는 뜻이었습니다. 약 4,300쪽으로 분량이 많았지만, 저는 처음부터 끝까지 꼼꼼히 보려 했습니다. 눈이 충혈되는 등 고생을 했지만, 세상에 처음 공개된 기록이기에 책임감과 설렘을 동시에 느꼈습니다. 그리고 최대한 빨리 봐야한다는 긴박감도 있었습니다. 2008년 2월, 결국 저는 의견서를 쓸 수 있었습니다. 위원회에 제출했는데, 어떤 기자분이 혹시 글을 볼 수 있겠냐고 하셨습니다. 저는 사건을 조사 중인 위원회에 보낸 것이라 의견서를 공개하기가 부담스러웠습니다. 그래서 우회적으로 요청을 거절하기도 했습니다. 이런 사연이 있는 글을, 이번에 책을 준비하며 우연히 다시 보게 됐습니다. 기록을 검토하며 느꼈던 긴장감이 되살아나는 듯합니다. 그 긴장감을 떠올리며, 의견서를 다듬었습니다.

---

1) 2008년 2월.

1. 서론

1) 정보공개 개요

- KAL858기 가족회 차옥정 회장은 소송대리인 변호사를 통해 사건 관련 자료를 확보하기 위해 정보공개 소송을 제기하였다.
- 이후 가족회는 서울행정법원에서 승소하였으나(2004년 2월 3일), 검찰이 항소를 제기하였고 이어진 소송절차를 통해 정보공개가 확정되었다(2007년 9월 4일).

2) 자료검토 목적

- 현재 '진실·화해를 위한 과거사 정리위원회(진실화해위원회)'가 KAL858기 사건에 대한 재조사를 진행하고 있다. 이에 기초자료의 성격을 지니고 있는 검찰 기록을 검토하여 위원회가 재조사 과정에 참고할 수 있도록 의견을 제시하고자 한다.
- 단, 분량의 방대함을 고려하여 주요부분을 중심으로 의견을 제시한다.

3) 의견서 작성자

- KAL858기 사건 연구자로, KAL858기 가족회 및 대책위로부터 기록물을 제공받았다.
- 관련 연구로, 『KAL858, 진실에 대한 예의: 김현희 사건과 '분단권력'』(2007)과 「대한항공 858기 사건의 공론화 과정과 영향에 관한 연구: '분단권력'의 관점」(2006) 등이 있다.

2. 안기부 수사발표 신뢰성 문제

1) 안기부 수사발표 전후 상황

- '국가안전기획부(안기부)'는 1988년 1월 15일, 사건에 대한 수사결과를 발표하였다. 그러나 그때 결과는 수사가 충분히 진행되지 않은 상태에서 서둘러 발표된 것으로 보인다.
- 발표 전에 이루어진 수사는, 피의자 김현희 진술서(총 9회) 및 진술조서와, 당시 김승일과 필담을 나누었던 김정기 바레인 주재 한국대사관 관계자 등의 진술서 및 진술조서가 주된 내용을 이루고 있다.
- 이에 비해, 수사발표 전에 확인했어야 할 부분은 수사발표날 뒤에 이루어졌다. 예컨대, "남북회담시 아측 대표에게 화환 증정 사실 확인"이라는 제목의 수사보고는 1988년 3월 7일자로 작성되었다. 또한 해외체류 사실과 관련하여, 유고·오스트리아·헝가리 등에 관한 부분은 1988년 1월 27일, 2월 15일, 2월 21일에 각각 보고되었다.
- 아울러 일차적으로 사고조사의 책임을 맡았던 버마 정부의 조사보고서는 1988년 2월에 쓰였으며, 최종 보고서는 4월 1일자로 한국에 보내졌다.
- 이러한 사실을 종합해볼 때, 안기부 수사발표는 그 내용의 사실여부와 상관없이 충분한 수사가 진행되지 않은 상태에서 무리하게 이루어졌다고 할 수 있다.

2) 안기부 자료 신뢰성 훼손: 언니 미안해

- "이때 진술인은 고개를 푹 떨군 채 약 10분 정도 흐느끼다가 갑자기 자리를 박차고 일어나므로 옆에 앉아 있던 여자 수사관이 따라 일어서자 진술인은 여 수사관 옆으로 다가가서 손으로 여수사관의 가슴을 밀치면서 "언니, 미안해!" 하면서 최초로 우리말을 하다"(제2권 528쪽).

- 진술조서 3회에 따르면, 김현희가 최초로 우리말을 한 것은 "언니, 미안해!"였다. 그러나 당시 실무수사관 A씨의 말을 전한 〈동아일보〉(2004년 7월 10일)에 따르면, 그 말은 "대국민용 카피"였다. A씨에 따르면, "김현희가 처음 한국말을 쓴 것은 이름을 물어보는 남자 수사관에게 체념한 듯 '김…'이라고 자신의 성을 밝힌 것이었다. … 그는 이어 수사관이 내민 종이에 '현희'라는 이름을 한글로 적고 이후 한국말도 대답하기 시작했다."
- 이는 안기부 공식조서 자체가 일정 정도 가공되었다는 뜻으로, 안기부가 생산한 전반적인 수사자료의 신뢰성에 근본적으로 의구심을 갖게 한다.
- 한편 재판기록에 따르면, 김현희는 조선말을 쓰기 시작한 시기와 처음 한 말에 관한 질문에 다음과 같이 답했다. "저는 북조선에서 왔읍니다"(제1권 351쪽). 다시 말해, 안기부 진술조서, 실무수사관 증언, 재판기록에 나타난 내용 등이 모두 다르다.

3) 안기부 자료 신뢰성 훼손: 잔해 감정서 왜곡

- 안기부는 기체 잔해라고 알려진 구명뗏목 등에 대한 감정을 '국립과학수사연구소(국과수)'에 의뢰하였으며, 안기부는 국과수 감정결과를 토대로 "대한항공 858기 잔해 감정 결과"라는 제목의 수사보고를 작성하였다(1988년 1월 4일).
- 안기부는 수사보고에서 "위 감정결과를 종합하여 볼 때 대한항공 858기는 강력한 폭발력에 의해 공중 폭발된 것으로 판단됨"이라고 결론 맺고 있다(1,402쪽).
- 그러나 국과수는 감정서에서 "폭발파편등에 의한 직접적인 변형흔이 식별되지 않음"이라고 결론 맺었다(1,406쪽). 다만 "마모에 의한 손

상흔 … 압축충격에 의한 파손및 변형흔 … 부식등에 의한 부분적인 손상흔" 등이 식별된다고 지적한 바 있다.

- 안기부는 국과수의 공식 감정결과를 왜곡하여 수사보고를 작성하였던 바, 이는 안기부가 직접 만든 자료뿐만 아니라 다른 기관이 생산한 자료까지 자신의 의도에 맞게 해석 및 가공했을 가능성을 말해준다.

3. 김현희 진술 신뢰성 문제

1) 문수구역: 자신의 주소 및 타인의 주소 가공

- 김현희는 자신의 주소를 "평양시 문수구역 문수1동 65반 무역부 아파트 7층 1호"로 밝히고 있다. 하지만 문수구역은 1983년 이후 폐지되어 대동강구역으로 바뀐 것으로 밝혀졌다.
- 문제는, 김현희가 피의자 신문조서에서 자신의 평양외국어대 1년 후배인 리선영을 언급하면서도 "87. 4경 만났는데 문수구역 문수동 아파트에 거주하며"라고 밝힌 점이다(3,664쪽).
- 이는 김현희 자신에 대한 진술 문제를 넘어, 기억 속에서 재구성되는 다른 사람의 신원사항까지 의도적으로 가공했을 가능성을 말해주며, 결국 김현희 진술 자체의 신뢰성에 중대한 결함이 있다고 일러준다.

2) 일요일의 바레인: 거짓과 비일관적 진술

- 김현희는 '폭파계획 노정'과 어긋나게 예정대로 아부다비에서 로마로 가지 못하고, 바레인으로 가게 되었다고 진술하였다. 이후 곧바로 바레인을 떠나지 못하고 체류했던 이유로 공항이 일요일이어서 쉬는 날이었기 때문이었다고 진술하였다.
- 하지만, 이슬람국가인 바레인에서 휴일은 일요일이 아니라 금요일이라는 점이 밝혀졌다.

- 이와 관련 김현희는 진술이 거듭될 때마다, "일요일이여서 항공사도 휴식하리라고 생각하고 피곤한 김에 휴식하고"(3,034쪽), 또는 일요일 근무에 대한 부분을 아예 언급하지 않거나(3,548쪽, 3,563쪽, 3,632쪽 등), "1987. 11. 29일은 마침 일요일이라서 항공사가 놀기 때문에 하는 수 없이 호텔에 투숙하여 1박을 하게 된 것입니다"(4,013쪽)라고 일관되지 못한 이야기를 하고 있다.
- 이는 분명한 사실관계에 대한 부적절한 진술로, 단순한 착오로 볼 수 없다는 점에서 김현희 진술에 대한 신뢰여부와 관련 의구심을 갖게 한다.

3) 화동사진: 수사관의 의문과 김현희의 확신

- 김현희는 안기부 수사과정에서 1972년 11월 남북회담 당시, 남쪽 대표에게 꽃다발을 건네주는 사진에 대해 자신이 사진 속 화동이라고 진술하였다.
- 곧, "사진을 보는 즉시 만면에 웃음을 머금으며 신기한 표정을 짓더니 … 이것은 틀림없는 저입니다"라고 대답하였다. 이에 대해 수사관이 "사진의 뺨 부분이 피의자보다 더 통통한것 같은데…틀림없는 피의자 자신이 맞습니까"라고 묻자, 김현희는 "네. 틀림없는 저입니다. 제가 중학교에 다닐때는 뺨에 살이 올라 통통 했습니다"라고 답변하였다(3,489-3,490쪽).
- 하지만, 이후 사진 속 화동은 김현희가 아니라고 밝혀졌다.
- 결국 김현희의 확신에 찬 진술에 문제가 있었다고 드러나는 대목으로, 진술 전반에 대한 신뢰성 문제가 제기된다.

4) 운전수 좌석: 일본인화 교육의 문제

- 김현희는 1981년 7월에서 1983년 3월까지 일본인화 교육을 받았다

고 진술하였다. 하지만, 안기부 진술조서에서 일본의 경우 운전수 좌석이 오른쪽에 있다는 사실을 알지 못해 당황하는 모습이 나타난다. 곧, "눈이 휘둥그레지며 얼굴이 붉어지는등 당황해 하는 표정으로 어쩔줄을 모르다가 고개를 숙이며 묵묵부답"했다(제2권 305쪽).

- 안기부에 따르면, 그때는 김현희가 자신을 "하찌야 마유미"라고 '위장'한 채 진술을 하고 있었다. 그렇다면, 그렇게 분명한 사실에 대해 실수를 더욱 하지 말았어야 했다. 그러나 김현희는 약 2년에 걸쳐 일본인화 교육을 받았음에도, 아주 기초적인 사실조차 제대로 답변하지 못하였다.

- 이는 단순한 기억 착오로 보기 어려우며, 김현희 진술에서 중요한 비중을 차지하는 일본인화 교육 관련, 그 신뢰성에 의문을 갖게 한다.

4. 김현희 기억력 문제

1) 상식적으로 이해되지 않는 기억력

- 김현희에 따르면, 공작원으로 소환될 당시 "암기력테스트"를 받았으며 그의 기억력은 보통 사람들에 비해 뛰어나다고 할 수 있다(제2권 617쪽, 733쪽 등). 하지만, 시간이 상당히 흘렀음에도 아주 세세한 부분까지 기억해낼 수 있는 대목들은 상식적으로 의문을 갖게 된다.

- 예컨대, 김현희는 직접 작성한 "동북리초대소(단층)평면도"에서 창문과 출입문 위치까지 모두 표시하고 있으며, 김정일 초상화와 김일성 초상화가 종류별로(전신초상화 등) 각각 다른 방에 있는 것까지 자세히 기억하고 있다(제2권 232쪽). 이는 약 7년의 시간이 흐른 뒤다.

- 또한, 1981년에 있었던 금성정치군사대학의 졸업식 관련 그때 식당에서 제공되었던 "송편, 절편, 설기떡, 술떡, 발족, 닭고기튀김, 생선회, 문어, 녹두지짐, 고기전 채소무침, 사과, 배, 과즙, 약과, 찹쌀떡,

인삼술, 룡성맥주, 랭천사이다" 등 20여 가지 음식들의 종류를 자세히 진술하고 있다(제3권 652쪽).

- 특히 자신의 교우관계와 관련, 학창시절 24명, 김일성종합대 3명, 평양외국어대 23명 등 50여 명에 대한 신원사항을 총 30쪽에 걸쳐 기억해내고 있는 대목은 상식적 차원에서 의문을 갖게 한다(3,643-3,675쪽). 멀게는 20여 년 전의 일까지 자세히 기억하고 있다는 뜻이며, 그 내용도 이름/나이/주소/아버지 직업/가족관계/학교성적/성격/신장 및 신체특징 등으로 일정하다는 점에서 특별히 주목된다.

2) 기억할 수 있는 이유

- 김현희는 "앞의 진술에서 1981. 7. 4. 동북리 9호 초대소로 이동하였다고 진술하였는데 어떻게 7. 4이라는 날짜를 정확하게 기억하고 있는가요"라는 질문에, "일본여자로 부터 일어학습을 하였는데 그 선생의 생일이 7월 5일로 제가 그 초대소에 간 다음날 생일상을 차려먹은 것이 기억나기 때문에 7월 4일로 기억하고 있습니다"라고 답한다(1,500-1,501쪽). 다시 말해, 구체적이고 특정한 계기로 인해 기억한다는 것이다.

- 마찬가지로 "평양을 출발한 일자가 1984. 8. 15 오전 9시라는 것을 어떻게 기억하고 있는가요"라는 질문에, "평양을 출발한 날은 8. 15 조국해방 기념일이라 기억하고 있고 평양을 출발하여 모스코바로 가는 조선항공기는 1주일에 매주수요일 아침 9시에 출발하는 비행기 뿐이기 때문에 출발하는 시간까지 쉽게 기억할 수 있습니다"라고 답한다(1,860쪽).

- 이렇듯, 김현희는 리은혜 생일과 조국해방 기념일 등 구체적이고 특정한 부분을 바탕으로 기억을 자세히 해낼 수 있다고 증언한다.

- 그러나 반대로, 구체적이고 특정한 부분이 존재하지 않은 조건에서 위에서 지적한 부분들은 어떻게 기억이 가능한지 논리적으로 해명되지 않는다.

5. 기타

1) 필체와 자료 진위여부

- "별지49. 적후로 떠나면서 다진 맹세문"(제1권 278쪽)과 "별지50. 적후로 떠나면서 다진 맹세문"(279쪽)의 필체가 같은 사람이 썼다고 보기 어렵다는 점에서 정밀감정이 필요하다.
- "전화에 이어 1988. 1. 16."(2,631쪽) 부분 중 "1. 16." 부분은 다른 곳의 김현희 필체와 현저히 다르게 보이는 부분으로 정밀감정이 필요하다. 특히 이 부분은 안기부 수사발표일 바로 다음 날이라는 점에서 주목된다.
- 검찰에서 작성한 김현희의 '진실을 밝힌 이유'(3,755쪽) 부분 역시 김현희의 필체라고 보기에는 다른 곳과 차이가 많이 나는 바, 이 역시 정밀감정이 필요하다.
- 이 밖에도 김현희가 수정 및 가필한 것으로 보이는 대목에서 필체가 다르게 나타난 부분들이 적지 않은 바, 자료의 진위여부와 관련해 전반적인 필적감정이 필요하다고 사료된다.

2) 진술에서 바뀐 부분과 엇갈리는 부분

- 이미 다른 자료들을 통해 많이 논의된 사항이지만, 김현희 진술이 일관되지 못하고 자주 바뀐다는 점을 지적하고자 한다.
- 예컨대, 호텔 이름과 호실/도착역의 이름/기념메달의 명칭/자살기도 시 제지했던 인물 등이 대표적이다. 또한 초대소 어머니의 신원사항

이 현저히 달라지는 부분(딸이 1명 있는 전쟁과부 → 아들 2명 있는 심장마비로 남편과 사별한 이, 1,673쪽, 1,741쪽) 등 수많은 대목에서 김현희 진술이 달라지고 있다. 이는 작은 부분으로 단순한 기억의 착오로도 볼 수 있지만, 앞에서 지적한 진술 자체의 신뢰성 관련해 쉽게 무시할 수 없는 대목들이다.

- 또한 김현희 진술과 다른 사람의 진술이 엇갈리는 부분이 있는 바, 확인이 필요하다. 예컨대 김현희는 비행기에서 자신의 옆자리(7A)에 앉았던 이를 '서구인' 여자로 진술하고 있으나 당시 승무원 사무장이었던 박길영은 '아랍인' 여자로 진술한다.

3) 김승일 사체 부검일시

- 김승일 사체부검과 관련해, 안기부가 작성한 검시조서에서 부검일시는 "12월 18일 11시 55분에 시작하여 12월 18일 15시 15분에 끝나다"로 기록되어 있으나(제2권 282쪽), 국과수가 작성한 감정서에는 "12월 19일 11:55-14:40시"로 기록되어 있다(1,088쪽).
- 이는 부검날짜 및 시간과 관련해 모두 차이가 나는 부분으로 지엽적인 대목일 수 있다. 그러나 안기부 생산자료의 신뢰성이 여러 차례 훼손되었던 바, 적절한 해명이 요구된다.

4) 공개에서 제외된 자료들

- 일본 경찰 수사결과 회보서 번역문 및 그 원문, 일본 후지 텔레비전 방영자료 등과
- 김현희 일행을 태웠던 바레인 택시 운전사 EISSA ABDULLA JUMA RABIA의 진술서, 김현희 일행을 검색했던 바그다드 공항의 Miss Samira의 진술서 등

- 정보공개에서 제외되었거나 누락된 부분은, 그 이유와 관련해 의문을 갖게 된다. 위원회가 이들 자료를 확보하고 있다면 면밀히 검토해야 할 것이다.

6. 결론

1) KAL858기 사건 재조사

- 공개된 자료는 여러 가지 측면에서 신뢰성의 문제를 제기하고 있는 바, KAL858기 사건에 대한 전반적 재조사의 필요성을 뒷받침해준다.
- 따라서 위원회는 모든 가능성을 열어두고 철저하게 조사할 것이 요구된다.

2) 구체적 제언

- 국정원 실지조사를 통한 원자료 확보 및 검토(위원회 권한의 적극 활용).
- 김현희 직접조사를 통한 의문점 해소(제도적 한계 있으나 최대한 시도).
- 김현희 필적조사 및 지문대조를 통한 자료 진위여부 확인(직접조사 필요).

제3부

KAL858,
비밀문서 너머

1

추모제

끝날 수 없는 김현희 사건[1)]

- KAL858기 사건 22년을 맞으며 -

이름을 바꾼다는 것은 어떤 의미인가. 영화 〈보이 에이(Boy A)〉는 이 물음에 답하려는 시도일 수 있다. 이름을 바꾸는 이유는 여러 가지가 있겠지만, 그 중 하나는 잊고 싶은 과거와의 단절일 것이다. 살인사건에 연루되어 감옥에 갔던 소년은, 출옥과 함께 이름을 바꾼다. 그러나 새로운 삶에 대한 기대와 열망은 비극으로 이어진다. 새 이름이 자신의 몸과 사회의 기억까지 바꾸지는 못했기 때문이다. 몸 속에 각인된 기억과 사회가 저장한 기억은, 단절에 대한 개인의 욕망을 압도한다. 영화는 누군가를 떠올리게 한다. 지금은 이름을 바꿨다고 알려진, 김현희 씨다.

1987년 11월 29일, KAL858기가 115명과 함께 사라졌고 당시 안기부는 북쪽 공작원 김현희의 폭탄테러로 발표했다. 그러나 여러 가지 의혹과 함께 '진실'에 대한 논란이 끊이지 않았다. 22년이 지난 지금, 개명을 하고 잠적했던 당사자와 한국 사회는 '김현희'를 어떻게 기억하고 있는가. 한반도

---

1) 〈통일뉴스〉, 2009년 11월 27일.

현대사에서 사건은 어떻게 기억될 것인가. 올해 2009년 추모제와 관련해 이런 물음을 던지게 된다. 사건 발생 22년은 두 가지 점에서 특별한 듯싶다. 김현희 활동 재개와 진실화해위원회 조사 중단이다.

먼저 김현희 씨는 작년 말 '자필편지'를 통해 재조사 관련 과거정권 동안 '추방생활'을 했고 '협박'을 받았다고 공개했다. 그리고 올해 3월 일본인 납치문제 기자회견에서 자신은 "가짜가 아니라고 말하고 싶습니다"라며 10년 넘는 잠적을 깼다. 자신의 입장에서는 억울했겠지만, 이런 활동에는 문제가 많다고 생각한다.

무엇보다 이 사건에는 처음부터 의혹들이 있어 왔고, 김현희 씨는 이를 성실히 해명해야 할 당사자다. 예컨대 리처드 브로이노브스키 당시 한국 주재 호주 대사는, 대사관이 사건을 분석한 결과 "북쪽이 한 것일 수도 있지만, 정확히 평양의 누구를 비난할 수 있는가에 대한 결정적인 근거는 없다"는 결론을 내렸다며 의문을 표시했다(전자우편 대화). 또 당시 진술들에 많은 모순점이 발견되는데 '시한폭탄을 누가 작동시켰느냐'의 문제도 그렇다. 공식수사에 따르면, 동행했던 김승일이 한 것으로 되어 있지만 김현희 씨 영문판 수기에는 자신이 직접 한 것으로 기록됐다(*The Tears of My Soul*, p. 104). 이런 문제들을 김현희 씨가 재조사에 응해 밝혔다면 어땠을까?

다음으로 사건에 대한 진실화해위원회 재조사가 중단됐다. 올해 2009년 6월, 실종자 가족들이 재조사 신청을 취하한 것이다. 꼭 이 사건에 국한된 것은 아니지만, 진실화해위원회가 출범하기 전부터 위원회의 미약한 권한 관련해 많은 이들이 한계를 지적해왔다. 문제가 많았던 국정원 재조사 때와는 달리 가족들에게 기대를 갖게 했던 위원회는, 시간이 갈수록 조사권한과 의지에서 한계를 보였다. 실망한 가족들은 고민 끝에 그런 결정을 내릴 수밖에 없었다. 구조적으로 어려웠겠지만, 위원회가 좀 더 열의를 보였다면 어땠을까 아쉬움이 남는다. 어찌 됐든 이 사건은 위원회 관계자의 표현대로 "말만 남은 사건"이 되어버린 듯하다(논문 면접). 결과적으로 국정원과 진실화해위원회에 의한 두 번의 재조사는 또 다른 의문과 논란을 남기게 됐다. 아울러 두 기관은 몇 달 전, 내가 청구한 정보공개를 모두 거부했는데 유감스럽다.

흔히들 이 사건은 끝난 것이라 말한다. 특히 재조사가 있었으니 이 말은 더욱 힘을 얻을 것이다. 그러나 차옥정 가족회장의 말대로, 아직 "안 밝혀졌으니까" 규명에 대한 움직임은 이어질 듯하다(논문 면접). 결국 이 사건은 형식상 두 번의 재조사로도 밝히지 못하는 어려운 사건이다(실질적 권한을 갖춘 독립적 기관에 의한 철저한 재조사, 또는 복잡하더라도 남북/북남 공동조사가 이루어졌다면 어땠을까). 그런 면에서 KAL858기 사건은 끝나지 않았고, 어쩌면 끝날 수도 없는 것이라 생각한다. 최근의 상황만 해도 그렇다. 재조사를 거부했던 김현희 씨는 가족들과의 만남은 뒤로 한 채, 일본 방문을 추진하고 있다. 어느 실종자 가족은 집 주위에서 비행기 소리가 들릴 때마다 "가슴이 아파" 더 듣기 싫다고 한다(논문 면접). 11월 29일, 굉음이 더욱 잔인하게 들리는 날이다.

26년, 슬픈 KAL858기[2)]

- 어느 연구자의 독백 -

〈26년〉. 영화로도 만들어진, 광주 5·18에 관한 강풀 작가의 이야기. 적어도 내게는 여러 가지 면에서 '26년'과 비슷하게 들리는 이야기가 하나 있다. 바로 김현희-KAL858기 사건. 올해가 사건 발생 26년이어서가 아니다. '약자'들의 고통이 어떻게 잊혀지는가, 그 고통을 알리기 위해 당사자들이 치르는 대가는 무엇인가. 1987년 11월 29일, 많은 이들의 삶이 순식간

---

2) 〈오마이뉴스〉, 2013년 11월 28일.

에 뒤틀렸고 이는 지금도 이어지고 있다.

다른 사람들은 어떨지 모르겠지만, 나는 사건의 '진실'이 무엇인지 모른다. 솔직히 '진실'이라는 개념 자체도 모르겠다. 이 사건으로 석사와 박사논문도 썼지만, 생각하면 할수록, 알려고 하면 할수록, 나는 '모르겠다'는 말을 자주 하게 된다. 하지만, 어렴풋이 아는 것이 하나 있다. 사건으로 고통받고 있는 이들이 많다는 것이다.

추모제에 못 나가는 이유

멀리서 인사를 드렸다. 시신도 하나 없는 사건, 그래서 재조사가 필요하다며 실종자 가족회를 이끌어오신 차옥정 회장님. 이번 추모제에 못 나가신다고 한다. 깜짝 놀라 왜냐고 여쭤보니, 많이 편찮으시다고 어렵게, 말씀하신다. 회장님을 만난 지 거의 10년이 되는데, 추모제에 못 나가실 정도라면 보통 심각한 것이 아니라고 직감한다. 나름대로 여러 경로를 통해 예상하고 있었지만, 결국 이런 날이 오고야 말았다. 대화를 어떻게 이어가야 할 지, 그저 가슴이 무너질 뿐이다.[3]

모든 가족분들을 만난 것은 아니지만, 내가 이제까지 만나고 이야기를 나누었던 가족들 대부분은 억누를 수 없는 한과 분노로 고통받고 있다. 직접 뵌 것은 아니지만, 홧병으로 돌아가신 분들도 있고, 돌아가실 때 한이 서려 눈을 뜨고 가신 분도 계시다. 정신적/신체적 충격으로 병원에서 약을 드시는 분도 있고, 비행기 '소리'만 들리면 떠오르는 기억에 고통을 호소하는 분도 계신다. 죽을 것 같은 심정에 종교에 귀의하신 분은 또 어떤가. 이 사건뿐만 아니라 억울함과 한을 동반한 다른 사건들에서도 비슷한 이야기를 들을 수 있으리라.

참으로, 화가 난다. 그리고 슬프다. 26년… 이 사건은 아직 끝나지 않았

---

3) 나중에 알게 되었지만, 차옥정 회장님은 그날 (어렵게) 추모제에 함께하셨습니다.

고, 끝날 수도 없다. 가족분들의 삶과 고통이 계속되는 한, 그리고 무엇보다 비행기에 타고 있던 115분이 돌아오지 않았기에, 이 사건은 '종결'되기 어렵다. 안기부 수사결과가 맞냐 틀리냐의 이야기가 아니다. 다른 비극적 사건들처럼, 처음부터 일어나지 말았어야 할 일이 일어났고, (정도의 차이는 있겠지만) 수많은 이들이 여기에서 자유로울 수 없다.

KAL858기와 '종북'

몇 년 전부터 한국에서 '종북'이라는 말이 유행인 듯하다. 최근에는 천주교 정의구현사제단 신부님들 소식이 들린다. 누구보다 성심껏 가족들의 한과 이야기에 귀 기울이셨던 분들. 그런데 그분들이 가족들과 함께하셨다는 것이 '종북' 이유 중 하나가 된다. 어떤 변호사분도 마찬가지다. "벌레만도 못한 취급"을 받았던 가족들을 사람답게 대해준 것, 도대체 납득이 되지 않으니 잘 좀 이해시켜달라고 국가에게 외쳤던 것이 뭐가 잘못인가.

'진짜' 폭파범이든 아니든, 김현희 씨도 고통스러울 것이다. 수사결과에 따르면, 김 씨는 그때 26살이었고, 전혀 예상치 못한 26년을 더 살아왔다. 사건은 이렇게 많은 이들의 인생을 바꿔 놓았다. 삶은 통제불가능하고, 앎은 불완전하다. 그렇더라도, 회장님의 한이 서린 목소리와 건강 악화는 해도 너무하다. 2013년, KAL858기는 슬프게 날고 있다.

그런 날이 있었습니다[4]

- KAL858기 가족분들께 드리는 편지 -

그런 날이 있었습니다. 마음은 급하고 시간은 없습니다. 제 잘못은 아니지만 상황이 그렇습니다. 그래서 상처받습니다. 저는 잘하고 싶지만 여건이 안 됩니다. 한숨이 나옵니다…

그런 날이 있었습니다. 저를 대놓고 무시하는 태도. 그 눈빛. 그리고 말투. 그날 잠을 이루지 못했습니다. 분하고 억울했습니다. 그러면서도 생각했습니다. 혹시 내가 뭘 잘못한 걸까…

그런 날이 있었습니다. 답변이 오지 않았습니다. 기다렸습니다. 답변이 왔는데 성의가 없습니다. 또 기다려야 할 처지. 모르겠습니다. 이제는 지칩니다…

그런 날이 있었습니다. 잊고 싶었습니다. 그런데 중요한 일입니다. 잊자니 그럴 순 없고. 계속하자니 속만 상하고. 답답해서 가슴이 터집니다. 뭘 어찌해야 할지…

여러분 반갑습니다. KAL858기 사건 연구자 박강성주입니다. 해외에서 인사드립니다.

33년, 저는 여러분의 삶을 이해할 만한 입장이 아닙니다. 감히 여러분의 고통을 안다고 말하지 못합니다. 다만, 위의 경험을 바탕으로 가족분들도 이런 심정이지 않을까, 짐작할 뿐입니다.

이야기가 또 있습니다. 저는 비교적 어렸을 때 아버지를 잃었습니다. 갑자기 돌아가셨습니다. 아무런 예고도 없이. 그래서 조금은 압니다. 누군가 갑자기 사라진다는 것의 의미를…

---

4) KAL858기 사건 33년 추모제, 2020년 11월 29일.

그날을 기억합니다. 전화로 아버지의 죽음을 확인한 뒤, 저는 말 그대로 '닭똥 같은 눈물'을 흘렸습니다. 주변 사람들이 쳐다봤지만 어쩔 수 없었습니다. 그런데 편지를 쓰려고 기억을 더듬다 놀랐습니다. 제가 눈물 흘렸던 곳이 생각났기 때문입니다. 중요한 일로 서울에 머물다 소식을 들었는데, 제 지역으로 빨리 가야 해 비행기를 타야 했습니다. 서울 친척분이 공항으로 데려가셨지요. 아마 비행기 시간을 기다리다 그랬던 것 같습니다. 저는 아버지가 위독하시다는 말만 들었는데, 혹시나 하여 회사에 전화를 했습니다. 동료분이 받으셨습니다. "돌아가셨는데요…"

좀 어리기도 했고, 지금은 오래된 일이기에 저는 장소를 그냥 '공항'으로만 기억했습니다. 그런데 지금 생각해보니, 그 공항이 김포공항이었습니다. 네, 여러분이 33년 전에 계셨을 그곳. 그래서인지 모릅니다. 제가 사건에 관심을 계속 가져온 이유.

그래도, 저는 죽음을 '확인'할 수 있었습니다. 시신을 보았고, 시신을 만졌고, 시신에 입을 맞추었습니다. 하지만 이 사건은 다릅니다. 닭똥 같은 눈물을 흘렸던 저는 차라리 나았습니다. 그리하여 저는 진실을 모릅니다. 그래서 편지를 씁니다. 그리고 기억합니다. 그날의 공항을, 그날의 하늘을.

성주 드림

2
'폭파범' 김현희

김현희 씨, 약속을 기억하시나요?[1)]

- 김현희 선생께 띄우는 편지 -

"가짜가 아니라고 말하고 싶습니다." 기나긴 침묵을 깨셨습니다. 1987년 11월 29일 KAL858기가 사라졌을 때만 해도, 1988년 1월 15일 안기부에서 기자회견을 했을 때만 해도, 이런 말을 하리라고는 상상하지 못하셨을 거라 생각됩니다. 저 역시 이런 편지를 쓰리라고는 상상하지 못했습니다. 폭파범이 자신이라고 기자회견까지 했는데 의혹이 제기되고 재조사까지 진행되는, 김 선생님 처지에서는 그야말로 예상치 못했던 일이었겠지요. 게다가 국정원으로부터 "살해 협박"까지 받으셨다니, 믿기 어려우셨을 것입니다.

저 역시 마찬가지입니다. 통일부 주최 대학생 통일논문 공모전에 입선했을 때, 그러나 대한항공기 사건 재조사가 필요하다는 내용에 수정요구가 들어오고, 이를 거부하자 입선이 취소되었을 때, 정말 믿기 어려웠습니다. 저는 김 선생님에 의해 인생이 바뀌었습니다. 몇 년이 지난 지금, 김 선생님에 대한 박사논문을 준비하고 있으니까요.

---

1) 〈오마이뉴스〉, 2009년 3월 13일.

저는 이 사건을 고통의 문제와 관련해 많이 생각합니다. 불편한 기억을 떠올리게 해서 죄송합니다만, 먼저 김 선생님의 고통입니다. 안기부 기자회견, 수기 등을 통해 선생님은 북쪽 정권에 속아 일을 저질렀다 하셨습니다. 후회와 분노가 가득할 것이라 생각됩니다. 그리고 의혹 논란 및 과거 정부에서 겪은 "추방생활", 답답하셨을 것입니다. '진실'이냐 아니냐를 떠나, 그에 대한 책임을 평생 짊어지고 가셔야 하고, 부담 또한 상당할 것이라 생각됩니다.

'지도·관리'되고 있는 고통?

그러나 아시겠지만, 이 사건에는 또 다른 고통, 가족들의 고통도 있습니다. 처음 사건 소식을 듣고 얼마나 놀라셨을까요. 블랙박스와 시신 등이 발견되지 않아 가족들을 혼란스럽게 할 수밖에 없었다고 생각합니다. 게다가 김 선생님의 어긋나는 진술들은 의혹을 품게 하기에 충분했고요. 많은 사람들이 재조사를 요구했던 이유입니다.

가족들은 수사결과에 문제를 제기했다는 이유로 안기부로부터 감시와 협박을 비롯한 인권침해를 받기도 했습니다. 성의 있는 해명을 거부해온 선생님에 대한 섭섭함과 분노도 빠뜨릴 수 없겠지요. 하지만 무엇보다 비행기와 함께 사라져버린 115명, 그분들의 고통을 지적하지 않을 수 없습니다. 누구보다도 잘 알고 계실 것이기에 굳이 말씀드리지 않겠습니다.

제가 가지고 있는 고민은, 이러한 고통이 누군가에 의해 계속 '지도·관리'되고 있다는 느낌입니다. 일본분들과의 만남을 지켜보면서 이런 생각이 들었습니다. 제가 김 선생님이라면 가족들을 먼저 만났을 것 같습니다. 물론 1997년 결혼하시면서 활동을 중단하기 전, 가족들을 만나신 걸로 알고 있습니다. 하지만 그걸로 끝나서는 안 된다고 봅니다. 가족들 고통은 여전히 진행 중이고, 이에 대한 적지 않은 책임이 선생님에게 있으니까요.

그리고 재조사 과정 중 진술을 계속 거부하셨습니다. 사면을 받게 되신

이유를 돌아보신다면, 조사에 임하셨어야 하지 않았을까 생각됩니다. 물론 말씀하셨듯 아이들 문제 등 언론노출에 대한 걱정이 있어 그러셨겠지만, 바로 그 때문에 의혹이 깊어지는 듯합니다.

기억하시나요? 평생을 함께 도우며 살아가겠다던 약속

이제는 말씀하셔야 합니다. 안기부 주선 아래 선생님 수기를 대필했던 작가분도 당당히 의혹에 답하라고 하지 않았습니까. 그것이 115명과 가족들의 고통에 대한 예의가 아닐까요? 기억하실 것입니다. 선생님은 가족분들께 이런 글을 남기셨지요. "본인 현희는 평생을 유가족과 함께 서로 도우며 살아가기를 노력하겠습니다. 97. 12. 23."

선생님을 만나고 싶어하는, 그래서 진실을 듣고 싶어하는 분들이 많습니다. 만남의 순간을 위해 "벌레만도 못한 취급"을 받으며 살아오신 가족들이 있습니다. 그분들을 두고 어디 계셨습니까. 평생을 함께 도우며 살아가겠다고 하신 말씀, 그 '약속'에 대해 이렇게 하셔야 하지 않을까요? "가짜가 아니라고 말하고 싶습니다."

'폭파범' 김현희 씨, 누가 무례합니까[2]

대학교 학부생 시절, 통일부가 주최했던 통일논문 공모전에 참여한 적이 있다. 운이 좋게도 우수상에 입선하였는데, 시상식을 앞두고 논문을 수정해 달라는 요구가 있었다. 나는 거절했고, 입선은 취소됐다. 문제가 되었던 부분은 KAL858기 사건의 재조사가 필요하다고 한 대목이었다. 이 과정에서 나는 신경쇠약 증세로 고생하며 혼란스러운 시간을 보냈다. '진실'에

---

2) 〈오마이뉴스〉, 2012년 4월 3일.

대한 온갖 생각이 나를 덮쳤다. 정말로 사건이 조작되어 그러는 것인가?

KAL858기 사건, 나의 경험

나는 두려웠다. 내가 김현희 사건 재조사를 제안했다는 말을 사람들에게 할 수 없었다. 사건을 다시 조사해야 한다고 하면 '이상한 사람'으로 몰릴 것을 염려해서였다. 이러한 두려움이 나의 상황을 악화시켰다. 하지만 시간이 가면서 수정을 거부했던 것은 정당했다는 생각이 들었고, 그 뒤부터 내가 겪은 일을 말할 수 있었다. 사건과 관련해 계속 인연이 있었는지, (주로 연구자 정체성을 가지고) '진상규명' 운동에 함께했고 그러면서 많은 사람들을 만났다. 솔직히 나는 사건이 북쪽의 테러인지 남쪽의 조작인지, (아니면 또 다른 무엇인지) 잘 모른다. 다만 기존 수사결과에 문제가 많고, 따라서 철저한 조사가 필요하다는 정도의 생각을 한다.

최근, 이 사건이 2003년 MBC 〈PD수첩〉에서의 심재환 변호사 발언을 계기로 논란이 되고 있는 듯하다(CBS 라디오 〈김현정의 뉴스쇼〉에서 다시 확인). "김현희는 가짜"라고 했던 발언이 그가 '주사파'라는 근거 중 하나로 쓰인다. 아울러 이는 동반자인 이정희 통합진보당 공동대표가 주사파라는 맥락에서도 얘기되고 있는 듯하다.

사건에 대한 이야기 방식

무엇보다 나는, 한국 사회에서 이 사건이 논의되고 있는 방식에 변화가 필요하다고 생각한다. 진실의 문제보다는 '고통'의 문제로 접근할 필요가 있지 않을까 싶다. 비행기와 사라진 115명의 고통이 안보정치에 어떻게 활용되는가. 재조사를 요구한 가족들의 고통은 왜 사회적으로 수용되지 못하는가. '폭파범'으로서 김현희 씨 고통은 어떻게 인용되고 해석되는가.

진실 관련해서는, 조심스러운 이야기지만, '실체'라는 것이 증거와 진술로 밝혀낼 수 있다는 전제를 질문할 필요가 있다고 본다. 진실은 증거의 문제를 넘어 그 증거를 둘러싼 해석과 정치의 문제일 수 있다. 김현희 사건에 대한 논의들이 '고통'의 문제와 '진실개념 자체'에 대한 이야기로 옮겨갔으면 하는 바람이지만, 이 글에서는 최근 논란이 되는 부분들 관련해 고민을 나누고자 한다.

'주사파', '친북'은 색깔론

먼저, "김현희는 가짜"라는 이야기는 큰 틀에서 수사결과의 문제점을 지적한 것으로 이해된다. 이는 재조사와 연결될 수밖에 없는데, 재조사 요구가 '주사파' 내지 '친북'의 논리로 이어지는 것은 문제가 있다. 이는 전형적인 '색깔론'이다.

나아가 '실종자' 가족들을 포함해 재조사를 요구하는 사람들 가운데는 사건이 남쪽 군사정권의 조작이라고 생각하는 경우도 있다. (실제로 그렇게 믿을 수도 있지만) 왜 그렇게 생각할 수밖에 없는지 물음이 뒤따라야 한다고 본다. 사건에 대한 정보가 차단된 상황에서, 그리고 정부가 성실히 해명하지 않은 상황에서는 그렇게 생각할 수 있는 것이다(이는 실종자 가족과의 면접에서도 확인했다).

외국 비밀문서

또 사건에 대한 의문은 외국 비밀문서에도 나오고 있다. 미국 중앙정보국 비밀문서에 따르면, 북쪽이 올림픽을 겨냥한 것이었다면 왜 그렇게 빨리 테러를 했는지 의문이라고 되어 있다(1988년 2월 2일, 4월 1일). 미국 국무부 문서에 따르면, 올림픽에 대한 의문을 처음 제기한 쪽은 당시 국토통일원(현 통일부)이었고(1987년 12월 4일), 국무부도 동기 부분이 의문이라고 적고 있다(1987년 12월 7일). 또한 제임스 릴리 한국 주재 미국 대사는 김현희 진술 관련해 거짓말 탐지기 조사를 했냐고 물었다(1988년 1월 14일). 영국 비밀문서에서도 김현희의 '갑작스러운' 고백에 대한 의문이 발견된다 (1988년 1월 15일). 호주 비밀문서에도 김정일 친필지령에 대한 증거가 있는지에 대한 고민이 담겨 있다(1988년 1월 15일). 이 정부들은 시간이 지나면서 남쪽 수사결과를 받아들였다. 그러나 핵심은, 수사결과를 받아들이는 쪽에서 보더라도, 여러 문제점들이 있다는 것이다.

'폭파범' 김현희 씨의 경우, 당사자 입장에서는 답답할 것이다. 자신이 고백했는데 왜 믿지 않는 것인가. '진실'을 말했는데 왜 믿어주지 않는가. 지금까지 제기됐던 진술의 모순점은 혼란스러운 상황에서 실수로 생겨났을 수도 있다고 생각한다. 그리고 진실이야 어찌 됐든, 그녀가 한 사람의 인간으로서 겪고 있을 어려움에 대해 안쓰럽게 생각한다.

115번…

문제는 자신이 진실을 말했다면, 그리고 진실을 증언할 유일한 생존자로 사형을 피했다면, (국정원 발전위원회 및 진실화해위원회) 재조사가 진행되었을 때 협조했어야 했다는 것이다. 특히 국정원 재조사의 경우 수사결과가 맞다는, 곧 진실 논란에 '종지부'를 찍은 것으로 많이 인용되는데, 이 결론이 폭넓게 공감받지 못하는 이유 중 하나는 당사자에 대한 조사가 빠져 있기 때문이다.

이런 상황에서 김현희 씨는 큰 맥락에서 재조사를 주장하는 심 변호사에 대해 이렇게 말했다. "참 무례하군요"(〈조갑제닷컴〉, 2012년 4월 1일). 그녀가 폭파범이라고 믿고 있는 어느 실종자 가족에 따르면, (잔인하게 들릴 수 있지만) 그녀는 '115번 죽어야 할' 테러범이다. 다시 말해, 115번이라도 재조사에 응했어야 했다. 누가 무례한가.

김현희 씨 방송 출연과 '태도' 문제[3]

"인간이 평생을 걸쳐 찾는 존재가 있으니, 바로 자신의 이야기를 들어주는 사람이다." 정확히 기억나진 않지만, 어떤 분이 해주셨던 말씀이다. 정도의 차이가 있겠지만 사람은 누구나 자신의 이야기를 들어주는 이를 좋아한다. 이해받고 싶어하고, 사랑받고 싶어한다. 삶은, 그리고 세상은 호락호락하지 않다. 그래서 필요하다. 자신의 이야기를 들어주고, 자신을 믿어주는 존재가.

KAL858기 사건 폭파범으로 알려진 김현희 씨가 얼마 전 TV조선에 나왔다. 공중파 방송이 아니지만, 국내 방송에 출연한 것은 "결혼 후 처음"으로 15년 만이다. 김 씨는 그동안 있었던 의혹들에 대해 나름대로 해명하는 한편, 이른바 "좌파정부"아래에서 겪었던 삶에 대해 털어 놓았다. 핵심은, "좌파정부"가 진실과는 반대되는 증언을 하라고 강요했다는 것이다(참고로 김현희 씨는 2008년부터 이 이야기를 해오고 있다). 무엇보다 나는 그녀가 어떤 방송에 출연해서 무슨 이야기를 하든, 그러한 권리가 있다고 생각한다. 그녀도 인간이기에, 자신의 말에 관심을 가져주고 가장 잘 들어줄 것 같은 매체와 이야기를 나눈 것은 충분히 이해할 수 있다(나 역시 그럴 수 있기 때문이다). 그러나 이는 그녀의 특별한 위치를 생각할 때 주의 깊게 논의될 필요가 있다.

김현희 씨의 존재이유와 태도

기본적으로 나는 '태도'와 관련해 이야기해보려 한다. 김현희 씨 자신도 알겠지만, 그리고 많이 알려졌지만, 그녀가 사형을 선고 받고 사면을 받은 이유는 사건의 "유일한 생존자"이기 때문이다. "역사의 산 증인"으로 풀려난 것이다(물론 미국 비밀문서 등을 통해 이미 밝혀졌지만, 김 씨에 대한 사면은 재판이 진행되기 이전 또는 초기부터 당국 차원에서 논의가 시작되었다.

---

3) 〈통일뉴스〉, 2012년 7월 13일.

그리고 안기부 관계자는 실종자 가족들 회의 장소에 찾아와 사면 협조를 요청했는데, 항의하는 이들의 멱살을 잡기도 했다). 따라서 '폭파범' 김현희는 '진실'에 논란이 있는 한 성실히 해명할 의무가 있다. 자신에게는 억울한 일이겠지만, 결국 사면의 이유로 돌아갈 수밖에 없다. 왜냐하면, 그래서 김 씨가 지금 살고 있기 때문이다.

그렇다고 했을 때 그녀가 보여준 태도는 여러 가지로 문제가 있었다고 생각한다. 김 씨는 국정원 발전위원회와 진실화해위원회 재조사가 있었을 때 면담을 거부했다. 자신의 존재이유를 거스르며 책임을 다하지 않았다. 물론 김 씨 입장에서는 그럴 수도 있었겠다. 재조사 자체를 "좌파정부"가 진실을 뒤집으려는 시도로 받아들였기 때문이다. 하지만 과연 그럴까? 두 위원회에서 활동했던 인사들 이야기와 그 '결과'가 증명하고 있듯, 김 씨 주장에는 무리가 있다. 이와는 별도로 그녀는 조사에 적극 응할 필요가 있었다. 자신의 진술에 문제가 없었다면, 안기부 결과를 확신했다면, 재조사에 협조해 논란이 없도록 했어야 했지 않겠는가.

그러나 김 씨는 그렇게 하지 않았다. 재조사 거부 이유 중 하나로 아이들 문제가 나왔다. 자신의 아이들이 그녀의 '정체'를 알게 될까 걱정된다는 것이다. 그러한 걱정을 하던 김 씨는 이후 (얼굴이 가려졌긴 했지만) 아이들과 함께 찍은 사진을 공개하고, 언론에 크게 보도된 일본 방문에 나서는 한편, 이제는 국내 방송에까지 출연했다. (반복되는 이야기지만) 정작 자신을 만나고 싶어하는 실종자 가족들은 외면한 채로. 가족들이 분노하는 이유는 이것이라 생각한다. 씻을 수 없는 고통 속의 가족들을 대하는 김 씨의 태도. 아울러 차옥정 가족회장이 지적한 대로, 김씨가 가족들과 1997년 만났던 것은 진정한 화해 차원에서 이루어진 것이 아니었다(〈한겨레〉, 2012년 6월 26일). 또한 가족들과 함께하겠다던 서약서도 자신이 사죄의 마음에서 썼던 것이 아니라, 만남의 자리에 있었던 어느 가족이 요구해서 쓴 것으로 안다 (논문 면접). 김 씨가 가족들에게 기부했다는 인세도 기부 자체는 좋은 의도를 포함하고 있었겠지만, 돈으로도 살 수 없는 그 무엇을 잃어버린 가족들에게는 꼭 그렇지도 않았을 것이다. 그러므로 가족들에게 용서를 받았다는 이야기는 조심스럽게 받아들일 필요가 있다.

가족들이 분노하는 이유…

'내가 이해하기로' 가족들이 분노하는 이유는 단순히 국정원 위원회가 안기부 수사결과가 맞다고 발표해서가 아니다. 실종자 가족들이 지금껏 의혹을 제기하며 아파하는 이유는, 김현희 씨의 납득하기 힘든 '태도' 때문이다.

태도 문제와 관련해, 김지영 전 진실화해위원회 조사관 이야기도 덧붙이고자 한다. 개인적으로 사건에 대한 박사논문을 쓰면서 면접을 위해 연락한 적이 있다. 위원회를 떠난 뒤였지만, 김 전 조사관은 퇴직한 직원의 비밀준수를 내용으로 하는 "공무원 규정 및 진실위원회 업무규정"을 이유로 면접을 거절했다. 나는 그의 의사를 존중했다. 그랬던 그가 이번에 〈조선일보〉(2012년 6월 26일)와 인터뷰한 기사를 확인하며 복잡한 심정이 들었다. 아마 실종자 가족들의 경우 이러한 일을 수없이 겪었을 것으로 생각한다.

KAL858기 가족회는 김현희 씨에게 공개토론을 제안하며 7월 15일까지 응답해줄 것을 요청했다. 과연 김씨는 이 제안에 어떻게 응할까? 중요한 것은 증거와 진술이라기보다 태도의 문제일 수 있다.

'115번 죽어야 할' 김현희[4]

정도의 차이는 있겠지만, 사람은 누구나 이해받고 사랑받고 싶어한다고 생각한다. KAL858기 폭파범으로 알려진 김현희 씨도 마찬가지일 것이다.

---

4) 〈한겨레〉, 2013년 5월 2일.

1987년 11월 29일, 115명을 죽인 것으로 되어 있는 그녀는 범죄를 오래 전 자백했다. 어려운 결정이었으리라. 김 씨가 겪었을, 그리고 지금도 겪고 있을 인간적 고뇌는 엄청날 것이다. 그런 그녀가 얼마 전부터 언론에 자주 오르내린다. 작년부터 TV조선에 정기적으로 출연하는가 하면 2013년 올해 초에는 MBC 특별대담에 전격 나오기도 했다. 그리고 최근에는 외국 방송에도 나온다. 호주 에이비시(4월 10일)를 비롯 영국 비비시(4월 22일)와의 대화에도 함께했다. 착잡하다. 결론부터 말하면, 나는 김현희 씨가 조용히 자숙하며 지내기를 빈다. 자신의 말대로, 끔찍한 범죄를 정말 반성하고 피해자와 가족들에게 용서를 구한다면.

이는 사건 자체에 논란이 많다는 점과는 다른 일이다. 알려진 대로, KAL858기 사건은 지난 25년 동안 의혹이 계속 있어 왔다. 국정원 발전위원회와 진실화해위원회가 재조사를 실시 또는 시도했지만 논란은 계속되고 있다. 그 논란 가운데 하나는, 김현희 씨가 재조사를 거부했다는 점과 관련 있다. 김 씨는 사건의 유일한 생존자로, 그리고 사형당해야 했지만 사면을 받은 이로서 의혹들을 성실히 해명해야 할 의무가 있다. 그런 의무를 저버렸던 김 씨가 지금 외국 방송에까지 출연한다. 문제가 많다. 그녀는 이미 충분히 자백하지 않았는가. 1988년 1월 15일 안기부 기자회견을 시작으로, 베스트셀러가 된 고백수기, 신상옥 감독이 만들었던 영화 〈마유미〉, 안기부 주선으로 이루어졌던 수많은 안보강연과 각종 언론사 인터뷰, 그리고 몇 년 전의 일본 방문까지. 수사결과의 뼈대를 이루는 자백은 이미 충분하다.

나의 고민은 그녀의 '과잉 자백'을 둘러싼 정치학이다. 왜 이 시점에 전혀 새로울 것 없는 자백이 적극 재생산되고 있는가. 김현희 씨는 누구를 위해 자백하고 있는가. 그리고 이를 통해 이익을 얻는 자는 누구인가. 그녀의 말대로라면, 김 씨는 115명을 죽인 대량살상범으로 이는 외국 방송에까지 공개할 만한 자랑스러운 일이 아니다. 그런데 그녀는 왜 이리 적극 나서는 것일까. 게다가 그녀가 반복해서 강조하고 있는 대목은 문제적이다. 김 씨는 이번 비비시 인터뷰에서도 피해자 가족들과 만난 적이 있고 (용서와 화해 차원에서) 모두 껴안고 울었다고 한다. 그러나 내가 확인하기로, 그 만남은 안기부 주선으로 소수의 가족들과만 비밀리에 이루어졌고(1997년 12월 23일), 그 자리에서 김 씨가 쓴 '가족들과 평생 함께하겠다'는 서약서도 어느 분노한 가족의 요구에 의해 쓰였으며, 바로 며칠 뒤 김 씨는 안기부 직원과 결혼하여 가족들의 원망을 샀다. 최근 이루어지고 있는 김 씨의 '과잉 자백'은 이와 같은 왜곡을 포함하고 있다.

내가 만난 가족 중 한 명은 사건 재판 당시, 김현희 씨가 사형을 당해서는 안 된다고 주장했다. 왜냐하면 그녀는 사건의 유일한 '증거'였기 때문이다. 하지만 만약 김 씨를 죽여야 한다면, 한 번이 아니라 115번을 죽여야 한다고 했다. 그녀가 살해한 수만큼 죽여야 한다는 이야기다. 김 씨의 자백은 바로 이런 가족들을 향해야 한다. 아울러 '115번 죽어 마땅한' 그녀는 사건에 의혹을 품은 가족들에게 115번이라도 해명해야 한다. 그것이 이해와 용서를 받기 위한 출발점이다.

'폭파범' 김현희, '증인' 김현희[5]

누구에게나, 자신의 삶에 평생의 흔적을 남기는 무언가가 있을 것이다. 갑작스레 닥쳐온, 어찌할 수 없는. 벗어나려 몸부림 쳐본다. 바라지 않았지만, 어느새 그 무언가는 자신의 한 부분이 되어 있다. 삶의 굴레 같은.

"이달만 되면 저는 마음이 무겁고 항상 그분들께 사죄합니다." KAL858기 '폭파범'으로 알려진 김현희 씨가 최근 어느 방송에서 한 말이다(채널A 〈시사병법〉, 2014년 11월 5일). 나는 이 말이 마음에서 우러나온 것이라 믿

---

5) 〈오마이뉴스〉, 2014년 11월 29일.

고 싶고, 또 그래야 한다고 생각한다. 하지만 적어도 나는 이 말을 순순히 받아들이기 힘들 것 같다. 김현희 씨 말대로 그녀가 115명을 죽인 테러범이라면, 사죄 자체가 나쁘다는 말이 아니라, 방송에 나오는 것에 좀 더 신중해졌으면 한다. 무엇보다 사건에 대한 의혹 논란과는 별개로, 그녀로 인해 평생의 상처를 입은 사람들이 아직도 고통 속에 있기 때문이다.

김현희 씨의 계속되는 방송 출연

그런데 그녀는 최근 몇 년에 걸쳐 방송에 나오고 있다. 올해 3월에는 말레이시아 항공기 실종 관련해 비행기 '폭파범'으로서 '모셔졌다'(뉴스Y 〈신율의 정정당당〉, 2014년 3월 17일). 이런 상황을 어떻게 봐야 할까. 언론사 초대 자체가 적절했는지는 다른 문제일 수 있다. 여러 언론(주로 종합편성채널)을 통해 "모진 피난생활"의 아픔을 호소하는 김현희 씨. 그녀가 고통받아 마땅하다는 뜻이 아니라, 그 모습을 봤거나 전해 들은 실종자 가족들은 어떤 생각을 했을까?(김현희 씨에 따르면 자신은 조용히 살고 싶었지만 노무현 정부와 "종북세력"이 그녀를 다시 불러냈다)

혼란스러운 나는, 김현희 씨 활동을 그녀 입장에서 생각하려 노력한다. 그녀는 사형을 기다려야 할 처지였지만 사건의 "유일한 생존자"라는 이유로 사면을 받았다. 그녀 입장에서는, 지금 활동이 "역사의 산 증인" 역할을 수행하는 것일 수도 있겠다. 정보공개 청구로 얻은 호주 비밀문서에 따르면, 한국 정부는 1988년 1월 12일 기준, 김현희 사면 가능성을 이야기하고 있었다. 이때는 수사결과가 발표되지도 않았고(1988년 1월 15일), 재판에 따른 사형선고가 내려지기 훨씬 전이다(1990년 3월 27일). 그녀의 증인 역할이 처음부터 군사정권의 정치적 계산과 연결됐다고 알 수 있다.

대통령선거를 앞둔 정권으로서는 사건을 어떻게든 유리한 쪽으로 이용하려 했을 것이다(이는 군사정권이어서가 아니라 정치권력의 본능 아닐까).

많은 이들이 어렵지 않게 짐작할 수 있었던 이 부분은 국정원 발전위원회가 '무지개 공작' 문건을 공개하며 알려지기도 했다. 공작은 1987년 12월 2일 시작되는데, 비행기가 사라진 지 겨우 사흘 뒤였다. 정권의 사활이 달린 선거를 앞두고, 안기부(현 국정원)를 포함한 당국은 이 공작에 적지 않은 예산을 썼을 것이다. 그 예산 중 일부라도 수색하는 데 썼다면 어땠을까?

김현희 씨 증인 활동은 이런 맥락에서 볼 필요가 있다고 생각하는데, 특히 최근 몇 년간 그녀가 해오는 말은 문제가 있다. 과거 노무현 정부가 국가기관과 시민단체를 동원해 '김현희 가짜 만들기 공작'을 했다는 것으로, 그녀 말이 설득력을 갖으려면 그 정부가 만든 과거사위가 자신을 가짜라고 발표했어야 했다. 하지만 그러지 않았다. 더욱이 재조사 요구와 시도는 '가짜 만들기'가 아니라 사건의 특성상 꾸준히 제기되어 왔던 의혹들을 해명하려는 노력이었다. 이는 김현희 씨 말대로 "북한을 옹호하고 대변하는 종북세력"의 활동이 아니라, 종북–반북을 넘어 적어도 시신이라도 보고자 했던 가족들에 대한 최소한의 응답이다(그리고 이 노력은 김 씨에 대한 조사 실패로 비판을 받는다).

대한민국에 태어난 죄

진짜든 가짜든, 김현희 씨도 괴로울 것이고, 실종자 가족들은 더욱 괴로울 것이며, 이를 지켜보는 이들도 마찬가지리라. 1년 365일 똑같이 괴로운 것은 아니겠지만. 2014년 11월 29일, 이제 사건 발생 27년이다. 나는 지금도 사건의 '진실'이 무엇인지 모른다. "대한민국에 해를 끼치는 이적행위 한 자들에게 반드시 책임을 묻겠다는 의지로 지금까지 버텨왔습니다." 이 눈물 어린 하소연이 김현희 씨에게서 나오고 있는 상황은 많은 것을 생각하게 한다. 어느 실종자 가족이 내게 했던 말을 잊을 수 없다. "아무리 생각해도 대한민국에 태어난 죄밖에 없는 것 같다."

3

천안함과 KAL858기

천안함과 KAL858[1)]

- 고통에 대한 감수성 -

"권력자들이 가장 두려워하는 것은 고통에 대한 감수성이다." 여성주의 국제관계학자 신시아 인로가 한 말이라 한다. 지난 3월 26일에 일어난 천안함 사건. 나는 '고통'에 대해 생각한다. 이를 포함해, 천안함 사건은 여러 가지 면에서 1987년의 KAL858기 사건을 떠올리게 한다. 특히 이 사건으로 논문을 쓰고 있는 입장에서 더욱 그러하다.

"천안함 가족들 심정을 알 것 같다." KAL858기 가족들이 입을 모아 말했다. 논문 면접을 하고 있는 자리였다. 사건 자체에 대한 충격, 사람이 죽었는지 살았는지 모르는 답답함, 그리고 거기에서 오는 고통과 먹먹함. 실종자 가족 3명을 같이 만난 자리였고, 그 가운데 한 분은 "내가 그만큼 겪었으니까"라는 말도 덧붙였다. 자신이 겪은 고통은, 다른 이들이 겪는 고통에 가닿는다. 말이 필요 없다. 고통은 고통을 알아본다.

---

1) 〈오마이뉴스〉, 2010년 5월 6일.

천안함과 KAL858

이 고통의 문제 외에도 천안함과 KAL858기는 비슷한 점이 많다. 초동수사의 문제점, 사건 직후 제기된 북한 연계 가능성, 증거가 확실치 않은 상태에서 얘기되는 보복과 응징, 중요한 선거를 앞두고 일어난 점, 수습과정에서의 미국의 적극적 개입, 가족들에 대한 감시, 정보 통제, 실종/침몰시간 등을 포함한 수많은 의문점… 좀 과장된 생각인지 모르겠지만, 두 사건은 정말 많이 닮았다. 적어도 지금까지는 그렇다. 하지만 여기에서 주목하고 싶은 것은, 가족들과 고통에 대한 부분이다.

천안함 가족들이 평택 함대사령부에 찾아갔던 때를 기억하는가. 무장군인들이 가족들에게 총을 겨눴다. 가족들을 '위협' 또는 '적'으로 여겼기에 가능한 일이다. 침몰시간도 모르고, 정보는 통제되고, 그래서 알아보겠다는데, 이에 대한 응답은 무장군인과 총이다. 고통에 권력[2]은 총으로 응대한다.

그러나, 이 총에 너무 많은 의미를 부여할 필요는 없을지 모른다. 군용차에서 내렸던 군인들은 그저 명령에 따랐고, 그들은 훈련해온 대로 총을 겨눴을 뿐이다. 가족들을 막기 위해 명령을 내렸던 누군가가 있었고, 그에 따라 총은 '자연스럽게' 겨눠졌다.

어쩌면 이것이 핵심일지 모른다. 명령권자/권력자가, 가족들 고통에 얼마나 둔감한지 말해주기 때문이다. 고통에 대해 생각할 겨를을 주지 않는 것이 권력이고 군대다. 생각하는 순간, 규율체계에 균열이 생긴다.

경찰이 천안함 가족으로 위장해 정보를 수집하려 한 것은 어떤가. 뭐가 두려웠던 것일까. 총을 겨눈 일과 마찬가지로, 가족들을 '위협' 또는 '적'으로 여겨 가능한 일이다. 추측이 난무하는 상황에서, 정부는 자신의 말만 믿으라 한다. 가족들로서는 신뢰를 주지 않는 정부에만 의존할 수 없다. 그래서

---

[2] 권력은 개념 자체 관련해 논의가 필요하지만, 이 글에서는 국가가 행사하는 좁은 뜻에서의 권력을 가리키는 것으로 쓰고자 합니다.

대책을 세우고 정보를 교환한다. 하지만 이것이 위협으로 여겨진다. 국가의 목소리, 주류지식이 가족들에 의해 재구성될 수 있어서다.

고통에 직면한 가족들은 '생존'의 수단으로 언어를 만들고 국가의 대본과는 다른 그 무엇에 접근하려 한다. 거짓과 숨김이 없는, 자신에게 가장 믿음을 주는 방식으로. 국가와 권력 입장에서는 불편할 수밖에 없다. 따라서 통제가 필요하다. 이 모든 것이 가족들 고통과는 상관없이 지시되고 이루어진다. 고통에 둔감하다는 이야기다.

이 일들은, KAL858기 가족들의 경험을 떠올린다. 수사결과의 수많은 문제점을 발견한 가족들. 재조사 요구는 정당했다. 그러나 돌아온 것은 국가(안기부)의 감시와 협박. 김현희 재판이 진행되던 때, 안기부 관계자가 KAL기 가족들 회의 장소에 찾아와 사면 협조를 요청했다. 몇몇 가족들이 항의하자 관계자는 그들의 멱살을 잡았다고 한다. 가족들 고통은 철저히 지워진다.

또 실종자 가족들은 '이상한 사람들'이 동네 통장과 아파트 경비원에게 자신들의 동향을 물어갔다고 말한다. 가족들이 자신의 고통을 말하는 것, 그것이 죄인가. 그렇다. "권력자들이 가장 두려워하는 것은, 고통에 대한 감수성이다."

고통에 대한 감수성

천안함 가족들이 사건 조사단에 참여하지 않겠다고 했는데, 이유는 '들러리' 역할을 하게 될 우려 때문이라 한다. 정부가 가족들 고통에 귀 기울이지 않고 있다는 뜻이다. 국가가 주관해서 5일장으로 치러진 장례식. 이제 끝난 것인가. 천안함의 침몰, 고통에 대한 감수성도 침몰한 게 아닐까. 북에 대한 응징의 북소리가 요란하다.

천안함, KAL858, 그리고 타임머신[3)]

- 유엔 안보리 논의 -

"나에게는 이유가 중요해." 2003년 이라크 침공을 앞두고, 미국은 이라크에 대량살상무기가 있다고 발표한다. 그 정보에 따라 의심이 가는 곳을 수색하지만, 매번 허탕이다. 수색을 맡은 장교가 왜 그러는지 의문을 품고, 이를 풀기 위해 노력한다. 그렇게 의문을 품은 이에게 동료가 말한다. 이유는 중요하지 않다고. 우리는 시키는 일만 하면 된다고. 그러자 그가 말한다. 나에게는 이유가 중요하다고. 사람들이 죽어가고 있고, 나는 그 이유를 알아야겠다고. 미국의 정보조작을 다룬 영화 〈그린 존〉에 나오는 대목이다.

2010년 천안함 사건의 조사결과가 발표됐고, 의문을 품는 이들이 늘고 있는 듯하다. 정부는 말한다. 왜 의문을 갖냐고. 그냥 우리가 발표한 대로 믿으면 된다고… 이를 포함해 PCC772(천안함) 사건은 여러 가지 면에서 KAL858기 사건을 떠올린다. 처음에는 이 사건으로 논문을 준비하고 있는 입장에서, 나만 지나치게 반응하는 것인지 했다. 하지만 실종자 가족들과의 면접을 비롯해, 천안함을 둘러싼 논란 과정에서 나만의 생각이 아니라고 알게 됐다. 이 글에서는 그러한 생각 중 하나인 유엔 안보리 부분을 살펴보려 한다.

유엔으로 날아간 KAL858

먼저 한국 정부가 KAL858기 사건을 유엔 안보리로 가져간 배경을 짚어보자. 안보리 논의는 1988년 2월 16일-17일 이틀에 걸쳐 있었다. 그 시기는, 안기부가 수사결과를 발표하고(1월 15일), 미국이 북쪽을 테러지원국

---

3) 〈통일뉴스〉, 2010년 7월 5일. 이 글은 다음 책을 바탕으로 쓰였습니다. 박강성주, 『KAL858, 진실에 대한 예의: 김현희 사건과 '분단권력'』, 선인, 2007.

으로 지정하고(1월 20일), 일본이 북에 대한 제재를 발표한(1월 26일), 그리고 미국 하원에서 사건 청문회를 연 뒤였다(2월 4일). 곧, 사건이 북의 테러로 발표되고, 한국의 '우방국'인 미국과 일본이 이를 적극 지지한 뒤였다. 그런데 수사결과를 뒷받침할 증거가 부족했다. 거의 유일한 물증이라 할 수 있었던 것은, "유일한 생존자" 김현희였다. 수사는 대부분 김현희 진술에 의존했다고 해도 지나친 말이 아니다. 그런 가운데 북은 사건과의 관련성을 강하게 부인했다. 이 사건과 "아무런 관련도 없다"는 조선중앙통신사 대변인 성명을 시작으로(1987년 12월 5일), 안기부 수사결과에 대한 전반적인 반박(1988년 1월 15일), 유엔 안보리 논의에 대한 비판(1988년 2월 16일) 등 북은 적어도 6번의 공식성명을 냈다. 요약하면, 증거가 부족한 상태에서 북의 테러라는 결과가 발표됐고, 북은 이를 부인했다.

그러면 논의가 시작된 과정은 어땠을까? 한국은 1988년 2월 10일, 유엔 안보리 긴급회의를 요청한다. 요청서에서 한국은 KAL858기가 "두 명의 북한 공작원에 의해 폭파"되었다고 분명히 했다. 같은 날, 일본 역시 사건 논의를 위해 긴급회의를 요청한다(김현희가 '하치야 마유미'라는 일본인으로 위장했다는 이유다). 한국과 일본이 유엔 논의를 추진하자, 북쪽도 대응에 나선다. 같은 날인 2월 10일, 북은 한국 수사결과를 반박하는 문서를 유엔에 낸다. 이어서 2월 12일, 한국(일본) 요청대로 회의를 소집할 것인가를 결정하기 위해 비공개 모임이 열린다. 이사국들이 참여한 모임에서 소련과 중국은 반대의견을 냈다. 하지만 비공개모임은 안보리 회의를 열기로 결정하고, 이에 북도 회의에 참석하겠다는 의사를 전한다. 요약하면, 한국이 안보리 소집을 먼저 요청했고, 소련과 중국이 반대하는 가운데 미국이 포함되어 있는 이사국들이 회의 소집을 결정했다.

논의 자체는 어땠는가. 안보리 회의에는 회원국 자격으로 15개국(미국, 영국, 프랑스, 소련, 중국, 일본, 서독, 이탈리아, 알제리, 아르헨티나, 브라질, 네팔, 세네갈, 유고, 잠비아), 참관국 자격으로 3개국(한국, 북한, 바레인) 등 모두 18개국이 참여했고, 의장국은 미국이 맡았다. 논의는 크게 4가지 입장으로 정리할 수 있다. 첫째, 북쪽의 테러. KAL기 사건은 '북이 서울올림픽을 방해할 목적으로 일으킨 테러공작'이라는 입장이다. 한국, 일본, 미국이 그랬다. 둘째, 남쪽의 조작. 이 사건은 '남측 지도부가 대통령선거의 승리를 목적으로 꾸민 조작극'이라는 것이다. 바로 북의 입장이다. 셋째, 논의 반대·우려. 사건을 '안보리에서 다루는 것에 반대'하고 아울러 '깊은 우려를 표명'하는 입장이다. 소련, 중국, 네팔 등이다. 넷째, 독립적 조사 필요. 한국이 진행한 수사에는 문제가 있으며 '심층적이고 독립적 수준의 조사가 필요하다'는 것이다. 서독, 이탈리아, 잠비아 등이 해당한다. 이 밖에, 수사 결과에 '주목'한다는 입장(영국, 프랑스), 누가 했든지 상관없이 '테러에 반대'한다는 입장(유고, 아르헨티나) 등이 있었다.

회의는 결과적으로 이런 사건이 다시는 일어나지 않기를 바란다는 의장 발언과 함께, 특별한 결의안 없이 끝난다. 요약하면, 안보리 논의는 한국·일본·미국의 '반북 유엔동맹' 아래 이루어졌음에도 한국은 바라던 결과를 얻지 못했다.

유엔으로 건너간 PCC772

그럼 이를 바탕으로 천안함 사건을 살펴보기로 하자. 현재까지의 진행 상황, 곧 회의배경과 소집과정은 KAL858기와 거의 비슷하다. 2010년 5월 20일, 한국은 천안함이 '북 잠수함에서 발사된 어뢰에 의해 침몰했다'는 조사결과를 발표했다. 하지만 결과가 '확실한 물증'이 없는 상태에서 나왔다는 점이 확인되고 있다. 이런 가운데, 북은 사건과 관련이 없다고 밝혔고 검열단을 파견하겠다는 제안까지 했다. 다시 말해, 증거가 부족한 상태에서 (또는 증거에 심각한 의문들이 있는 가운데) 북의 공격이라는 조사결과가 발표됐고, 북은 이를 적극 부인한다. 2010년 6월 4일, 한국은 사건에 대해 유엔 안보리가 논의해줄 것을 요청했다. 미국과 일본은 한국에 힘을 적극 실어주고 있다. 하지만 무엇보다 중국이 안보리 논의에 부정적이고 러시아(소련)는 자체 검증을 통해 조사결과에 의문을 제기한 것으로 알려진다. 곧, 한국이 사건을 유엔으로 가져갔고, 이를 미국과 일본 등이 지지하는 가운데 중국과 러시아는 부정적인 입장이다. 결국 지금까지의 상황은, 마치 유엔 안보리가 타임머신을 타고 KAL858기 사건 때로 돌아간 듯하다. 논의내용과 결과까지 그렇게 될지 주목된다.

한편, KAL기 사건 당시 언론보도를 검토한 결과, 안보리 논의내용과 결과가 심각하게 왜곡되어 보도됐다고 확인된다. 〈조선일보〉, 〈동아일보〉, 〈중앙일보〉, 〈경향신문〉, 〈한국일보〉, 〈서울신문〉 등 이른바 '주요언론'에 예외가 없었다. 예컨대, 〈조선일보〉(1988년 2월 18일)는 "일·영·프 등 강력응징 주장"이라는 소제목으로 기사를 냈지만, 이는 영국과 프랑스가 수사결과에 주목한다는 차원에서 한 말을 "강력응징"으로 바꾼 것이다. 그리고 〈동아일보〉(1988년 2월 19일)의 경우, "KAL기 폭파는 분명한 북한소행"이라는 제목으로 안보리가 북의 테러라고 분명히 밝힌 것처럼 보도했으나, 이 역시 결과를 크게 왜곡한 것이다.

유엔 속기록과 언론보도를 비교해가며, 언론의 '용감함'에 놀라지 않을 수 없었다. 그러면서도 모든 언론이 그러지는 않았을 것이라는 기대로 그나마 나았을 〈한겨레〉를 살펴보려 했다. 하지만 찾지 못했다. 1988년 2월, 창간되지 않았다. 그 허탈감과 언론에 대한 불신으로 국회도서관을 멍한 상태로 거닐던 기억이 난다. 유엔 안보리 논의에 대한 한국 언론의 보도는, 한마디로 '왜곡보도의 모범답안'이었다. 천안함의 경우도 언론들이 과연 그럴 수 있을까? 가능은 하겠지만, 쉽지는 않을 것이다. 먼저 지금은 '인터넷'이 있기 때문이다(물론 정부는 통제하려 한다). 아울러 인터넷매체를 포함한 몇몇 언론이 초기부터 의문을 제기하는 상황은, 언론과 관련 약간의 희망을 갖게 한다.

타임머신, 유엔 안보리, 그리고 가족들의 외로움

언론부분을 포함해, 천안함과 KAL858기는 (비슷한 점도 많지만) 다른 점도 많다. 무엇보다 KAL기의 경우 물증이 될 수 있는 실질적 잔해가 발견되지 않았지만, 천안함의 경우는 선체가 발견됐다. KAL기 가족분들에게는 실례되는 이야기지만, 천안함의 경우 시신도 함께 발견됐다. 그리고 1987년과 달리 지금은 많은 시민/전문가들이 공개적으로 의문을 제기한다. 아마 가장 상징적인 장면은, 시민단체인 참여연대가 의문을 제기하는 문서를 유엔에 보낸 것이 아닐까. 2010년의 천안함은 이런 점에서 다르고, 그래서 KAL기 사건이 아쉽기도 하다.

그리고 자연스럽게, 당시 KAL858기 가족들의 심정은 어땠을까 생각한다. 고립감과 외로움은 이루 말할 수 없었으리라(더욱 안타까운 것은, 그러한 가족들 상황이 지금도 계속되고 있다는 점이다). 천안함 가족들의 경우, 공식조사단에 참여하지 않겠다고 밝히면서 이유를 '들러리' 역할을 하지 않기 위해서라고 밝혔다. 이는 KAL기 가족들의 외로움이 천안함 가족들의 경우에도 얼마든지 해당될 수 있다고 말해준다. 유엔만 타임머신을 타고 있는 것이 아니다. 이명박 정부 자체가 타임머신을 타고 있다(천안함 사건에 대해서만이 아니다). 이명박 정부는 1987년으로 돌아갈 것이 아니라, 2010년 3월 26일 저녁 9시 15분으로 돌아가야 한다. 천안함과 KAL858기. 두 사건 모두 (동기가 불분명하지만, 알 수 없는 사정으로) 북이 한 것일 수 있다. 만약 그렇다면, 그것을 밝혀내기 위해서라도 '전면적이고 철저한 조사'가 필요하지 않겠는가. 하지만 이명박 정부는, 빨랐다. 유엔으로 가는 타임머신 속도가 KAL858기/천안함 속도보다 훨씬, 빨랐다.

영화로 떠오른 천안함, 그리고 KAL858기[4)

- '진실 개념'에 대한 사회적 물음 -

"가끔 난, 우리가 삶을 사는 게 아니라 삶이 우리에게 닥치는 거라고 생각해요." 어떤 분이 알려준, 미국의 영화배우 겸 감독 에단 호크가 했다는 말이다. 최근 천안함 사건에 대한 영화를 만든 김도균 감독 소식을 듣고 이 말이 떠올랐다. 어느 기사에 따르면, 김 감독은 천안함 사건이 처음에 그저 궁금했었다 한다. "진실에 대한 갈증도, 사사로운 열정도 아니었다." 그런데 그는 사건을 영화로까지 만들게 되었다. 이 대목에서, 어쩌면 감독이 영화를 만드는 게 아니라 영화가 감독에게 닥치는 것은 아닐까 생각한다. 사정상 영화를 보지 못했지만, 진중한 문제의식과 많은 고민이 담겼을 것으로 짐작된다.

그런데 나로서는 영화 〈천안함〉 이야기를 듣고, 제일 먼저 KAL858기 사건을 떠올렸다. '왜 이 사건은 영화로 만들어지지 않을까?' 수사발표에 따르면, 북쪽 공작원 김현희가 남쪽 비행기를 폭파시켜 115명을 죽인 사건이다. 하지만 사건 직후부터 '쉽게 설명되지 않는' 여러 문제들이 제기됐고, 결국 국정원 발전위원회와 진실화해위원회 재조사로 이어졌다. 안기부 수사와 그 뒤에 이루어진 재조사에 대한 평가는 개인에 따라 다를 수 있겠다. 나의 고민은, 이렇게 논란이 많은 사건이 어떻게 지금껏 영화로 만들어지지 않았을까라는 점이다.

'진실 개념'에 대한 사회적 물음

물론, 김현희–KAL858기 사건은 영화로 만들어진 적이 있다. 신상옥 감독이 만든 〈마유미〉다. 그런데 이 영화는 제작 및 개봉시기 등을 고려했을 때, 수사결과의 정당성을 확보하고 반북–안보의식을 높이는 데 목적이

---

4) 〈통일뉴스〉, 2011년 4월 23일.

있었다고 생각된다(김현희는 1990년 4월 사면되었고, 영화는 같은 해 6월 개봉된다). 따라서 사건에 대한 치열한 문제의식과 고민이 깃든 영화는 아직 만들어지지 않았다고 하겠다(공중파 방송사가 제작한 또는 방송사를 통해 소개된 다큐멘터리가 있지만 이는 좀 다른 경우다).

개인적으로 아쉽다. 내 자신이 사건으로 논문을 준비하고 있어서가 아니다. KAL858기 사건은, (누구 말이 맞느냐를 떠나) '진실'이라는 '개념'에 대해 중요한 사회적 물음을 던진다. 예를 들어, 진실은 과연 어떻게 알 수 있는가. 그것은 '실체'로서 밝혀질 수 있는 그 무엇인가. 여러 가지 진실들이 '경합'하고 있는 상황에서, 어떤 과정을 통해 하나의 진실이 지배적 지위를 차지하는가. 아니, 진실이라는 것이 처음부터 있기는 했는가. 누가 그 진실을 '확정'하는가.

'눈을 뜬 채로' 세상을 뜬 가족

진실은 어떤 면에서 '상처'의 문제라고 생각한다. 어떤 사건이든 (구체적 경우와 정도는 다르겠지만) 사건으로 고통받는 이들이 존재한다. 정보가 부족하고, 제시되는 증거가 또 다른 의문의 증거가 되고, 그렇게 확정되기 힘든 무엇들이 공방하는 상황에서는 더욱 그러하다. 그 생채기는 죽음을 앞둔 이의 눈마저 감지 못하게 한다. 실제로, KAL858기 사건의 재조사를 요구해왔던 어느 가족은 2006년 '눈을 뜬 채로' 운명을 달리했다. 사람들이 눈을 감기려 했지만, 계속 안 감겼다 한다. 숨을 거두기 직전, 그분은 무슨 생각을 하셨을까.

어쩌면 진실 문제는 삶과 죽음의 경계를 무너뜨리는, 또는 그 경계를 이어주는 그 무엇일 수 있다. 그렇다면 이 사건은 115명의 실종자 및 가족들만의 사건이라 할 수 없다. KAL858기 사건은 '경합하는 진실'에 대해 어떻게 사유할 것이며, 누군가의 고통에 사회적 공명이 가능한가를 묻는 '나-너-우리-그들'의 문제다. 이 사건이 영화로 만들어져야 할 이유다.

4

수색과 조사 다시 해야

KAL858기 수색, 과거에서 온 무전[1)](

"만약에 과거에서 무전이 온다면 어떨 것 같아요?" 드라마 〈시그널〉에 나오는 대사다. 드라마였기에 가능했겠지만, 나는 무전이 정말 올 수 있다고 생각한다. 물론 다른 형태로 말이다. 1987년 KAL858기 사건. 비행기와 함께 115명이 사라졌지만, 비행기록장치나 제대로 된 잔해 또는 유해가 발견되지 않았다. 하지만 '폭파범' 김현희 씨 자백을 바탕으로, 사건은 북쪽 테러로 결론 났다. 30년이 넘게 지난 작년, 과거에서 무전이 왔다. 버마(미얀마) 바다에서 KAL858기 잔해로 추정되는 비행기 파편들이 발견되었다. 더 정확히 말하면, 이 물체들은 1996년 버마 어부가 찾았는데 그동안 거의 방치되어 있었다. 아울러 물체들의 일부는 고물상에 팔려나갔다고 한다. 그러다 실종자 가족회 정보를 바탕으로 2018년 JTBC 〈이규연의 스포트라이트〉가 이를 확인했다.

실종자 가족회는 이 잔해가 KAL858기 것인지 정부가 검증하고, 나아가 지금이라도 수색을 다시 해야 한다고 요구했다. 국무총리실 민정실장에 따르면, "정부는 유해와 유품을 발굴해달라는 유족들의 요구에 눈 감고 있으면 안 된다는 입장이다"(〈오마이뉴스〉, 2019년 2월 20일). 나는 이 소식을 듣고 놀랐다. 왜냐하면 이제까지 가족들을 대해왔던 정부 태도와 굉장히 달랐기 때

---

1) 〈오마이뉴스〉, 2019년 3월 5일.

문이다. 언젠가 실종자 가족분이 내게 말했다. 그동안 가족들은 "벌레만도 못한 취급"을 당해왔다고. 그래서일까. 그 절박한 목소리를 모른 체해서는 안 된다는 정부 말이 낯설게 들린다. 너무 당연한 말이, 너무 늦게 나왔기에…

한국 정부 또는 국가기관이 가족들 요구를 무시했던 것만은 아니다. 2005년 국정원 발전위원회는 사건의 재조사를 결정했다. 위원회 나름대로 노력했지만 중요한 의혹들에 대해 "추정" 수준에서 판단한 부분이 적지 않고, 무엇보다 김현희 씨를 조사하지 못한 상태에서 기존 수사결과가 맞다고 했다. 가족들은 진실화해위원회가 세워졌을 때 진정서를 냈고, 2007년 조사가 새로 이루어졌다. 그런데 진실화해위원회는 처음 의지와는 달리, 점점 국정원 위원회를 따라가는 수준에서 조사했고 가족들은 재조사 신청을 취하했다. 국정원 발전위원회와 진실화해위원회를 무작정 탓할 수는 없다. 두 위원회 모두 조사권한 등에서 한계가 있었기 때문이다.

그렇더라도 두 번의 재조사에 문제가 있었다는 것, 가족들이 멸시를 당해왔다는 점은 바뀌지 않는다. 한편 2016년, 나는 국가기록원에서 진실화해위원회 조사 기록을 '비공개 기록물 제한적 열람' 절차를 거쳐 볼 수 있었다. 1987년 12월 5일 외무부 문서에 따르면, 당시 전두환 정부는 수색이 시작된 지 겨우 닷새 만에 철수 계획을 세우고 실종자들 사망을 공식화하려 했다. 결국 수색단은 성과 없이 열흘 만에 철수한다. KAL858기 사건은 김현희 씨가 진실을 말했느냐 안 했느냐의 문제를 떠나, 사건 조사의 기본 원칙에 관한 문제일 수 있다. 문재인 정부의 국무총리실이 최근에 한 말은 이런 맥락에서 볼 필요가 있다. 수색이 꼭 이루어졌으면 하는 바람이다. 과거에서 온 무전, 결과에 상관없이 우리는 최선을 다해 응답해야 하지 않을까?

KAL858 재수색, 최정호 장관 후보의 약속[2)]

- 지금이라도 수색 제대로 해야 -

"너는 도대체 어느 나라 사람이니?" 이른바 한국 '외환위기'를 다룬, 김혜수 연기가 돋보이는 영화 〈국가부도의 날〉에 나오는 말이다. 아무런 예고 없이 엄청난 피해를 입게 될 서민들 입장에서 협상을 유리하게 하려는 이. 노동조합을 경멸하며 미국을 비롯한 외국 자본 및 상류층 입장을 대변하려는 관료. 영화 속 김혜수가 오죽 답답했으면 당신은 어느 나라 관리냐고 따졌을까.

KAL858 수색단, "도대체 어느 나라 사람이니?"

그 답답한 마음을 나도 갖고 있다. 연구자로서 KAL858기 사건을 고민해오면서다. 비행기가 115명과 함께 사라졌다. 탑승객 대부분은 중동에서 노동을 하고 돌아오던 서민들이다. 비행기가 사라지면 어떻게 해야 할까? 마지막 교신이 있었던 곳을 중심으로 빨리 수색에 나서야 한다. 실종자들은 물론, 비행기록장치(블랙박스)를 비롯한 각종 잔해를 하나라도 찾아내야 한다. 이것이 기본이다. 그런데 전두환 정부는 실종지점 파악부터 제대로 하지 않았다. 게다가 수색 시작 닷새 만에 철수 계획을 세우고 실종자들 사망을 공식화하려 했다(DA0799668, 155쪽). 수색단에 묻고 싶다. "너는 도대체 어느 나라 사람이니?"

2016년, 나는 사건의 재조사를 시도했던 진실화해위원회 기록을 정보공개 청구로 열람했다. 이 기록에는 위에서 언급한 부분 외에도 문제될 부분이 많다. 예를 들어, 수색단이 블랙박스 탐지기를 갖추지 않은 채

---

2) 〈오마이뉴스〉, 2019년 3월 26일.

수색에 나선 점이다. 탐지기 사용 관련해 두 가지 가능성이 있었는데, 하나는 경기도 반월의 해양연구소에 '사이드 스캔 소나'라는 장비가 있었다(DA0799672, 12쪽). 그리고 미국 시애틀에 있는 회사의 장비를 쓸 수도 있었다. 그런데 정부는 이를 알고도 사용하지 않았다. 수색단에 묻는다. "너는 도대체 어느 나라 사람이니?"

최근 국토교통부가 KAL858기 가족회에 보내온 문서를 봐도 답답하다. 교통부의 '항공·철도사고 조사위원회'는 KAL858기 사건의 재조사를 바라는 가족회에게 다음과 같이 말했다. "관련 법(테러방지법 등)에 항공분야를 포함한 테러사고의 조사 주관기관은 국가정보원(과거 안전기획부)이며…"(YTN, 2019년 3월 24일). 여기에는 물증 없이 사건을 북의 테러로 규정했던 전두환 정부의 인식이 담겨 있다. 비행기가 실종되면 '모든 가능성'을 열어 두고 철저히 수색과 조사에 나서야 한다. 그런데 그렇게 하지 않았다.

그러면 정부는 무엇을 했나? 실종자 가족들 '몰래' 115명 사망처리를 일괄적으로 했다. 실종자 가족들은 무시하면서 "대책 시행시 미국과 긴밀 협의"를 했다(DA0799670, 19쪽). 당시 대통령으로 (증거 없이) 사건을 테러로 규정한 전두환 씨에게 묻는다. "너는 도대체 어느 나라 사람이니?"

국토교통부 장관 후보의 약속

최정호 국토교통부 장관 후보가 국회 청문회에서 KAL858기 재수색에 대한 입장을 밝혔다. 정동영 민주평화당 대표의 물음에 다음과 같이 답했다. "국가가 국민의 눈물을 닦아줘야 된다는 말씀, 전적으로 공감하고요… [재수색에 대해] 네, 그렇게 하겠습니다"(오마이TV, 2019년 3월 25일).

이 사건에는 수색을 포함해 여러 의혹들이 지금도 존재한다. KAL858기 사건은 기존 수사결과대로 북의 테러일 수도 있다. 하지만 이 논란을 떠나 중요한 것은 당시 정부가 '기본'에 충실하지 않았고, 그래서 지금이라도 그 숙제를 해야 한다는 점이다. 최정호 후보가 약속을 꼭 지켜주었으면 한다. 모쪼록 이런 물음을 받게 되지 않길 빈다. "너는 도대체 어느 나라 사람이니?"

KAL858, 더 늦기 전 정부 재수색 나서야[3]
- 방송사의 동체 추정 물체 발견 -

가족의 갑작스러운 죽음. 이를 어떻게 받아들여야 할지를 두고 구성원들 사이에 갈등이 있다. 아버지는 그가 가족들 곁에 있기를 바랐을 것이라며 집 앞에 무덤을 만든다. 하지만 죽은 이가 남긴 일기장은 반대되는 이야기를 한다. 또 다른 구성원은 그의 바람을 존중하기로 한다. 그리고 집 앞 무덤에서 화장된 유골을 파내어 그가 머물렀던 해외로 간다. 한줌의 재는 그렇게 다시 뿌려진다. 덴마크 드라마 〈주님의 길들(Herrens Veje)〉에 나오는 대목이다.

이 장면은 죽음에 대한 해석이 누군가에 의해 독점될 수 있는지, 그리고 죽은 이의 목소리는 어떻게 대변될 수 있는지 중요한 물음을 던진다. 그런데 어떤 경우 이 드라마가 부럽게(?) 느껴질 수 있다. 적어도 드라마에서는 죽음이 '확정'되었고, 유해가 있다. 그런데 실종사건들은 어떨까. 죽었다는 것이 확인되지 않은 사건들. 말만 무성할 뿐 유해가 발견되지 않은 사건들. KAL858기 사건이 대표적 사례 가운데 하나 아닐까?

KAL858기 '실종'사건

2020년 1월, 그 과정에 논란이 있긴 했지만 대구MBC가 KAL858기 동체로 추정되는 물체를 발견했다. 안다만 해역 수심 50미터 지점에 있는 물

---

3) 〈오마이뉴스〉, 2020년 2월 5일.

체들을 영상에 담아왔다. 내가 알기로 사건 직후부터 수많은 '진상규명' 노력이 있었는데, 이번 일은 가장 극적인 순간 가운데 하나라고 생각한다. 그런데 어떤 분들은 의아해할 수도 있다. '아니, 이미 끝난 사건인데 왜 또 시끄럽게 만드는가?' '노무현 정부 때 재조사를 하고, 그래서 수사결과가 맞다고 결론나지 않았는가?'

첫째, 이 사건은 '기본'이 안 돼 있기 때문에 계속 논란이 될 수밖에 없다. 기본 가운데 가장 기본이라 할 수 있는 수색이 그렇다. 정보공개 청구로 열람한 진실화해위원회 자료에 따르면, 전두환 정부는 수색 시작 닷새 만에 철수계획을 세우고, (아무것도 발견하지 않은 상태에서) 열흘 만에 수색단을 철수시켰다. 공교롭게도 그 뒤에 구명뗏목과 기체 잔해로 보이는 물체가 나왔는데, 잔해라고 알려졌던 물체는 감정 결과 폭파흔적이 없다고 나오자 폐기된다.

둘째, 그렇게 기본을 무시했던 잘못을 바로잡고자 2005년 국정원 발전위원회가 재조사를 시도했다. 위원회는 수색을 하여 동체로 추정되는 물체를 발견했다 했지만, 바위와 산호로 밝혀졌다. 수색 관련해 실종자 가족들 참여를 약속했지만 이를 어기고 진행한 상태에서 나온 결과였다. 그리고 또 다른 기본이라 할 수 있는 '폭파범' 김현희 조사도 이뤄지지 못했다. 그러면서도 위원회는 "사건의 실체와 관련해 더 이상의 불필요한 논란이 지속되지 않도록 근거 없는 의혹 제기"가 중단되어야 한다고 했다(『과거와 대화 미래의 성찰 (III)』, 560쪽).

기본을 지키지 않았던 역대 정부

처음부터 기본을 챙기지 않았던 전두환 정부. 그리고 뒤늦게 기본에 충실하려 했던 노무현 정부(국정원 위원회와 별도로 진실화해위원회가 재조사를 시도했지만 여러 가지 한계에 부딪혀 중단됨). 아쉽게도 KAL858기 사건 관련해 지금까지 기본이 세워지지 않았다. 그랬기에 가족들이 나설 수밖에 없었고, 그 과정에서 논란이 있긴 했지만 방송사도 나섰다. 참고로, 2018년 11월 또 다른 방송사인 JTBC가 기체 잔해로 추정되는 물체를 가져온 적이 있다. 버마 어부가 건져 올린 것을 들여왔는데, KAL기 것이 아니라고 밝혀진 걸로 안다. 결과가 좋지 않았지만 가족들의 답답함을 풀어주려는 노력의 하나였다고 생각한다.

그리고 지금, 기체 잔해일 가능성이 높은 것으로 보이는 물체들이 발견됐다. 특히 꼬리 부분이 있다는 점이 주목된다. 흔히 '블랙박스'로 알려진, 비행자료기록장치(FDR)와 조종실음성기록장치(CVR)가 이 부분에 있기 때문이다. 물론 검증이 필요하다. 문제는, 검증을 위해서는 물체들을 건져 올려야 하는 등 여러 과정을 거쳐야 하는데 여기에는 정부 역할이 필요하다. 그런데 정부로서는 부담이 있을 수 있다. 사건 자체가 논쟁적이기도 하지만, 특히 총선을 앞두고 있다는 점에서 그럴 수 있으리라 짐작된다. 그래서일까. 정치권의 '이상한 무관심'이 의문이다. 정동영 대표를 중심으로 수색을 요구한 민주평화당을 빼고 별다른 반응이 없다. 그렇지만 이번 발견은 그냥 넘어가기에는 참으로 중대한 사안이라 하겠다.

너무 늦었지만, 더 늦기 전에 정부가 나서야

KAL858기 사건이 일어난 지 올해로 33년. 기본을 지키지 않았던 역대 정부의 잘못을 되풀이 하지 않기 위해, 그리고 실종자 가족들의 한을 조금이라도 풀어주는 차원에서 문재인 정부가 움직여야 한다. 현 정부는 이미 전향적 자세를 보이기도 했다. 2019년 국무총리실을 중심으로 가족회 및 관계자와 협의가 있었고, 낙마하기는 했지만 최정호 국토교통부 장관 후보가 청문회에서 수색을 약속하기도 했다. 그리고 2020년, 새로운 계기가 마련됐다. '기본'을 지키기 위해 최선을 다하는 정부를 바란다. 가족들 의견을 바탕으로 정부가 수색에 빨리 나서야 한다. 너무 늦었지만, 더 늦기 전에…

KAL858, 왜 미제사건인가?[4]

- 방송사가 발견한 잔해 추정 물체들 -

"미제사건은 누군가 포기하기 때문에 만들어지는 겁니다." 개인적으로 한국 범죄수사물의 새로운 장을 열었다고 생각하는 드라마 〈시그널〉에 나오는 말. 모든 이들이 동의하지는 않겠지만, 1987년 KAL858기 사건이 대표적 미제사건 가운데 하나 아닐까.

북쪽의 항공기 폭탄테러로 발표된 사건. 하지만 정부는 수색 시작 닷새 만에 철수 계획을 세우고 열흘 만에 수색을 '포기'한다. 그 뒤로도 정부는 많은 것을 포기했다. 잔해가 뒤늦게 수거되었지만 감식 결과 폭파 흔적이 없자 증거물을 '포기'한다(폐기처분). 용의자인 김현희 진술에 허점이 있었지만 당국자들은 추궁하기를 '포기'한다(형식적 재판 뒤 사면). 수사결과에 문제가 있으면 지적했어야 할 언론도 자신의 역할을 '포기'한다(정부 말 받아쓰기). 이러한 '포기'들이 의도적이었든 아니었든, KAL기 사건을 미제사건으로 만들었다고 생각한다. 115명의 탑승객과 승무원은 그렇게 버려졌다.

정부가 '이상한 방식으로' 포기했던 사건

그렇게 누군가 포기했지만, 또 다른 누군가는 포기하지 않았다. 실종자 가족들이다. 여기에 얼마 전부터 한 언론도 나섰다. 대구MBC는 5월 1일과 8일 보도특집으로 두 편의 "KAL858기 실종사건" 방송을 내보냈다. 이전에도 MBC 〈PD수첩〉(2003), SBS 〈그것이 알고 싶다〉(2003), 〈KBS 스페셜〉(2004), JTBC 〈이규연의 스포트라이트〉(2018) 등이 관련 방송을 만든 적이 있다. 참고로 외국에서는 드물게 싱가포르 CNA가 올해 1월 수사결과와

---

4) 〈오마이뉴스〉, 2020년 5월 11일.

진상규명 가운데 진상규명 쪽에 좀 더 무게를 실은 방송을 내보냈다. 또한 일본의 TV아사히도 2004년 3월 사건과 관련된 의혹을 다룬 바 있다. 그런데 이번 경우는 방송사가 잔해 추정 물체를 직접 촬영해왔다는 점에서 특별하다. 대구MBC는 1월에 핵심 내용을 보도했는데, 이 사안을 비롯해 2월에 실시한 추가 수색 등 그동안의 활동을 정리해 방송을 만들었다.

1월에는 비행기 엔진으로 추정되는 물체가 왼쪽 날개에 붙어 있는 상태로 포착되었는데, 2월에는 또 하나의 엔진으로 보이는 물체가 날개에서 떨어진 채 발견되었다(KAL858기는 보잉 707 기종으로 양쪽 날개에 2개씩, 모두 4개의 엔진(Pratt & Whitney JT3D-3B 제품)을 달고 있었다. 물체가 KAL기 것이라면, 왼쪽 날개 엔진의 고유번호는 P644017 또는 P644022이어야 한다). 더불어 비행기 내부 구조물로 추정되는 물체들도 카메라에 잡혔다. 어디까지나 잔해로 '추정'되는 상황이지만, 중대한 발견이라 하겠다.

그리고 대구MBC는 "지금까지 알려진 것과 다른 충격적인 증언"을 소개한다. 당시 안기부(현 국정원)가 김현희 행적을 미리 알고 있었다는 것이다. 이와 관련 나는 정보공개 청구로 진실화해위원회 기록을 보고 2016년 글을 썼는데, 취재 내용은 큰 틀에서 이를 확인해준다(또한 이 "첩보"에 관한 짧은 진술이 국정원 재조사보고서 239쪽에 나오기도 했다). 아울러 방송은 비행기 실종 전날 KAL기 부기장과 저녁식사를 하며 사건과 관련된 듯한 대화를 나눴던 인물에 대해 말한다. 이는 실종자 가족회가 행정소송으로 얻어낸 자료를 바탕으로 2007년 〈통일뉴스〉가 보도한 것이다. 방송은 해당 인물이 부기장 가족에게 침묵을 강요했다는 점과 그 해명을 포함시켰다.

추정 잔해, 인양과 검증 이어져야

한편 중요한 기록으로 남게 될 이번 수색은 KAL858기 가족회의 복잡한 사정 속에 이뤄진 것으로 안다. 개인적으로 매우 안타깝고 가슴 아픈 부분이다. 이를 떠나 KAL기 것일 가능성이 높은 물체들이 발견되었기에 건져 올리는 일이 뒤따라야 하지 않을까. (속도가 늦어질 수 있겠지만) 설훈 더불어민주당 의원이 말했듯 "국회에서 조사위원회를 구성"할 수 있겠다. 아니면 국토교통부가 나서거나, 다른 형태의 기구 또는 인원이 꾸려질 수도 있다. KAL858기 추정 잔해가 공인될 수 있는 방식으로 빨리 검증되었으면 하는 바람이다.

실종자 가족의 눈물과 방송사의 땀방울이 복잡한 과정을 거쳐 오늘에 이르렀다. 억눌린 아픔과 우여곡절 속에 만들어진, 가슴 아린 기회다.

KAL858, 정부 현지 조사를 지지하며[5)]

- 수색과 재조사는 정당하다 -

올해 초 굽잇길을 거쳐 KAL858기 동체 추정 물체가 발견됐다. 실종자 가족들과 지인들이 복잡한 사정 속에 몇 번에 걸쳐 추진했던 작업. 이 노력이 어느 방송사의 시도로 이어졌다. 1987년 11월 29일 비행기가 수많은 이들과 사라졌다. 12월 16일 대통령선거를 앞두고 안기부(현 국정원)와 전두환 정부는 사건을 노태우 후보의 "대선사업 환경을 유리하게 조성"하는 데 집중했다. 그래서였는지 정부는 사건을 북의 테러로 재빨리 규정했다. 수색 시작 닷새 만에 철수 계획부터 세웠다. 그 정부를 대신해 민간인들이 30년이 훌쩍 지나 버마(미얀마) 인근 바다에서 물체들을 촬영했다.

전두환 정부가 하지 않은 일, 민간인과 문재인 정부가 나서

수심 약 50미터에서 발견된 물체들은 비행기 왼쪽 날개에 붙어 있는 엔

---

5) 〈오마이뉴스〉, 2020년 5월 28일.

진, 꼬리 날개 부분 등이다. 여러 정황상 KAL858기 것일 가능성이 있어 보인다. 결과적으로 북의 테러일 수도 있지만, 제대로 된 잔해와 물증 없이 수사결과를 믿으라 했던 전두환 정부. 이와 달리 문재인 정부는 현지 조사를 위해 버마와 협의 중이라 한다. 설훈 민주당 의원도 수색을 계속 촉구했고, 사건 자체에 대한 재조사도 필요하다고 했다. 그런데 반대의 목소리가 심상치 않다.

"조만간 임진왜란도 재조사하자고 할 판"(미래통합당 논평, 5월 25일), "또 과거 뒤집기"(〈조선일보〉, 5월 27일), "과거사 뒤집기로 분열 조장하나"(〈동아일보〉, 5월 27일), "과거사 집착하는 집권여당"(〈중앙일보〉, 5월 27일), "여권이 추진 중인 '퇴행 정치' 목록"(〈세계일보〉, 5월 27일). 이런 반응들은 공교롭게도 민주당이 제기하고 있는 몇 가지 '과거사' 논란과 섞여 나오고 있다. 그래서 정부의 '수색'을 반대하는 것인지, 사건 자체에 대한 '재조사'를 반대하는 것인지 애매한 점이 있다. 이들 대부분의 핵심 논리는, 노무현 정부의 국정원 발전위원회와 진실화해위원회가 사건을 재조사해 북의 테러로 결론 내렸다는 것이다. 그렇지 않다.

재조사 반대 입장의 문제점

국정원 발전위원회 부분은 맞지만 진실화해위원회 부분은 틀리다. 진실화해위원회는 KAL858기 사건에 대해 2007년 재조사를 시작했지만 실종자 가족들이 신청을 취하해 2009년 조사가 중단된다. 결론이 없었다. 따라서 진실화해위원회도 북의 테러가 맞다고 했다는 말은 틀렸다. 나아가 위원회는 국정원 발전위원회 조사를 강하게 비판했다. 나는 2016년 정보공개 청구로 진실화해위원회 기록을 열람했다.

> "발전위 중간발표문 분석 결과 핵심 쟁점에 대한 의혹이 여전히 풀리지 않고 있으며 … 몇 안되는 진술인들의 진술을 전적으로 신뢰하고 있으며, 특히 안기부 관련자의 경우에는 그 정도가 지나칠 정도이고, 안기부 생산자료를 아무 의심없이 증거로 채택하였고 … 주요 쟁점에 대한 사실관계 판단을 입증자료 없이 추

정 판단한 경우가 여럿 있는 것으로 판단됨"(DA0799644, 105쪽).

국정원 발전위원회는 중간 조사결과를 2006년에 발표하고 여기에서 크게 벗어나지 않는 최종 결과를 2007년 공개했다. 진실화해위원회가 이 조사를 문제 삼은 것인데, 아쉽게도 그 자신이 철저한 조사를 하기에는 권한 부족 등 한계가 많았다. 아울러 국정원은 진실화해위원회 조사에 개입하려 했다. 예컨대 국정원은 위원회가 김현희 면담을 추진할 때 세부사항을 협의해주라고 요청했고, 담당 조사관은 그것이 "효율적"이라며 조사의 독립성을 스스로 훼손하려 했다(DA0799649, 8쪽). 이런 과정 등을 보면 가족들이 재조사 신청을 왜 취소했는지 이해된다.

그렇다면 국정원 발전위원회 조사는 어땠을까? 나는 앞서 말한 진실화해위원회 지적에 동의한다. 곧, 국정원 조사와 그 결과는 구조적 한계 등의 문제로 부족한 점을 많이 드러냈다(박강성주, 『KAL858, 진실에 대한 예의』, 212-229쪽). 물론 위원회는 나름대로 노력했고 성과도 냈다. 하지만 '폭파범' 김현희를 조사하지 못했다는 치명적 결함을 보였다. 그럼에도 위원회는 KAL858기 사건이 "북한 공작원에 의해 벌어진 사건임을 확인"했다고 밝힌다(『과거와 대화 미래의 성찰 (III)』, 560쪽). 무리한 결론이다.

당시 조사를 맡아 최선을 다했던 민간위원도 한계를 인정했다. "정작 사건의 주범인 김현희에 대한 면담 조사가 무산됨으로써 조사 결과에 대한 대국민 신뢰도에 상당한 영향을 끼치고 말았다"(이창호, 「국가정보원 진실위원회 활동에 대한 평가」, 9쪽). 결국 KAL기 재조사를 반대하는 입장에는 문제가 있다. 첫째 국정원 발전위원회의 문제적 결론을 맥락 없이 받아들이기 때문이고, 둘째 진실화해위원회 조사 활동을 잘못 알고 있기 때문이다. 덧붙여서 정부는 기체 추정 물체에 대한 현지 '수색'을 말하고 있지, 전면적인 '재조사'를 얘기하고 있지 않다. 수색은 항공 사고 및 사건에서 기본 중의 기본이라 하겠다.

현지 조사가 중요한 이유

한편 조심스러운 이야기지만, 동체 '추정' 물체가 KAL858기 것이 아닐 수도 있다. 이는 부분적으로 최종교신 지점 문제와 연결된다고 알고 있다 (Tolis-Urdis-Tavoy 순서). 이번에 발견된 물체는 당시 교신 지점을 기준으로, 버마 쪽 바다에 있는 Urdis와 땅에 있는 Tavoy(현 Dawei) 사이에 있다. 이는 공식 수사발표 등에 바탕을 둔 것이고, 이에 따르면 최종교신 지점은 Urdis이다. 그런데 최종교신 지점이 인도와 버마가 같이 관할했던 곳으로 Urdis에 앞선, Tolis였다는 진술과 정황도 있다(서현우, 『KAL858기 폭파사건 종합 분석 보고서』, 180-184쪽). 이에 따르면 이번 수색 지점은 KAL858기 실종 추정지와 꽤 떨어져 있고, 따라서 물체들은 KAL기 것이 아닐 수 있다.

해석의 차이가 있겠지만, 바꿔 말하면 물체를 검증하는 일이 그만큼 중요하다는 뜻이다. KAL858기는 수직 꼬리 날개 밑, 가운데, 윗부분에 각각 비행기 고유번호(HL7406), 대형 태극 문양, 소형 태극기 표식을 달았다고 아는데, 식별이 가능했으면 한다. 왼쪽 날개에 부착된 엔진의 경우 1번이라면 P644017, 2번이라면 P644022 등록번호가 있을 것이다(비행기 엔진은 보통 맨 왼쪽 것부터 번호를 매긴다). 아울러 꼬리 아래 근처에 있었을 비행자료기록장치와 조종실음성기록장치, 곧 블랙박스를 찾아낼 수 있다면 더없이 좋겠다. 이러한 과정 등을 거쳐 물체들이 KAL기 것으로 '확인'되면, 가장 먼저 뒤따라야 할 조치들 가운데 하나가 (매우 민감한 사안이라 할 수 있는) 실종자들 몸과 물품 수습이라 생각한다.

국제규범에 따른 재조사 가능성

그리고 물체들이 KAL기 동체로 확인되면, 국제민간항공 협약에 따라 재조사가 진행될 수 있겠다. 김성전 항공전문가도 지적했지만, 협약 부속서 13의 5장 13항은 조사가 끝난 사건에 대한 "새롭고 중대한 증거(new and significant evidence)"와 재조사 문제를 규정한다. 당시 항공기구에 보고서를 냈던 버마가 재조사를 하게 되는데, 한국이 버마의 동의를 얻어 대신할 수도 있다. 이 재조사는, 내가 잘못 이해하고 있을 수도 있지만, 한국 정당과 언론의 반대와 상관없이 진행될 수 있다. 원칙적으로 국제규범에 따른 것이기 때문이다.

끝으로 설훈 민주당 의원 발언에 짧게 덧붙이고자 한다. 설 의원은 노무현 정부의 국정원 조사 관련해 국정원 안에서 재조사를 방해한 세력이 있었느냐는 질문에 이렇게 답했다. "반드시 있었다고 보고, 그리고 그것이 작용했다고 보죠"(MBC 〈김종배의 시선집중〉, 2020년 5월 25일). 그랬을 듯싶다. 국정원 위원회 활동을 중간에 그만뒀던 관계자에 따르면 "국정원 측이 드라이브[제동]를 거는 사건은 정해져 있었"고, 여기에는 KAL기 사건도 포함됐다(〈오마이뉴스〉, 2006년 11월 21일).

또한 국정원이 모든 직원을 대상으로 실시했던 설문조사는 많은 것을 말해준다. "선정이 부적절한 과거사 조사대상 사건" 1위는 KAL858기 사건으로, 50%를 차지했다. 2위 정수장학회 사건 19%와는 압도적 차이가 난다(흥미롭게도 "반드시 규명해야 할" 사건 1위도 KAL기 사건이었다(『과거와 대화 미래의 성찰: 국정원 「진실위」 보고서·총론 (I)』, 53-54쪽). 설 의원의 말대로 이 사건은 실종자 가족 입장에서 유품도 없고 유해도 없는, "너무나 아무런 내용이 없는" 사건일 수 있다. 지금이 그 내용을 채울 수 있는 순간이길, 간절히 빈다.

KAL858, 현지 조사 빨리 이뤄져야[6)]

- 문재인 정부의 지혜와 용기를 기대하며 -

"이 길의 끝에 뭐가 있을지 모른다. … 확실한 건 단 하나. … 포기하지 않으면 된다." 드라마 〈시그널〉의 마지막 장면에 나오는 말. 실종자를 둘러싼 의문과 이를 풀고자 하는 절실함. 결국 "포기하지 않는다면, 희망은 있다." 이 말이 내게 울림을 주는 이유는, 이런 일이 현실에서는 많지 않아서가 아닐까.

포기하지 않는다면…

"외교부는 국민의 바람이 있는 사안이라면, 적극 챙기겠다는 입장." KAL858기 추정 동체 조사에 대해 강경화 외교부 장관이 말했다(〈MBC 뉴스〉, 2020년 8월 25일). 국회 외교통일위원회 회의에서 나온 말이다. 조사 관련 질문을 한 안민석 민주당 의원과 답변을 한 강경화 장관 모두에게 박수를 보낸다. 이 '교과서' 같은 말이 KAL기 사건 관련해서는 많지 않았기 때문이다.

1987년 11월 29일 KAL858기가 버마 안다만 해역에서 실종된다. 비행기가 115명의 사람과 함께 사라졌다. 그런데 철저한 수색이 뒤따르지 않았다. 그럼에도 당시 안기부(현 국정원)는 김현희 씨 자백을 바탕으로 사건이 북의 테러라고 발표한다. 제대로 된 잔해는 물론, 시신 하나 없었다.

실종자 가족들의 '고통스러운' 노력

실종자 가족들은 특히 2000년대 들어 사건의 재조사를 강하게 요구해 왔다. 이전 가족회 집행부는 정부 발표를 받아들인 분들로 구성됐다. 하지만 재조사가 필요하다고 생각하는 분들이 새로운 집행부를 만든 뒤 흐름이

---

6) 〈오마이뉴스〉, 2020년 8월 27일.

바뀐다. 이 흐름을 이끌었던 이가 차옥정 전 회장이다. 내가 알기로 차옥정 회장은 사비를 들여서라도 동체 수색에 적극 나서려 했다. 하지만 복잡한 이유로 수색 작업이 이루어지지는 못했다. 그러다 건강 문제로 차 회장이 물러났고, 뒤를 이은 집행부도 노력을 계속한다. 민간 차원에서 추진한 수색은 아무래도 무리가 따랐다. 정부가 했어야 할 일을 민간이 '대신' 했던 데서 온 문제였다. 이는 '여러 가지 형태의' 고통과 부담으로 이어진다.

이런 과정에서 2020년 1월 23일 대구MBC가 KAL기로 추정되는 물체를 발견했다고 보도한다. 내가 알기로는 또 다른 방송사도 수색을 준비하고 있었는데, 아무튼 중대한 발견이 이루어졌다. 몇 달 뒤 문재인 대통령이 현지 조사 방안을 강구하라 했고, "미얀마[버마] 측은 조사 필요성에 공감하면서, '내부 협의를 거쳐 신속히 입장을 정하겠다'고" 답했다 한다(〈MBC 뉴스데스크〉, 2020년 5월 21일). 그러나 현재까지 조용하다. 발견 뒤 8개월이 지났지만 진전이 없다. 안민석 의원이 물음을 던진 배경이다.

추정 동체 발견 뒤 8개월, 빨리 확인해야

강경화 장관에 따르면 현지 "공관에서 미얀마 당국과 협의를 하는 가운데 코로나 사태가 터져, 진전이 안 되는 상황"이라고 한다. 미얀마가 감염병 사태에 대응하느라 여력이 없다는 뜻인 듯하다. 또는 한국에서 사람이 들어가는 데 제약이 따른다는 뜻일 수 있다. 아울러 내가 듣기로는 계절상 우기라는 점도 조사를 어렵게 하고 있다. 미얀마는 보통 5월부터 10월까지 (특히 6월에서 8월 사이) 비가 많이 온다고 알려진다.

어쩔 수 없는 면이 있지만, 발견 뒤 반년 넘게 지났고 따라서 특단의 조치가 있어야 한다고 생각한다. 왜냐하면 (지나친 걱정일 수 있지만) 발견이 공개적으로 알려진 이상 물체들이 '좋지 않은' 의도를 가진 이에 의해 훼손될 가능성 등이 있어서다. 더욱이 5월에 후속보도 형식으로 나온 방송에 따르면, 발견 장소에 부표가 설치되어 있는 상태다. 게다가 해당 지점 좌표도 화면에 나왔다. 그 해역은 접근이 비교적 제한된 곳이지만 물체들이 안전하게 있을지 누구도 장담 못 한다. 그러므로 최대한 빨리 검증이 이뤄져야 한다. 인양은 그 다음 사안으로, 무엇보다 먼저 KAL기 잔해인지 아닌지 '확인'하는 일이 시급하다.

한국에서 관계자가 들어가는 것이 어렵다면, 현지에 있는 이들을 투입하면 어떨까? 어느 실종자 가족분도 이런 의견을 정부에 전달한 것으로 아는데 검토할 가치가 있다고 본다.

문재인 정부, 지혜와 용기 발휘할 수 있길

KAL858기 사건은 그동안 많은 논란을 불러왔다. 이른바 '물증'이 거의 없기 때문이다. 사건 발생 33년, 재조사를 바라는 가족들은 위태롭게 버텨왔다. 가족들 요구에 귀 기울인 이들이 없었던 것은 아니다. 다양한 위치의 활동가 및 전문가들이 함께했다. 얼마 전인 7월 22일에는 '공공을 위한 과학기술인포럼'이 수사발표가 있었지만 "사고 원인에 대한 과학적 분석 및 근거 제시는 충분치 못하였"다며 수색과 재조사를 촉구하기도 했다. 드물지만 적극적으로 나선 정치인도 있었다(가장 최근에는 설훈 민주당 의원, 정동영 전 민주평화당 의원 등). 아울러 이 모든 과정을 어디선가 지켜보고 있을 수많은 시민분들이 계시리라 믿는다.

사건 당시 전두환 정부는 수색 시작 닷새 만에 철수 계획부터 세웠다. 이에 비하면 문재인 정부는 분명히 낫다. 그렇더라도 8개월 동안 추정 동체를 그대로 둔 것은 문제라고 생각한다. 감염병 사태라는 (전 세계적) 돌발상황 속에 정부의 고민이 깊으리라 헤아려진다. 지혜와 용기를 발휘할 수 있길 빌며, 응원의 마음을 보낸다.

상처받을 준비

저는 알고 있습니다.
상처받을 준비를 한다고 해서 덜 아프지 않다는 것을.
저는 알고 있습니다.
상처받을 준비를 한다고 해서 더 빨리 아물지 않다는 것을.

그래도 저는 준비합니다.
도망가지 않는 한, 잊어버리지 않는 한,
상처받을 수밖에 없는 구조이기에.

제가 무슨 말을 하든, 어떤 행동을 하든,
이 상황에서는,
누군가를 아프게 할 수 있고
또 저 역시 아파할 수 있습니다.

아무리 조심한다 한들,
어쩔 수 없습니다.
안타깝지만, 현실입니다.

KAL858기 사건에 대한 저의 관심은,
상처를 통해 깊어졌습니다.
(물론 실종자분들과 가족분들에 비할 바는 못 됩니다)

제 논문에서 사건 재조사가 필요하다고 하지 않았다면,
그래서 통일부가 공모전 입상을 취소하지 않았다면,
저는 여기까지 오지 않았을 것입니다.

혹시 앞으로 더, 상처받게 된다면
지금껏 그래왔듯,
영광으로 알겠습니다.
또한 성찰하겠습니다.

더 지쳐도, 더 아파도,
끌어안으려, 노력하겠습니다.
이 모든 것에 뜻이 있다고 믿기에.
이것이 저의 운명이라 생각하기에.

답변이 없어도,
의욕이 떨어져도,
미안하단 말을 듣지 못해도,
다 의미가 있을 거라 생각하겠습니다.

미워하지 않으려 합니다.
원망하지 않으려 합니다.

다만,
충실히 준비하고,
꾸준히 가겠습니다.
끝까지, 끝까지.

참고자료

【1차 자료】

검찰 수사기록.

안기부(현 국정원) 무지개 공작 문건.

외교부(전 외무부) 공개 문서.

진실화해위원회 재조사 기록.

미국 국무부 비밀문서.

미국 중앙정보국 비밀문서.

스웨덴 외무부 비밀문서.

영국 외무성 비밀문서.

호주 외무부 비밀문서.

【2차 자료】

1. 단행본 및 논문, 보고서 등

강유일, 『피아노 소나타 1987』, 민음사, 2005.

강준만, 『한국 현대사 산책: 1980년대편 3권』, 인물과사상사, 2003.

강진욱, 『1983 버마』, 박종철출판사, 2017.

강풀, 『무빙 2』, 위즈덤하우스, 2016.

고태우, 『북한사 100장면』, 가람기획, 1996.

_____, 『북한사 다이제스트100』, 가람기획, 2015.

구자숙·한준·김정현, 「남북 서신교류에 나타난 통합적 복합성」, 『한국심리학
　　　　회 연차 학술발표 논문집』 1호, 한국심리학회, 1999.

국정원 과거사건진실규명을통한발전위원회, "'KAL858기 폭파사건' 조사결
　　　과 중간 보고서", 2006. 8. 1.

국정원 과거사건진실규명을통한발전위원회 엮음, 『과거와 대화 미래의 성
　　　찰: 국정원 「진실위」 보고서·총론 (I)』, 국가정보원, 2007.

_____, 『과거와 대화 미래의 성찰: 주요 의혹사건편 下권 (III)』, 국가정보원,
　　　2007.

김강녕, 「노무현 정부의 외교정책의 방향과 과제」, 『통일전략』 3권 1호, 한국
　　　통일전략학회, 2003.

김당, 『시크릿파일 국정원』, 메디치, 2016.

김동민, 『노무현과 안티조선』, 시와사회, 2002.

김두현, 「제17대 대통령선거후보자 경호제도에 관한 연구」, 『한국경호경비
　　　학회지』 14호, 한국경호경비학회, 2007.

김대호, "臣에겐 아직 열두척의 배가 남아 있습니다: 천안함사건 조사 발표
　　　를 보고", 〈창비주간논평〉, 2010. 5. 26.

김명혁, 「북한교회 재건과 한국교회의 사명」, 『신학정론』 10권 2호, 합동신
　　　학대학원대학교, 1992.

김몽, 『음모이론 기초반』, 유페이퍼, 2012.

김용욱, 「항공 보안검색의 발전과정과 운영실태에 관한 연구」, 『경호경비연
　　　구』 7호, 한국경호경비학회, 2004.

김정형, 『20세기 이야기: 1980년대』, 답다, 2013.

김학만, 「KAL 858기 테러사건과 남북긴장관계 분석」, 『동북아연구』 26권 1
　　　호, 조선대 동북아연구소, 2011.

김현희, 『이제 여자가 되고 싶어요: 제1부 내 영혼의 눈물』, 고려원, 1991.

_____, 『이제 여자가 되고 싶어요: 제2부 꿈꾸는 허수아비』, 고려원, 1991.

_____, 『사랑을 느낄때면 눈물을 흘립니다』, 고려원, 1992.

_____, 『이은혜, 그리고 다구치 야에코』, 고려원, 1995.

김정대 외, 『KAL858: 전두환, 김현희 그들은 아무말도 하지 않았다』, 나이
테미디어, 2012.

노다 미네오 지음, 전형배 옮김, 『김현희의 파괴공작: 나는 검증한다』, 창해,
2004.

노성환, 「홍콩할매귀신과 일본의 요괴」, 『日語日文學』 87권, 대한일어일문학
회, 2020

미래통합당[황규환], "177석의 더불어민주당. 아예 역사책을 새로 쓸 심산
인가보다." 〈논평·성명〉, 2020. 5. 25.

박강성주, 「진실을 향한 비행, 대한항공 858기 사건」, 『기억과 전망』 13권,
민주화운동기념사업회, 2005.

_____, 「대한항공 858기 사건의 공론화 과정에 영향에 관한 연구: '분단권
력'의 관점」, 경남대학교 북한대학원 석사학위 논문, 2006.

_____, 『KAL858, 진실에 대한 예의: 김현희 사건과 '분단권력'』, 선인, 2007.

_____, 『슬픈 쌍둥이의 눈물: 김현희-KAL858기 사건과 국제관계학』, 한
울, 2015.

박기갑, 「민간항공기에 대한 무력사용과 항공안전: 2014년 7월 17일 말레
이시아 항공기 MH17편 격추 사건을 중심으로」, 『國際法學會論叢』
59권 3호, 대한국제법학회, 2014.

박동균, 「다중이용시설에 대한 지방자치단체의 테러대비 전략」, 『Korean
Association of Governmental Studies』 21권 3호, 한국정부학회,
2009.

박동균·안재석, 「한국의 사이버 테러 피해실태와 대비전략」, 『한국정부학회
학술발표논문집』, 한국정부학회, 2011.

박수길, 『박수길 대사가 들려주는 그동안 우리가 몰랐던 대한민국 외교 이야
기』, 비전코리아, 2014.

박정진, 「'지구'에서의 금강산에서 '특구'로의 금강산으로: 합리적 행위자 모

델과 조직 행위 모델의 충돌과 접점의 역사」, 『현대북한연구』 23권
　　　1호, 북한대학원대학교 심연북한연구소, 2020.

박철언, 『바른 역사를 위한 증언 1』, 랜덤하우스중앙, 2005.

박현진, 「국제테러의 억제와 집단적 책임관할권의 한계」, 『서울국제법연구』
　　　19권 1호, 서울국제법연구원, 2012.

백무현, 『만화 전두환 2: 인간에 대한 예의』, 시대의창, 2007.

서현우, 『배후 1·2』, 창해, 2003.

＿＿＿, 『KAL 858기 폭파사건 종합 분석 보고서』, 창해, 2010.

송세풍, 『잡놈들의 전성시대』, 인사동문화, 2012.

신동진, 『KAL858, 무너진 수사발표』, 창해, 2004.

신성국·김정대, 『전두환과 헤로데: KAL858 폭파사건 진상규명』, 목림,
　　　2013.

신성국 외, 『만들어진 테러범, 김현희』, 공감, 2017.

안동일, 『나는 김현희의 실체를 보았다』, 동아일보사, 2004.

오태곤, 「뉴테러리즘 시대 북한테러리즘에 관한 공법적 검토」, 『法學硏究』
　　　21권, 한국법학회, 2006.

여영무, 『국제 테러리즘 연구』, 한국해양전략연구소, 2006.

윤재걸, 『엽기공화국 自·畵·像』, 바보새, 2006.

이윤규, 「북한의 도발사례 분석」, 『軍史』 91호, 국방부 군사편찬연구소, 2014.

이창호, 「국가정보원 진실위원회 활동에 대한 평가」, 『민주법학』 37호, 민주
　　　주의법학연구회, 2008.

이헌경, 『미국의 대·반테러 세계 전략과 대북 전략』, 통일연구원, 2002.

이황, 『공항 르포르타주』, 북퀘스트, 2012.

임수환, 「제14대 대통령 선거와 북한 변수: 민주주의 발전의 관점에서」, 『정
　　　치정보연구』 10권 2호, 한국정치정보학회, 2007.

장근승, 「테러와 공항 보안대책」, 『항공진흥』 27권 1호, 한국항공협회, 2002.

장길수, 『북한사』, 효리원, 2002.

_____, 『한눈에 보는 교과서 한국사 만화: 북한사 하』, 효리원, 2006.

전두환, 『전두환 회고록 2: 청와대 시절 1980-1988』, 자작나무숲, 2017.

전현준, 『북한의 대남 정책 특징』, 통일연구원, 2002.

정지환, 『대한민국 다큐멘터리』, 인물과사상사, 2004.

정태환, 「김영삼 정권의 등장배경과 주요 정치 세력의 역학」, 『한국학연구』 22권, 고려대학교 한국학연구소, 2005.

조갑제, 『金賢姬의 전쟁: 좌파세상에 맞선 'KAL기 폭파범' 이야기』, 조갑제닷컴, 2009.

조갑제·정호승, 『金賢姬의 하느님: 主體의 神에서 해방되어 人間을 되찾기까지』, 고시계, 1990.

제성호, 「KAL858機 爆破事件의 國際法的 考察」, 『항공우주정책·법학회지』 2권 1호, 한국항공우주정책·법학회, 1990.

쥘리에트 모리요·도리앙 말로비크 지음, 조동신 옮김, 『100가지 질문으로 본 북한』, 세종서적, 2018.

차옥정 외, 『KAL858기 사건의 곡필을 고발한다』, 한양출판사, 2004.

최완식, 「항공테러리즘으로 인한 손해배상 책임: 항공산업의 발전과 관련하여」, 『항공산업연구』 16권, 세종대학교 항공산업연구소, 1987.

최진태, 「항공테러리즘의 발생현황과 전망」, 『항공산업연구』 33권, 항공산업연구소, 1995.

최형화, 「대한항공 858기 폭파사건 대응에서 한국외교의 다면성」, 서울대학교 대학원 석사학위 논문, 2020.

편집부 엮음, 『의혹 속의 KAL기 폭파사건』, 힘, 1988.

한국경제사회발전연구원 엮음, 『기록과 회고: 행시 10회 1971-2011 공직 40년』, 한국학술정보, 2012.

한국학술정보 엮음, 『대한항공(KAL) 858기 폭파사건: 외교문서 비밀해제

1-25」, 한국학술정보, 2019.

Choi, Jin-Tai, *Aviation Terrorism: Historical Survey, Perspectives and Responses*, St. Martin's Press, 1994.

Department of Civil Aviation, "Investigation Report", Burma, 1988. 2.

ICAO, "Aircraft Accident and Incident Investigation", The Convention on International Civil Aviation, 1987, 2003.

Kim, Chong-Youl, "Dental Identification of Terrorist Bombing of Korean Airline: A Case Report", *Korean Journal of Legal Medicine*, 24-2, 2000.

Kim, Hyun Hee, *The Tears of My Soul*, William Morrow & Company, 1993.

Kleiner, Daiana J., "Tracor", in Texas State Historical Association ed. *The Handbook of Texas Online*, 2013 (https://www.tshaonline.org/handbook/entries/tracor).

Kwak, Moo-Keun, "A Study on KAL 858 Bombing Case on Nov. 29, 1987 (Kim Hyon Hui Case)", *The Justice*, 25-2, 1992.

Lilley, James and Lilley, Jeffrey, *China Hands: Nine Decades of Adventure, Espionage, and Diplomacy in Asia*, PublicAffairs, 2004.

Oberdorfer, Don, *The Two Koreas: A Contemporary History*, Basic Books, 1997.

Richardson, Laurel, "Writing: A Method of Inquiry", in Norman K. Denzin and Yvonna S. Lincoln, eds. *The Handbook of Qualitative Research*, 2nd edn, Sage Publications, 2000.

Salwen, Michael B. and Lee, Jung-Sook, "News of terrorism: A comparison of the U.S. and South Korean press", *Terrorism*, 11-4, 1988.

Shin, David W., *Rationality in the North Korean Regime: Understanding Kim's Strategy of Provocation*, Lexington Books, 2018.

Shin, In-Cheol, "Emotional preparations for the unification of Korea: Through the embracement", forgiveness and love shown in the Gospel of Matthew", *HTS Theological Studies*, 76-3, 2020.

U.S. Government Printing Office, "The Bombing of Korean Airlines Flight KAL-858: Hearing and Markup", Committee on Foreign Affairs, 1989.

United States General Accounting Office, "Aircraft Maintenance", Report to Congressional Requesters, 31 October 1990.

UNSC, "S/PV. 2791", 16 February 1988.

_____, "S/PV. 2792", 17 February 1988.

2. 언론기사 및 영상물

뉴스Y 〈신율의 정정당당〉, 2014. 2. 25, 2014. 3. 17.

오마이TV, 2019. 3. 25.

채널A 〈시사병법〉, 2014. 11. 5.

CBS 라디오 〈김현정의 뉴스쇼〉, 2012. 3.30.

JTBC 〈이규연의 스포트라이트〉, "미얀마 현지 취재, KAL858 잔해를 찾아서", 2018. 11. 29.

KBS 〈보도본부 24시〉, 1991. 6. 15.

KBS 〈새 삶을 찾아서 – 김현희〉, 1990. 12. 28.

KBS 〈아기공룡 둘리〉, "[7화] 둘리의 분노", 1988. 5. 5.

KBS 〈아침마당〉, 1992. 10. 21.

KBS 〈열린채널〉, "우리는 알고 싶다 – KAL858기 가족들의 진상규명 호
　　　　소", 2004. 6. 11.

_____, "KAL858, 조작된 배후", 2004. 12. 3.

KBS 〈KBS 9시 뉴스〉, 1987. 11. 30.

KBS 〈KBS 스페셜〉, "KAL858의 미스터리: 1편 폭파, 진실은 무엇인가",
　　　　2004. 5. 22.

KBS 〈KBS 스페셜〉, "KAL858의 미스터리: 2편 김현희와 김승일 – 의문
　　　　의 행적", 2004. 5. 23.

MBC 〈이야기쇼! 만남〉, 1993. 12. 21.

MBC 〈제5공화국〉, "제40부 6.29 선언", 2005. 9. 10.

MBC 〈토요일! 토요일은 즐거워〉, "[유열: 마유미] 뉴스하일라이트쇼",
　　　　1988(수사발표 직후인 1월–2월, 또는 사건 1년이었던 11월로 추정).

MBC 〈MBC 뉴스〉, 2020. 8. 25.

MBC 〈MBC 뉴스데스크〉, 1987. 11. 30, 2020. 1. 23, 2020. 5. 21.

MBC 〈MBC 특별대담〉, "마유미의 삶, 김현희의 고백", 2013. 1. 15.

MBC 〈MBC와 만납시다〉, 1992. 4. 10.

MBC 〈PD수첩〉, "16년간의 의혹, KAL858기 폭파범 김현희의 진실",
　　　　2003. 11. 18.

MBC 라디오 〈김종배의 시선집중〉, 2020. 5. 25.

MBC 라디오 〈손석희의 시선집중〉, 2004. 7. 8.

대구MBC 〈대구MBC 뉴스데스크〉, 2019. 11. 27.

대구MBC 〈대구MBC 보도특집〉, "KAL858기 실종사건: 1부 판도라의 상자
　　　　를 열다", 2020. 5. 1.

대구MBC 〈대구MBC 보도특집〉, "KAL858기 실종사건: 2부 바다에 묻힌 진실", 2020. 5. 8.

SBS 〈그것이 알고 싶다〉, "16년간의 의혹과 진실, 김현희 KAL858기 폭파사건", 2003. 11. 29.

TV조선 〈북한, 사이드스토리〉, 2012. 9. 23-2013. 1. 13.

TV조선 〈시사토크 판〉, 2012. 6. 18-19, 2013. 6. 25.

TV조선 〈장성민의 시사탱크〉, 2013. 10. 4.

TV조선 〈탐사보도 세븐〉, "KAL 858 '묻혀진 30년'", 2017. 11. 29.

TV조선 〈강적들〉, "[24회] KAL기 폭파범 김현희", 2014. 4. 9.

_____, "[96회] 북한 도발의 역사", 2015. 9. 9.

YTN, 2019. 3. 24.

YTN 〈신율의 시사탕탕〉, "KAL기 폭파사건 27주기⋯김현희가 보는 '종북 논란'", 2014. 11. 28.

YTN 〈호준석 뉴스人〉, "'KAL 폭파' 28년⋯김현희의 눈물", 2015. 11. 27.

〈마유미〉, 신상옥, 1990.

〈모비딕〉, 박인제, 2011.

미국 CNN, 2018. 1. 22.

미국 NBC 〈Nightly News〉, 2018. 1. 24.

싱가포르 CNA 〈One Day That Changed Asia〉, "KAL 858: Flashpoint Korea", 2020. 1. 21.

영국 BBC, 〈BBC NEWS〉, 2013. 4. 22.

일본 후지TV 〈토요프리미엄 특별기획〉, "대한항공기 폭파사건으로부터 20년: 김현희를 체포한 남자들 ~ 봉인된 3일간", 2007. 12. 15.

일본 TV아사히, "추적 – 하치야 마유미(蜂谷真由美) 범행에 이르기까지의 전

　　　　과정을 점검재현", 1988. 4. 7.

일본 TV아사히, "김현희, 17년의 진실", 2004. 3. 23.

호주 ABC, 〈7.30〉, 2013. 4. 10.

〈경향신문〉, 1987. 11. 30, 1991. 11. 3.

〈경향신문〉 호외, 1987. 11. 30.

〈동아일보〉, 1987. 11. 30, 1988. 2. 19, 1993. 12. 25, 2004. 7. 10,
　　　　2020. 5. 27.

〈동아일보〉 호외2, 1987. 11. 30.

〈레이디 경향〉, 1988. 2. 23.

〈문화일보〉, 2012. 7. 19.

〈매일경제〉, 1987. 11. 30.

〈세계일보〉, 2020. 5. 27.

〈오마이뉴스〉, 2006. 11. 21, 2019. 2. 20.

〈우먼센스〉, 1990. 6.

〈월간 머니〉, 2011. 2. 11.

〈월간조선〉, 2009. 2, 2009. 6.

〈조선일보〉, 1987. 12. 1, 1987. 12. 16, 1988. 2. 18, 2012. 6. 26,
　　　　2020. 5. 27.

〈조선일보〉 호외, 1987. 11. 30.

〈주간조선〉, 2010. 11. 29.

〈중앙일보〉, 2020. 5. 27.

〈한겨레〉, 2012. 6. 26.

〈한겨레21〉, 2003. 11. 26.

〈서울신문〉, 1988. 2. 18.

〈시사IN〉, 2021. 1. 12.

〈연합뉴스〉, 2011. 6. 19, 2011. 8. 29, 2012. 7. 19.
〈한국일보〉, 1988. 2. 18.

미국 〈뉴욕타임스〉, 1992. 12. 3.
미국 〈워싱턴포스트〉, 2018. 2. 5.
일본 〈주간신조〉, 1987. 12. 17.

Hough, Bill, "Santa Barbara in the early 1980s", Airways Magazine,
        22 May 2016 (https://airwaysmag.com/magazine/santa-
        barbara-early-1980s).

3. 기타 영상물(사건과 직접 관련 없음)

〈127시간〉, 대니 보일, 2010.
〈26년〉, 조근현, 2012.
〈감기〉, 김성수, 2013.
〈공동경비구역 JSA〉, 박찬욱, 2000.
〈국가부도의 날〉, 최국희, 2018.
〈그린 존〉, 폴 그린그래스, 2010.
〈더 로드〉, 존 힐코트, 2009.
〈미스트〉, 프랭크 대러본트, 2007.
〈보이 에이(Boy A)〉, 존 크롤리, 2007.
〈블라인드〉, 안상훈, 2011.
〈살인의 추억〉, 봉준호, 2003.
〈안시성〉, 김광식, 2018.
〈천안함〉, 김도균, 2011.

〈킹콩을 들다〉, 박건용, 2009.

〈시그널〉, 한국, 2016.
〈아담과 에바〉, 네덜란드, 2011-2016.
〈주님의 길들(Herrens Veje)〉, 덴마크, 2017-2018.
〈포브뤼델슨〉, 덴마크, 2007-2012.
〈폴다크〉, 영국, 2015-2019.

4. 면접 및 대화

신규하, 2009. 8. 4.
유인자, 이을화, 차옥정(집단 면접), 2011. 7. 31.
임옥순, 2009. 7. 25.
주덕순, 2009. 8. 8.
차옥정, 2009. 7. 18.
익명(진실화해위원회 관계자), 2009. 8. 14.

Broinowski, Richard, Email, 27 April 2009.
Cumings, Bruce, Email, 4 September 2019.
Lilley, James, Email, 13 May 2009.
Lloyd's, Email, 2 December 2009.
Walkom, Thomas, Email, 31 July 2019.

부록

비밀문서 부분 세부 목차
비밀문서

제1부 | KAL858, 정보공개 청구 비밀문서

제2부 ㅣ KAL858, 그 밖의 비밀문서

3

Secret
NOFORN-NOCONTRACT-
ORCON

Terrorism Review

11 February 1988

Focus

North Korea: Responsibility for the Korean Airliner Bombing (U)

The North Korean Investigations Department (the overseas intelligence organ of the Korean Workers Party was probably behind the destruction of Korean Airlines (KAL) Flight 858 on 29 November 1987. Elements of the case carry trademarks of previous North Korean operations, and no evidence has surfaced so far to suggest that any other terrorist group participated in this attack. Kim Hyon-hui (hereafter referred to by her travel alias, Mayumi Hachiya) is North Korean and has ties to the Investigations Department.

Links to North Korean Intelligence
The perpetrators of the bombing are clearly linked to North Korean intelligence. Native-speaking US-Korean language experts who have spoken to Mayumi directly or have heard her voice agree unanimously that she is ethnically North Korean. In her confession to South Korean authorities and in interviews with US officials, Mayumi admitted she has been an Investigations Department agent since 1980. She said she and her accomplice Kim Sung-il (hereafter referred to by his travel alias, Shinichi Hachiya) began to train together as a "father-daughter" team in 1984.

APPROVED FOR RELEASE
11 14

Secret
11 February 1988

3 7 i 8

(1)

미국 국무부 비밀문서
제1부 3. 미국 국무부 비밀문서 발견

DEPARTMENT OF STATE

BRIEFING PAPER

UNCLASSIFIED

POINT PAPER: Downing of KAL Jet

OVERVIEW: Incontrovertible Facts Link North Korea to Disaster

-- The evidence is compelling that North Korea was behind the downing of Korean Airlines flight No. 858. We believe that this heinous deed of state-sponsored terrorism should not go unanswered.

-- We believe that South Korea has already been in touch with Mexico on this matter and has provided significant evidence of North Korean culpability. We have been working closely with South Korea to ensure that condemnation of North Korea takes place and that such further acts of terrorism are deterred.

WHAT NEEDS TO BE DONE

-- The KAL issue will most likely come up at the International Civil Aviation Organization Council meeting in March. Mexico is a member of the Council and will have an opportunity to register its displeasure with North Korean conduct.

-- Want to urge the Mexicans to support South Korea at the International Civil Aviation Organization meeting.

UNCLASSIFIED

TRANSFERRED/RECOMMEND PARTIAL RELEASE

B6

No   MINUTE   FEK 181/002/88   (44)

HofC

(1)

LOSS OF KAL 707 - DEC 87

1.   I spoke to ▮▮▮▮ on 7 Jan 88. He has, as you know, good connections in the KNP and in various of the Security Agencies.
[Korean National Police]

2.   ▮▮▮ and I discussed the missing KAL 707. He said that the Koreans had established:

a.   that the explosive used was "Compound C" (91% RDX, 9% petroleum) similar to that used by the north Koreans in Rangoon and at Kimpo just before the Asian Games. ⌞Compound C is, however, not all that uncommon⌟.

b.   that the explosive had almost certainly been planted in the front toilet, just behind the flight deck.

c.   that the clothing of the girl extradited from Bahrain, and that of her dead companion, definitely bore traces of conventional gunpowder.

T W Hackworth
Brig
DA

Seoul

11 January 1988

RECEIVED IN REGISTRY
C 5 APR 1988

DESK OFFICER	
TYPIST	PA

호주 외무부 비밀문서

제1부 5. 친필지령 증거가 있는가

APO2019

PRINTED BY KPMO
DS33I MESSAGE BEING ANALYSED
AAA FOR XXX AND (NA)

0.SE17708 1200 15.1.8 CLA FIRST

TO.
PP CANBERRA/4471

RP.
PP WASHINGTON/1940 BEIJING/448 RANGOON/040
PP TOKYO/4589 BANGKOK/283

FM. SEOUL / REF 0.SE17691

R E S T R I C T E D

KAL CRASH

FROM AMBASSADOR

START OF SUMMARY

THE ROK FOREIGN MINISTRY CONFIRMS THAT MAYUMI HACHIYA HAS
CONFESSED TO BEING A NORTH KOREAN AGENT WHO ASSISTED HER DEAD MALE
COLLEAGUE IN BLOWING UP KAL 858. THE ROK GOVERNMENT IS NOW
CONSIDERING WHAT TO DO BUT SAY THEY WILL DO NOTHING TO DESTABILISE
THE PENINSULA ''AT THIS DELICATE TIME''

END OF SUMMARY.

547(F)

ON FRIDAY MORNING 15 JANUARY _____
_____ CALLED HEADS OF MISSION IN SEOUL
TO THE FOREIGN MINISTRY TO GIVE THEM A FULL BRIEFING ON THE CRASH
OF KAL 858 INTO THE ANDAMAN SEA NEAR BURMA ON 28 NOVEMBER 1987.

2. 547(F) MADE THE FOLLOWING MAIN POINTS

. THE WOMAN, REPATRIATED FROM BAHRAIN FOR INTERROGATION IN SEOUL,
OPERATING UNDER THE PSEUDONYM OF MAYUMI HACHIYA, HAD CONFESSED TO
BEING A NORTH KOREAN AGENT. HER REAL NAME WAS KIM HYUNG IL, 26,
ATTACHED TO THE INTELLIGENCE COMMITTEE OF THE CENTRAL COMMITTEE OF
THE KOREAN WORKERS PARTY.

. HER DEAD COMPANION WAS KIM SUNG IL, 70, ALSO A NORTH KOREAN
INTELLIGENCE AGENT, WHO HAD PREVIOUSLY SERVED IN NORTH KOREAN
MISSIONS IN HAVANA AND MOSCOW.

. THE OPERATION HAD BEEN DIRECTLY AUTHORISED IN WRITING BY KIM
JONG IL. *A key point, but is there evidence?*

3. READING FROM A DETAILED STATEMENT, 547(F) TRACED KIM HYUNG IL'S
POLITICAL AND IDEOLOGICAL TRAINING IN FOREIGN FACE
TRAINING '' AS A JAPANESE, AND OVERSEAS ORIENTATION FOR A PERIOD OF
THREE YEARS FOUR MONTHS FROM JULY 1981.

Released under the provisions of the FOI Act 1982

Åtg. enl. bif.
delgivningslista

SWEDISH EMBASSY

PYONGYANG

HEMLIG
enl ... sekretesslagen
19. ... 01.22
...MBASSA...

1988-01-22   Nr 5   HP 1

Överlämnas för kännedom av
UTRIKESDEPARTEMENTET
Pol IV
- 2 FEB 1988
ds Freden

Departementssekreterare
Lars Fredén

Utrikesdepartementet 26001

HEMLIG

INKOM UD
1988-01-2...
AVD. | GR. | MAL
UD | I | Xko

Det försvunna KAL-flygplanet.

Nordkoreanerna tar som Du vet helt avstånd från de an-
klagelser som sydkoreanska myndigheten riktar mot
dem att vara ansvariga för KAL-flygplanets försvin-
nande. En detalj i KCNA:s uttalande som jag funnit
intressant är att man inte vid något tillfälle
nämner de båda misstänkta personernas koreanska namn
utan hela tiden använder de japanska namnen. Det
närmaste man kommit t ex den inblandade kvinnans
koreanska namn, som uppges vara Kim Hyon Hee och som
kan jämföras med MAYUMI, är " it is
quite an easy job för them to advertize her as one
"hailing from the north" after changing three letters
of her name and faking up even her career and fa-
mily relations":

Även i övrig nordkoreansk massmedia har man konsek-
vent undvikit att lämna några uppgifter om de ko-
reanska namnen. Inte heller har de koreanska namnen
nämts i lokal massmedia. De direkta anklagelserna
mot Kim Jong Il har inte heller tagits upp.

Flera uppgifter som lämnats av internationella
radiosändarna har visat sig vara felaktiga, t ex
sade VOA att Österrike beslutat att stänga sin
ambassad i Pyongyang på grund av det inträffade.

Man kan också undra om de uppgifter som lämnats
beträffande Kim Jong Il:s direkta inblandning i
planeringen av attentatet kan vara förankring i
verkligheten. När det gäller ett så noggrant pla-
nerat attentat som detta, där sista utvägen för
att inte avslöja vilka som låg bakom det var döden
för de som utförde det, kan man ställa sig frågan
om det är logiskt att agenterna bär på sig hand-
skrivna instruktioner från Kim Jong Il.Det är väl
dessutom tveksamt om det kan anses som rimligt att
agenter som har att utföra ett attentat av ifråga-
varande slag överhuvudtaget får veta vilkeneeläter
vilka som deltagit i planläggningen och vem som
givit order om planens verkställande.

Naturligtvis skall man också ställa sig frågan om
ett uppdrag av detta slag kan utföras utan att det

PASSENGER MANIFEST
KOREAN AIR

er or Operator:		
Marks of Nationality and Registration HL-7406	Flight No. KE 858	Date 28 NOV 87
Departure from BAGHDAD/IRAQ		Arrival at SEOUL
(Place and Country)		(Place and Country)

Surnames and Initials	Baggage Pcs WT	For use by owner or operator	Agnt	Seat No.	For official use only
1 FIRST CLASS (?)		HYUNDAI (CONTINUED)			JUNG WOO (15)
2 KANG SUK JAE MR.		JUNG HOI KWON			SONG KAB HYUN
3 KANG YEUN SHIK MRS		SON MYUNG JOON			LEE JUN SAM
4 KIM/DUK BONG (여자)		LEE MYUNG CHIN			JUNG DEOY SUK
5		CHOI DUK MAN			PARK SANG KIL
6		KIM TAK JIN			KIM SANG MAN
7 ECONOMY CLASS		KIM CHANG HAE			SEO WON GIL
8 INDIVIDUAL (1)		JEONG GIL BOK			CHAE HONG MOK
9 LEE/KYOUN MR		PARK YUN CHOOL			CHO JANG UP
10		KO SUK JOON			LEE WOON YOUNG
11		KIM SUN HO			KU BON SUK
12		SONG KYUNG MIN			KIM HAK HYUN
13 HYUNDAI (52)		KANG HEUNG KOO			KIM SEUNG KI
14 KIM HYUN KIL		KIM YUNG SANG			PARK KI HYUNG
15 KIM SANG YOON		KIM YONG JIN			WON YOUNG HEE
16 SU CHOON KIL		KIM JONG DAE			NA JOO HYUN
17 KIM BYUNG NO		MO TAE KOOK			KO DONG YOUNG
18 PARK YUNG DAE		KIM IL SEUNG			
19 LEE KYUNG BOO		KWON YONG WON			
20 LEE YONG CHUL		JO SANG CHAN			
21 OH DUK IL		SON JANG JOO			
22 PARK SOO YONG		KIM KYUNG SUNG			NAM KWANG (?)
23 SIN KUN MIN		SIM JAE MIN			HOON JAE KIM
24 SON TAK IK		KIM DAE HOON			SANG HOON KIM
25 HA SEUNG KI		JUNG IN SUNG			JAE HEE YOON
26 CHOI CHOONG SIK		KIM JAE HOON			
27 KWON HYO CHUL		LEE JIN HOON			
28 JUNG TAE JIN		LEE JUNG SUB			HANYANG (2)
29 JUNG JONG TAE		SAMSUNG (8)			SUNG JIN GI
30 KIM YOUNG KI		CHAE JONG TAE			SOON HO LEE
31 PYOO HO SIN		AN JONG JIN			
32 JO CHIN HEE		PARK JUNG TAE			
33 PARK SUN MAN		KIM JUNG SOO			
34 KIM KI SOO		YOO DAE BIN 0056			
35 NAM DAL HEE		LEE KANG SUNG			
36 LEE YONG HO		EOM JOO SUN			
37 YANG JUNG TAE		HAN SUNG YOUN			
38 LEE JAE SIK					
39 KANG CHANG WON					
40 BAEK KYUNG SOO					

PASSENGER MANIFEST

KOREAN AIR

Owner or Operator

Marks of Nationality and Registration HL - 7406   Flight No. KE 858 Date 28 NOV 87

Departure from BAGHDAD/IRAQ   Arrival at ABU DHABI

(Place and Country)   (Place and Country)

	Surnames and Initials	Baggage Pcs/WT	For use by owner or operator	Agt	Seat No.	For official use only
1	FIRST CLASS (3)					
2	DRAZ/H MR.					
3	DRAZ/F MRS.					
4	ABDUL/GHAFFAR MR.					
5						
6						
7						
8	ECONOMY CLASS (27 A)					
9	FAYYZA/ABDUL HUSSAIN MRS					
10	NAWWAR/AHMED ABIDALI MSTR					
11	ALAMAR/M MR.					
12	ABDUL/GHAFFAR MR.					
13	ALBAYATI/PAN MRS.					
14	SIA/YBADIA MRS.					
15	HAMMAR/D MR.					
16	KHADER MUSTAFA KHADER MR					
17	MOHAMED/HASSAN HUSSAIN MR					
18	MENON/TVK MR.					
19	MAYUMI/MISS					
20	SHINICHI/MR.					
21	FAFIE/MAKADHIM MR.					
22	SHEEBA/N MR.					
23	SHEBER/S MR.					
24	AHMED/ABOKAR DUAIEH MR.					
25	JAMAL MAHMOUD MOHD					
26	SUHAM MAHMOUD MOHD					
27	HAMEED/HODA MRS.					
28	MIRAN GMS					
29	GHALEB/MOHD MR					
30	ABDUL LATIF/SALIMA MRS					
31						
32						
33						
34						
35						
36						
37						
38						
39						
40						

0057

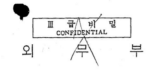

증 별 : 긴 급

번 호 : MNW-0167   일 시 : 8803181120

수 신 : 장 관(국기,사본:주태국,버마대사 중계요,주카나다전달필)

발 신 : 주 카나다 대사

제 목 : 버마 조사 보고서

1. 주 버마대사관 김참사관이 지참하는 문서에 관하여 아래와 같이 처리하기 바라며 각각 처리 결과를 당관(몬트리올)에 통보바람.

　가. 김참사관은 주 태 대사관에 도착즉시 동문서를 팍스로 당지 선경지사 경유 당관에 송신할것.

　나. 주 태 대사관은 동문서 원본을 주 카나다 대사관에 DHL등 방법으로 지급 송부하고 사본은 당관에 송부할것.

　다. 주 카나다 대사관은 동문서 수령후 주카나다 버마 대사관에 전교하여 동 대사관으로 하여금 ICAO 이사회 KOTAITE 의장 앞으로 지급 송부토록함.

　라. 주 버마 대사관은 버마정부가 주카나다 자국대사관에 긴급 지시하여 동 대사관이 오타와주재 아국대사관으로부터 문서를 송부 받는대로 상기 3항과 같이 ICAO에 지급 제출토록 교섭 조치함.

2. 상기 문서의 송달과정은 버마조사 보고서의 제출과정에 아국이 개입되었다는 사실을 대외에 알리지 않기위하여 취하는 조치임을 참고 바람.끝   (대사-차관)

　예고: 88.12.31.일반

국기국 ㉧ 차관실   1차보   2차보   아주국   정문국   청와대   안 기

PAGE 1   Ⅲ 급 비 밀 CONFIDENTIAL   88.03.19   01:47   0069
　　　　　　　　　　　　　　　　　　외신 2과   통제관

Ⅲ 급 비 밀
CONFIDENTIAL

PISCATAWAY 의   LIQUID EXPLOSIVE 를 말하는 것으로 생각되나 동 액체폭탄은 미국에서만 생산되고 미국에서만 규득이 가능한 것으로 되어 있음. 따라서 PICTINNY 의 정확여부및 공급원등에 대한 설명준비가 필요할 것임.

2.상기 '마'항 지적 관련 확인후 회시바라며 PANASONIC RADIO 는 대표단 당지 도착시 지참하도록 함이 좋겠음.끝

(대사-차관)

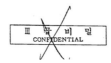

Ⅲ 급 비 밀
CONFIDENTIAL

0038

지은이 | **박강성주**

언제부턴가 설명 너머 태도에, 이론 너머 이야기에, 상처 너머 해석에, 관심이
갑니다. 결과가 먼저인 세상, 그래도 과정에 충실하겠습니다. 진심을 몰라주는
세상, 그래도 진심을 다하겠습니다.

네덜란드 레이덴대학교와 영국 센트럴랑카셔대학교 교수였고, 핀란드 뚜르꾸
대학교에서 연구·교육활동을 이어가고 있습니다. 관심분야는 과거청산, 분단,
서사, 감정, 국제관계학 등입니다.

■ **주요 저작**

- 『슬픈 쌍둥이의 눈물: 김현희-KAL858기 사건과 국제관계학』
- 『KAL858, 진실에 대한 예의: 김현희 사건과 '분단권력'』
- 「여성주의 안보연구」 외 다수.